3 096 DÍAS

NATASCHA

KAMPUSCH

3 096 DÍAS

El infierno de una niña
secuestrada durante 8 años:
una historia real, desgarradora.

AGUILAR

Título original: *3 096 Tage*
© 2010, Natascha Kampusch
© 2011, de la traducción, Carmen Bas Álvarez

Este libro es una traducción de la edición original en
alemán, *3 096 Tage*, publicada en Alemania por Ullstein
Buchverlage en 2010.

D. R. © Santillana Ediciones Generales, S.A. de C.V., 2011.
Av. Universidad 767, Col. del Valle.
México, 03100, D.F. Teléfono (52 55) 54 20 75 30

Diseño de cubierta: Opal/Works
Fotografía de cubierta: Martin Moravek

Primera edición: marzo de 2011

ISBN: 978-607-11-0944-6

Impreso en México

«El trauma psíquico es el mal de los débiles. El trauma surge en el momento en que la víctima se siente desvalida a causa de una fuerza arrolladora. Si esa fuerza procede de un elemento de la naturaleza, entonces hablamos de una catástrofe. Si la fuerza la ejercen otras personas, hablamos de actos violentos. Los hechos traumáticos eliminan la relación social que habitualmente proporciona a la persona un sentido y la sensación de control, de pertenencia a un sistema de relaciones.»

JUDITH HERMANN, *Die Narben der Gewalt*

Querido lector:

Para entender con mayor profundidad mi biografía puedes encontrar al final de cada uno de los capítulos que siguen un código 2D. Si escaneas este código 2D recibirás un vídeo, un texto, una foto y un pequeño audio con información sobre mi infancia y mi cautiverio en tu teléfono móvil. Del mismo modo cualquier pregunta que quieras hacerme o petición de un autógrafo serán bienvenidas.

Atentamente,
Natascha Kampusch

Enfoca el código   Hazle una fotografía   Escanéalo   Accede al contenido

Cómo empezar

Por favor, envía un SMS con la clave *nkes* al siguiente número: + 43 676 800 92 022

Después recibirás un SMS con un link para que descargues el lector del código 2D.

Obtendrás el contenido gratis. La protección de datos y los costos de los SMS se adecúan a tu contrato telefónico.

Preguntas, autógrafos, etcétera.

Mi sitio de descargas móviles.

Índice

1

Un mundo frágil.
Mi infancia en las afueras de Viena

Mi madre encendió un cigarrillo y dio una profunda calada. «Ya está muy oscuro ahí afuera. ¡Podía haberte ocurrido algo!» Sacudió la cabeza.

Mi padre y yo habíamos pasado el último fin de semana de febrero del año 1998 en Hungría. Él había comprado allí una casa en un pequeño pueblo situado cerca de la frontera para pasar en ella los fines de semana. Al principio era una auténtica ruina, con las paredes llenas de humedad y desconchadas. Pero a lo largo de los años la había ido reformando y decorando con bonitos muebles antiguos, de modo que entonces ya casi resultaba acogedora. A pesar de todo, a mí no me gustaba demasiado ir allí. Mi padre tenía en Hungría muchos amigos con los que se reunía a menudo y con los que, gracias al favorable cambio de moneda, celebraba demasiadas cosas. Yo era la única niña que había en los bares y restaurantes a los que íbamos por las noches, me sentaba en silencio a su lado y me aburría.

En aquella ocasión, como en otras anteriores, yo le había acompañado de mala gana. El tiempo transcurría a paso de tortuga y me fastidiaba no ser todavía lo suficientemente mayor e independiente como para disponer de él a mi gusto. Tampoco me entusiasmó demasiado la visita que hicimos el domingo a un balneario cercano. Paseaba aburrida por la zona de baño cuando una desconocida se dirigió a mí: «¿Quieres tomar un refresco conmigo?» Yo asentí y la seguí hasta el café. Era actriz y vivía en Viena. Enseguida sentí admiración por ella porque irradiaba una gran serenidad y parecía muy segura de sí misma. Además ejercía precisamente la misma profesión con la que yo soñaba en secreto. Al cabo de un rato tomé aire con fuerza y dije: «¿Sabes? A mí también me gustaría ser actriz. ¿Crees que podré conseguirlo?»

Me dirigió una radiante sonrisa. «¡Naturalmente que lo conseguirás, Natascha! Serás una magnífica actriz si te lo propones.»

Me dio un vuelco el corazón. Yo había contado con que no me tomara en serio o se riera de mí, como me ocurría siempre. «Cuando llegue el momento te echaré una mano», me prometió, y me pasó el brazo por los hombros. Recorrí el camino de vuelta a la piscina saltando muy contenta y diciéndome a mí misma: «¡Puedo hacer cualquier cosa si me lo propongo y creo en mí lo suficiente!» Hacía mucho que no me sentía tan alegre y aliviada.

Pero mi euforia no duró mucho. Ya era tarde y mi padre no mostraba intención de abandonar el balneario. Tampoco se dio mucha prisa cuando por fin llegamos a nuestra casa de vacaciones. Al contrario, quería echarse un rato. Miré nerviosa el reloj. Le habíamos prometido a mi madre que estaríamos en casa a las siete, al día siguiente había clase. Sabía que habría bronca si no llegábamos puntuales a Viena. El tiempo se me hizo interminable mientras él estaba tumbado en el sofá roncando. Cuando por fin mi padre se despertó y emprendimos el camino de regreso, ya se había hecho de noche. Yo iba en el asiento trasero del coche enfadada y sin decir nada. No íbamos a llegar a tiempo, mi madre se pondría furiosa, todo lo que aquella tarde me había parecido tan bonito desapareció de golpe. Yo me iba a quedar en medio, como siempre. Los adultos siempre lo estropeaban todo. Cuando mi padre me compró una chocolatina en una gasolinera, la engullí de una vez.

Llegamos a casa, en la Rennbahnsiedlung, a las nueve y media, con dos horas y media de retraso. «Te dejo aquí, vete a casa corriendo», dijo mi padre, y me dio un beso. «Te quiero», murmuré a modo de despedida, como siempre. Luego crucé el patio a oscuras y abrí la puerta de la casa. En la entrada, junto al teléfono, encontré una nota de mi madre: «Estoy en el cine. Volveré tarde.» Dejé la bolsa en el suelo y vacilé un instante. Luego le escribí a mi madre en una nota que la esperaba en casa de la vecina que vivía un piso más abajo. Cuando me recogió un rato más tarde estaba totalmente fuera de sí: «¿Dónde está tu padre?», me gritó.

«No me ha acompañado, me ha dejado afuera», le dije en voz baja. Yo no tenía la culpa ni del retraso ni de que no me hubiera acompañado hasta la puerta de la casa. A pesar de todo, me sentía culpable.

«¡Cielo santo, otra vez! Llegas horas tarde, y yo aquí sentada esperando, preocupada. ¿Cómo puede dejar que cruces el patio sola? ¿En plena noche? ¡Podía haberte pasado algo! Pero te digo una cosa: No vas a volver a ver a tu padre. ¡Ya estoy harta y no voy a seguir permitiéndolo!»

* * *

En el momento de mi nacimiento, el 17 de febrero de 1988, mi madre tenía 38 años y otras dos hijas ya mayores. Mi primera hermanastra había nacido cuando mi madre tenía 18 años, la segunda, un año más tarde. Eso ocurría a finales de los años sesenta. Mi madre estaba agobiada con las dos niñas pequeñas y dependía de sí misma: se había separado del padre de mis dos hermanastras poco después del nacimiento de éstas. No le había resultado fácil conseguir el sustento para su pequeña familia. Tuvo que luchar mucho, siendo pragmática y actuando con cierta dureza consigo misma, e hizo todo lo posible por sacar a sus hijas adelante. En su vida no quedaba espacio para el sentimentalismo y la timidez, para el ocio y la diversión. Entonces, a los 38 años, cuando sus dos hijas ya eran mayores, se sentía por primera vez en mucho tiempo liberada de las obligaciones y preocupaciones de la educación de las niñas. Y precisamente en ese momento llegué yo. Mi madre ya no contaba con quedar embarazada.

En realidad la familia en la que nací ya estaba a punto de descomponerse. Yo lo alboroté todo: hubo que volver a sacar todas las cosas infantiles y adaptarse a los horarios de un bebé. Aunque fui recibida con alegría y todos me mimaban como a una pequeña princesa, durante mi infancia a veces me sentía como si estuviera de más. Tuve que ganarme mi puesto en un mundo en el que los papeles ya estaban repartidos.

En el momento de mi nacimiento mis padres llevaban tres años como pareja. Se habían conocido a través de una clienta de mi madre. Ésta se ganaba el sustento para ella y sus dos hijas trabajando como modista; cosía y arreglaba vestidos para las mujeres del barrio. Una de sus clientas era de Süssenbrunn, en Viena, y regentaba, con su marido y su hijo una panadería y una pequeña tienda de comestibles. Ludwig Koch (hijo) la había acompañado varias veces cuando iba a probarse y siempre se quedaba un rato más de lo necesario para hablar con mi madre, quien se enamoró enseguida del joven y apuesto panadero, que la hacía reír con sus historias. Al cabo de un tiempo empezó a quedarse cada vez más con ella y sus dos hijas en la gran urbanización de las afueras al norte de Viena. La ciudad se diluye aquí en el llano paisaje de la llanura del Morava y no sabe decidir muy bien qué quiere ser. Es una zona abigarrada sin centro ni identidad, en la que todo parece posible y gobierna el azar. Zonas industriales y fábricas se levantan en medio de campos sin cultivar, en los que los perros del vecindario corren en grupos por la hierba sin cortar. A su vez los núcleos de antiguos pueblos luchan por conservar su identidad, que se desvanece al igual que los colores de las pequeñas casitas de estilo Biedermeier, reliquias de tiempos pasados, sustituidas por innumerables bloques de viviendas, utopías de la vivienda social, plantadas en las verdes praderas, donde se reproducen por sí mismas. En uno de los mayores barrios de este tipo, crecí yo.

La urbanización de la calle Rennbahnweg fue diseñada y levantada en los años setenta, un sueño convertido en piedra por los urbanistas que querían crear un entorno nuevo para unas nuevas personas: las familias del futuro, felices y trabajadoras, alojadas en modernas ciudades satélite con líneas claras, centros comerciales y una buena conexión con Viena.

A primera vista el experimento parecía haber sido un éxito. El complejo se compone de 2 400 viviendas, más de 7 000 personas viven en él. Los patios entre los bloques son muy amplios y están sombreados por grandes árboles, las zonas de juegos infantiles se alternan con pistas deportivas de cemento y grandes superficies de césped. Resulta fácil imaginar a los urbanistas colocando en su maqueta las miniaturas de niños jugando y madres con carritos de bebé, convencidos de haber creado un espacio para una forma de convivencia social totalmente nueva. Las viviendas, superpuestas en torres de hasta quince pisos, eran, en comparación con las húmedas casas de alquiler de la ciudad, aireadas y bien diseñadas, provistas de balcones y cuartos de baño modernos.

Pero la urbanización acogió desde el principio a gente llegada de otros lugares que quería vivir en la ciudad pero no podía permitírselo: trabajadores de las distintas regiones de Austria, de la Baja Austria, de Burgenland y de Estiria. Poco a poco se fueron sumando inmigrantes con los que el resto de los habitantes tenían a diario pequeñas rencillas por los olores a comida, los juegos de los niños o la forma diferente de entender lo que es el ruido. El ambiente en el barrio se fue haciendo cada vez más agresivo, cada vez había más pintas nacionalistas y xenófobas. El centro comercial se llenó de tiendas baratas, en los grandes patios se reunían a diario jóvenes y personas sin trabajo que ahogaban sus frustraciones en alcohol.

Hoy la urbanización está restaurada, los bloques lucen brillantes colores y el metro está por fin terminado. Pero cuando yo pasé allí mi niñez «el Rennbahnweg» era en esencia un núcleo de conflicto social. Era considerado como un lugar peligroso, y ni siquiera a plena luz del día resultaba agradable pasar ante los grupos de gamberros que perdían el tiempo merodeando por los patios y metiéndose con las mujeres. Mi madre siempre pasaba a toda prisa por los patios y las escaleras, agarrándome fuerte de la mano. Aunque era una mujer decidida y resuelta, odiaba la vulgaridad del Rennbahnweg. Intentaba protegerme en la medida de lo posible, y me explicó por qué no le gustaba que yo jugara en el patio y por qué consideraba vulgares a los vecinos. Naturalmente yo no lo entendía muy bien, pero casi siempre seguía sus indicaciones.

Todavía recuerdo con toda claridad cuando, siendo muy pequeña, decidía una y otra vez bajar al patio a jugar. Pasaba horas preparándome, pensando lo que les iba a decir a los demás niños, cambiándome de ropa una y otra vez. Elegía los juguetes para jugar en la arena y los volvía a dejar; pasaba un buen rato pensando qué muñeca debía llevarme para establecer contacto con otras niñas. Pero cuando por fin bajaba al patio sólo duraba allí unos pocos minutos: no podía superar la sensación de no formar parte de aquello. Había interiorizado la actitud de rechazo de mis padres hasta tal punto que mi propia urbanización era para mí un mundo extraño. Prefería sumergirme en mi mundo de ensoñación tumbada en la cama de mi habitación. En ese cuarto pintado de rosa, con su alfombra clara y las cortinas de dibujos que mi madre había cosido y que ni siquiera abría durante el día, me sentía protegida. Allí tracé grandes planes y medité durante horas hacia dónde quería dirigir mi vida. Sabía, en cualquier caso, que no quería echar raíces allí, en aquella urbanización.

* * *

Durante mis primeros meses de vida fui el centro de atención de la familia. Mis hermanas se ocupaban del nuevo bebé como si se estuvieran preparando para el futuro. Una me daba de comer y me cambiaba los pañales, la otra me llevaba en un portabebés al centro de la ciudad y me paseaba por las calles comerciales, donde la gente se paraba y admiraba maravillada mi amplia sonrisa y mis alegres vestidos. Cuando se lo contaban a mi madre se quedaba

encantada. Se preocupaba mucho por mi aspecto y desde pequeña me equipó con los más bonitos vestidos que ella misma cosía
para mí en largas tardes de trabajo. Escogía telas especiales, buscaba en revistas de moda los más novedosos patrones o me compraba pequeños detalles. Todo combinaba a la perfección, incluso
los calcetines. En un barrio donde muchas mujeres salían con los
rulos a la calle y la mayoría de los hombres iban en pants al supermercado, yo iba vestida como una pequeña modelo. Este ex-
cesivo cuidado de mi aspecto exterior no era sólo una forma de
distanciarse de nuestro entorno, era también el modo en que mi
madre me mostraba su amor.

Su forma de ser enérgica y resuelta le hacía muy difícil mostrar sus sentimientos. No era una mujer de las que tiene al niño
siempre en brazos haciéndole mimos. Tanto las lágrimas como las
muestras de cariño exageradas le resultaban incómodas. Mi madre,
que debido a sus tempranos embarazos tuvo que madurar muy
deprisa, se había cubierto por una dura piel con el paso del tiempo. Así, no se permitía ninguna «debilidad» ni la soportaba en los
demás. Siendo una niña vi a menudo cómo superaba un resfriado
sólo con base en la fuerza de voluntad y observé cómo sacaba la
vajilla todavía caliente y humeante del lavavajillas sin inmutarse.
«Los indios no conocen el dolor», era su lema. Una cierta dureza
no hace mal, incluso ayuda a sobrevivir en este mundo.

Mi padre era justo lo contrario en este sentido. Me recibía
con los brazos abiertos cuando yo quería que me abrazara, y siempre jugaba muy animado conmigo... cuando estaba despierto. Pues
en esa época, cuando todavía vivía con nosotras, yo casi siempre
le veía dormido. A mi padre le gustaba salir por las noches y beber
con sus amigos. Así que no estaba en muy buenas condiciones
para ejercer su trabajo. Había heredado de su padre la panadería,
pero nunca le había entusiasmado la profesión. El mayor tormento para él era tener que madrugar. Recorría los bares hasta la medianoche, y cuando a las dos sonaba el despertador le resultaba
casi imposible despertarse. Después de despachar el pan se pasaba horas roncando en el sofá. Su enorme y abultada barriga subía

y bajaba con energía ante mis fascinados ojos infantiles. Yo jugaba con ese corpulento hombre dormido, le ponía mis ositos de peluche en las mejillas, le adornaba con cintas y lazos, le ponía gorros y le pintaba las uñas. Cuando por la tarde se despertaba, me levantaba por los aires y se sacaba por arte de magia pequeñas sorpresas de la manga. Luego se marchaba de nuevo a los bares y cafés de la ciudad.

* * *

Mi abuela fue uno de mis principales puntos de referencia en esa época. Con ella, que regentaba la panadería junto a mi padre, yo me sentía como en casa y en buenas manos. Vivía a pocos minutos en coche de nosotras, pero en un mundo muy distinto. Süssenbrunn es uno de los viejos pueblos de las afueras del norte de Viena cuyo carácter rural no ha conseguido eliminar la ciudad cada vez más próxima. Los tranquilos callejones estaban bordeados de viejas viviendas unifamiliares con jardines en los que todavía se cultivaban verduras. La casa de mi abuela, que albergaba una pequeña tienda y el horno de pan, presentaba el mismo aspecto que en los tiempos de la monarquía.

Mi abuela procedía del Wachau, una pintoresca zona del valle del Danubio en la que se cultiva la vid en soleadas terrazas. Sus padres eran viticultores y, como era habitual en aquella época, mi abuela tuvo que colaborar desde muy joven en las tareas del campo. Hablaba con tristeza y nostalgia de su juventud en aquel entorno que aparecía reflejado como un mundo idílico en las películas de Hans Moser de los años cincuenta. Y eso a pesar de que en ese pintoresco paisaje su vida había girado sobre todo en torno al trabajo, el trabajo y aún más trabajo. Cuando un día conoció a un panadero de Spitz en el transbordador que llevaba a la gente de un lado a otro del Danubio, aprovechó la oportunidad de escapar de esa vida que le había sido impuesta y se casó. Ludwig Koch (padre) era veinticuatro años mayor que ella, y resulta difícil imaginar que fuera sólo el amor lo que la llevó a casarse con él. Pero durante toda su vida habló con mucho cariño de su marido, al que no llegué a conocer. Murió poco antes de que naciera.

A pesar de los muchos años pasados en la ciudad, mi abuela siempre siguió siendo una mujer de campo algo peculiar. Vestía faldas de lana con un delantal de flores encima, se rizaba el pelo en tirabuzones y desprendía un olor a cocina y aguardiente que me envolvía cada vez que hundía la cara en sus faldas. Me gustaban incluso los ligeros vapores etílicos que siempre la rodeaban. Como hija de viticultores, en todas las comidas se bebía un gran vaso de vino como si fuera agua, sin mostrar jamás el más mínimo signo de embriaguez. Se mantuvo fiel a sus costumbres, cocinaba en un viejo fogón de leña y limpiaba las cacerolas con un anticuado cepillo metálico. Cuidaba sus flores con gran entrega. En el enorme patio de la parte trasera de la casa había sobre el suelo de hormigón numerosos tiestos y macetas y una vieja artesa alargada que en primavera y verano se convertían en pequeñas islas de flores de tonos violeta, amarillo, rosa y blanco. En el huerto colindante crecían albaricoqueros, cerezos, ciruelos y un sinnúmero de groselleros. El contraste con nuestra urbanización de Rennbahnweg no podía ser mayor.

Durante mis primeros años de vida mi abuela fue para mí la esencia de un hogar. A menudo me quedaba a dormir en su casa, dejaba que me atiborrara de chocolate y me acurrucaba con ella en el sofá. Por las tardes visitaba a una amiga del vecindario cuyos padres tenían una pequeña piscina en el jardín, montaba en bicicleta con otros niños por la calle que cruzaba el pueblo y exploraba con curiosidad un entorno en el que uno se podía mover libremente. Cuando poco más tarde mis padres abrieron un negocio en la zona, yo a veces recorría en bicicleta el corto camino de un par de minutos hasta casa de mi abuela para darle una sorpresa con mi visita. Recuerdo que a veces ella estaba usando el secador y no oía mis gritos y llamadas. Entonces yo saltaba la valla, entraba por la puerta trasera de la casa y le daba un susto. Ella me perseguía por la cocina con los rulos en la cabeza, sin dejar de reír —«¡Verás cuando te coja!»— y como «castigo» me hacía trabajar en el jardín. A mí me gustaba recoger con ella las oscuras cerezas del árbol y cortar con cuidado los apretados racimos de grosellas.

Pero mi abuela no sólo me regaló un trozo de infancia a salvo y sin preocupaciones, sino que también me enseñó a crear un espacio para los sentimientos en un mundo que reniega de ellos. Cuando estaba en su casa la acompañaba casi todos los días a un pequeño cementerio que se encontraba algo apartado, en medio de extensos campos. La tumba de mi abuelo, con su brillante lápida negra, estaba al final, en un camino recién arreglado cerca de la valla del cementerio. En verano el sol abrasa las piedras y, aparte de algún coche que pasa de vez en cuando por la calle principal, sólo se oye el zumbido de las cigarras y las bandadas de pájaros en el campo. Mi abuela dejaba flores frescas sobre la tumba y lloraba en silencio. Cuando yo era pequeña siempre intentaba consolarla: «¡No llores, abuela, el abuelo quiere verte sonreír!» Más tarde, cuando ya iba al colegio, comprendí que las mujeres de mi familia, que en su vida diaria no querían mostrar debilidad, necesitaban un lugar en el cual dar rienda suelta a sus sentimientos. Un lugar recogido que sólo les pertenecía a ellas.

Cuando crecí empezaron a aburrirme las tardes con las amigas de mi abuela, que a menudo nos acompañaban en nuestras visitas al cementerio. Si de pequeña me encantaba que aquellas mujeres me atiborraran de tarta y me acribillaran con preguntas, en algún momento dejó de gustarme estar sentada en sus anticuados cuartos de estar llenos de muebles oscuros y tapetes de ganchillo en los que no se podía tocar nada, mientras ellas presumían de sus nietos. A mi abuela le sentó muy mal aquel «cambio». «¡Entonces me buscaré otra nieta!», me soltó un día. Yo me sentí muy molesta cuando en efecto empezó a regalar dulces y helados a una pequeña niña que acudía con regularidad a su tienda.

El enfado se le pasó enseguida, pero a partir de entonces mis visitas a Süssenbrunn fueron menos frecuentes. Mi madre tenía una relación algo tensa con su suegra, de modo que no le importó que ya no me quedara tanto a dormir con ella. Aunque nuestra relación se hizo menos estrecha cuando empecé a ir al colegio, lo que suele ocurrir entre nietos y abuelos, ella siempre fue para mí un gran apoyo. Pues me aportó una gran dosis de seguridad y cariño de los que carecía en casa.

* * *

Tres años antes de que yo naciera mis padres abrieron una pequeña tienda de alimentación con un café anexo en la urbanización Marco Polo, a unos quince minutos en coche de Rennbahnweg. En 1988 se hicieron cargo de otra tienda en la calle Pröbstelgasse de Süssenbrunn, a pocos cientos de metros de la casa de mi abuela en la calle principal del pueblo. Era una casa que hacía esquina, de una sola planta y pintada de color rosa pálido, con una puerta pasada de moda y un mostrador de los años sesenta. En ella vendían pasteles, especialidades gastronómicas, periódicos y revistas a los camioneros que hacían allí, en la carretera de entrada a Viena, una última parada. En las estanterías se apilaban los productos de uso diario que suelen comprarse en este tipo de tiendas cuando hace tiempo que no se va al supermercado: paquetes pequeños de detergente, pasta, sobres de sopa y, en especial, dulces y caramelos. En un pequeño patio trasero había una vieja nevera pintada de color rosa.

Ambas tiendas se convirtieron más tarde —junto a la casa de mi abuela— en los puntos de referencia de mi infancia. En la tienda de la urbanización Marco Polo pasé miles de tardes al salir de la guardería o el colegio, mientras mi madre se ocupaba de la contabilidad o atendía a los clientes. Yo jugaba al escondite con otros niños o me revolcaba por los pequeños montículos de tierra levantados para lanzarse en trineo en invierno. La urbanización era más pequeña y tranquila que la nuestra, en ella me podía mover a mi antojo y enseguida me encontraba con alguien. Desde la tienda podía observar a los clientes del café: amas de casa, hombres que volvían del trabajo y otros que ya a media tarde se tomaban la primera cerveza y pedían además algo de comer. Era el tipo de tienda que poco a poco iba desapareciendo de las ciudades y que, gracias a su amplio horario de apertura, a la venta de alcohol y al trato personal, se ha convertido en un rincón importante para mucha gente.

Mi padre se ocupaba de la panadería y del reparto del pan, de todo lo demás se encargaba mi madre. Cuando yo tenía unos 5 años mi padre empezó a llevarme con él en sus viajes de reparto. Íbamos en la furgoneta por barrios y pueblos alejados, parando en restaurantes, bares y cafeterías, en puestos de perritos calientes y en tiendas pequeñas. Por eso, yo conocía la zona situada al norte del Danubio mucho mejor que cualquier otro niño de mi edad, y pasé en bares y cafés más tiempo de lo que tal vez resultara apropiado. Disfrutaba mucho pasando tanto tiempo con mi padre y me sentía mayor, sentía que se me tomaba en serio. Pero las rondas por los locales tenían también su parte desagradable.

«¡Qué niña tan guapa!» Habré oído esa frase mil veces. Pero aunque se tratara de un elogio y yo fuera el centro de atención, no me trae buenos recuerdos. Las personas que me pellizcaban la mejilla y me compraban chocolate me resultaban desconocidas. Además odiaba que me pusieran en una situación que yo no había buscado y que me dejaba una profunda sensación de pudor.

En ese caso era mi padre quien presumía de mí ante sus clientes. Era un hombre jovial al que le gustaba una buena puesta en escena, su hija pequeña con su vestido recién planchado era un accesorio perfecto. Tenía amigos en todas partes, tantos que incluso a mí, como niña, me sorprendía que pudiera relacionarse con todas esas personas. La mayoría de ellos dejaban que mi padre les invitara una bebida o le pedían dinero prestado. Su ansia de reconocimiento hacía que no le importara pagar.

En esos bares lejos de casa llenos de humo yo me sentaba en sillas demasiado altas y escuchaba a adultos que sólo en un primer momento se interesaban por mí. Se trataba en gran parte de parados y fracasados que dejaban pasar el día entre cervezas, vinos y juegos de cartas. Muchos de ellos habían tenido una pro-

24

fesión, eran maestros o funcionarios que en un momento dado se habían desviado de su camino. Hoy se dice que sufren el síndrome del desgaste profesional. Entonces era lo normal en los barrios de los suburbios.

Sólo de vez en cuando alguien preguntaba qué se me había perdido a mí en esos locales. A la mayoría no les sorprendía y se mostraban amables conmigo a su manera. «Mi niña grande», decía entonces mi padre muy reconocido, y me acariciaba la mejilla. Si alguien me daba caramelos o un refresco, siempre esperaba algo a cambio: «Dale un besito a tu tío. Dale un besito a tu tía.» Yo me resistía a ese estrecho contacto con unos desconocidos a los que no perdonaba que robaran de mi padre una atención que me correspondía a mí. Esos viajes eran un cambio continuo: en un primer momento yo era el centro de atención, era presentada con orgullo y me daban un dulce, y al momento siguiente se ocupaban tan poco de mí que habría podido caer bajo las ruedas de un coche sin que nadie se diera cuenta. Esta alternancia de atención y abandono en un mundo lleno de superficialidad acabó afectando a mi autoestima. Aprendí a situarme en el centro de atención y a mantenerme en él el mayor tiempo posible. Hoy me he dado cuenta de que esa atracción por los escenarios, el sueño de ser actriz que desarrollé desde pequeña, no procedía de mí misma. Era una forma de imitar a mis extrovertidos padres... y un método para sobrevivir en un mundo en el que uno era admirado, o no se le tenía en consideración.

* * *

Esta alternancia de atención y abandono se trasladó poco después a mi entorno más próximo. El mundo de mi primera infancia se iba resquebrajando. Al principio las grietas eran tan pequeñas e inapreciables que podía ignorarlas y culparme a mí misma del mal ambiente. Pero luego las grietas se hicieron más grandes, hasta que todo el edificio familiar se derrumbó. Mi padre tardó en darse cuenta de que había tensado demasiado el arco y de que hacía tiempo que mi madre tenía intención de separarse. Siguió viviendo su grandiosa vida como rey del suburbio lejano, recorriendo los bares y comprándose coches cada vez más imponentes. Eran Mercedes o Cadillacs con los que pretendía impresionar a sus «amigos». Para ello pedía dinero prestado. Incluso cuando me daba mi paga se cogía algunas monedas para comprar cigarrillos o tomarse un café. Avaló tantos créditos con la casa de mi abuela que fue embargado. A mediados de los años noventa había acumulado tantas deudas que peligraba la existencia de la familia. Mediante una conversión de la deuda mi madre se hizo cargo de las tiendas de la calle Pröbstelgasse y la urbanización Marco Polo. Pero las grietas iban más allá del aspecto puramente financiero. En algún momento mi madre se hartó de aquel hombre al que le gustaba mucho salir de juerga pero no sabía lo que era la confianza.

Mi vida cambió con la lenta separación de mis padres. En vez de ser mimada y atendida, me dejaron a un lado. Mis padres se pasaban horas discutiendo a gritos. Uno se encerraba en el dormitorio mientras el otro seguía gritando en el cuarto de estar, y viceversa. Si yo les preguntaba con miedo qué pasaba, me metían en mi habitación, cerraban la puerta y seguían discutiendo. Allí me sentía encerrada y no entendía el mundo. Con la almohada sobre la cabeza, intentaba alejar los horribles gritos y trasladarme a mi anterior infancia libre de toda preocupación. Sólo lo conseguía a veces. No podía entender por qué mi padre siempre alegre ahora parecía tan desvalido y perdido y no se sacaba ya pequeñas sorpresas de la manga para hacerme reír. Su inagotable provisión de ositos de goma parecía haberse agotado de golpe.

Después de una discusión fuerte mi madre abandonaba la casa y tardaba varios días en volver. Quería demostrarle a mi padre lo que uno siente cuando no sabe dónde está su pareja. Para él pasar una o dos noches fuera de casa no era algo inusual. Pero yo era demasiado pequeña para entender lo que ocurría, y tenía miedo. A esa edad la noción del tiempo es distinta, la ausencia de mi madre se me hacía eterna. La sensación de abandono, de ser dejada a un lado, se asentó firmemente en mi interior. Y comenzó una fase de mi infancia en la que yo no encontraba mi lugar en la vida, en la que ya no me sentía querida. Y esa pequeña niña segura de sí misma se convirtió poco a poco en una persona insegura que dejó de confiar en su entorno más próximo.

* * *

En esa época tan difícil empecé a ir al jardín de infancia. Un paso con el que la determinación ajena que yo como niña no entendía alcanzó su punto culminante.

Mi madre me había matriculado en un centro privado que no estaba muy lejos de nuestra urbanización. Desde el principio me sentí incomprendida y tan poco integrada que empecé a odiar el jardín de infancia. Ya el primer día tuve una experiencia que fue la causa de todo. Estaba con los demás niños fuera, en el jardín, y descubrí un tulipán que me fascinó. Me agaché y lo acerqué con cuidado a mí para olerlo. La cuidadora debió de pensar que quería arrancarlo. Me golpeó la mano con un brusco movimiento. Yo grité enfadada: «¡Se lo voy a decir a mi madre!» Pero esa tarde comprobé que mi madre había dejado de respaldarme en cuanto delegó en otra persona. Cuando le conté el incidente —convencida de que me defendería y al día siguiente le reprocharía a la cuidadora su actuación—, se limitó a decirme que en el jardín de infancia había unas normas a las que atenerse. Y añadió: «Yo no me voy a meter, al fin y al cabo yo no estaba allí.» Esta frase se convirtió en su respuesta habitual cada vez que tenía problemas con las cuidadoras. Y cuando le contaba que otros niños se metían conmigo, me decía de forma lapidaria: «Pues devuélveselo.» Tuve que aprender a superar las dificultades yo sola. El tiempo que pasé en el jardín de infancia fue para mí muy duro. Odiaba las normas estrictas. Me repugnaba tener que echarme la siesta con los demás niños después de la comida aunque no estuviera cansada. Las cuidadoras hacían su trabajo de forma rutinaria, sin interesarse demasiado por nosotros. Mientras con un ojo nos vigilaban, leían novelas y revistas, chismorreaban y se pintaban las uñas.

Tardé un tiempo en acercarme al resto de los niños; en medio de aquellos compañeros de mi misma edad me sentía más sola que nunca.

* * *

«En el caso de la enuresis secundaria los factores de riesgo están relacionados sobre todo con pérdidas en sentido amplio, como por ejemplo una separación, un divorcio, un fallecimiento, el nacimiento de un hermano, la pobreza extrema, la delincuencia de los padres, la privación, el abandono, la falta de apoyo en los niveles de desarrollo.» Así describe el diccionario las causas de un problema al que me tuve que enfrentar en aquel momento. Empecé a mojar la cama después de haber sido una niña precoz que enseguida dejó de necesitar pañales. La enuresis se convirtió en un estigma que condicionaba mi vida. La cama mojada fue el origen de continuos regaños y burlas.

En las repetidas ocasiones en que mojaba la cama mi madre reaccionaba como era habitual en aquella época. Lo achacaba a una conducta caprichosa a la que se podía poner fin a la fuerza y con castigos. Me daba un azote y me preguntaba enfadada: «¿Por qué me haces esto?» Se ponía furiosa, reaccionaba con desesperación, no sabía qué hacer. Y yo seguía haciéndome pis en la cama cada noche. Mi madre compró sábanas impermeables y las puso en mi cama. Era una experiencia humillante. Yo sabía por las conversaciones de las amigas de mi abuela que los colchones de goma y las sábanas impermeables son utensilios para personas ancianas y enfermas. Yo, en cambio, quería que me trataran como a una niña mayor.

Pero aquello no acababa. Mi madre me despertaba por la noche para sentarme en el retrete. Si a pesar de todo yo mojaba la cama, me cambiaba las sábanas y el pijama sin dejar de maldecir. A veces me despertaba por la mañana seca y muy orgullosa, pero ella ponía fin a mi alegría enseguida: «¿Es que no te acuerdas de que esta noche he tenido que cambiarte otra vez?», gruñía. «¡Mira el pijama que llevas puesto!» Eran reproches a los que no podía hacer frente. Me castigaba con su desprecio y sus burlas. Cuando una vez pedí unas sábanas de Barbie ella se rio de mí, al fin y al cabo las iba a mojar enseguida. Me moría de vergüenza.

Finalmente empezó a controlar el líquido que bebía. Yo siempre había sido una niña con mucha sed, que bebía mucho y con frecuencia. Pero a partir de entonces me empezó a regular estrictamente la cantidad de líquido que ingería. Durante el día podía beber poco; por la tarde, nada en absoluto. Cuanto más se me prohibían el agua y los jugos, mayor era mi sed, hasta que no pude pensar en nada más. Cada trago y cada paso por el baño eran observados y comentados, pero sólo cuando estábamos solas. ¡Qué iba a pensar la gente!

En el jardín de infancia la enuresis adquirió una nueva dimensión. Empecé a hacerme pis también durante el día. Los niños se reían de mí y las cuidadoras los animaban y me ridiculizaban de nuevo delante del grupo. Pensaban que las burlas me llevarían a controlar mejor mi vejiga. Pero la cosa empeoraba con cada humillación. Ir al cuarto de baño y coger un vaso de agua era para mí un tormento. Se me obligaba a hacerlo cuando no quería y se me impedía cuando lo necesitaba con urgencia. Pues en el jardín de infancia debíamos pedir permiso si queríamos ir al cuarto de baño. En mi caso esa pregunta siempre merecía un comentario: «Acabas de ir. ¿Por qué tienes que ir otra vez?» Y al contrario: me obligaban a ir al baño antes de las excursiones, las comidas o la siesta, y me vigilaban. En cierta ocasión en que las cuidadoras sospechaban que me había hecho pis me obligaron a enseñarles las bragas delante de todos los niños.

Cada vez que salía de casa con mi madre, ella llevaba una bolsa con ropa para cambiarme. Esa bolsa hacía que aumentaran mi vergüenza y mi inseguridad. Pues los adultos contaban con que yo me iba a hacer pis. Y cuanto más contaban con ello y más me regañaban y se burlaban de mí, más razón tenían. Era un círculo vicioso del que tampoco pude salir durante mis años en el colegio.

Seguí siendo una niña siempre sedienta de la que se burlaban y a la que humillaban porque mojaba la cama.

* * *

Tras dos años de discusiones y algunos intentos de reconciliación, por fin mi padre se marchó definitivamente. Yo tenía entonces 5 años, y la pequeña niña alegre se había convertido en un ser inseguro y reservado, al que ya no le gustaba su vida y que protestaba por ello de formas diferentes. Unas veces me encerraba en mí misma, otras empezaba a gritar, vomitaba y me daban horribles espasmos de dolor e incomprensión. Sufrí una gastritis que me duró varias semanas.

Mi madre, que estaba muy afectada por la separación, me transmitió su forma de hacer frente a la situación. Al igual que ella se tragaba su dolor y su inseguridad y seguía adelante con valentía, también me exigía a mí que aguantara. Le costaba admitir que yo, una niña pequeña, no estuviera en condiciones de hacerlo. Si le parecía que yo era demasiado emocional, reaccionaba con agresividad ante mis arrebatos. Me reprochaba que me compadeciera de mí misma, y/o me prometía recompensas o me amenazaba con castigos si no paraba.

Mi rabia ante una situación que yo no entendía se fue dirigiendo, así, contra la única persona que me quedaba tras la marcha de mi padre: mi madre. Más de una vez me sentí tan furiosa con ella que decidía marcharme. Metía un par de cosas en mi bolsa de gimnasia y me despedía de ella. Pero ella sabía que no llegaría más allá de la puerta, y se limitaba a hacer un comentario sobre mi conducta con un guiño de ojos: «¡Vale, pórtate bien!» En otra ocasión recogí todas las muñecas que me había regalado y las amontoné en el pasillo, para que viera que estaba firmemente decidida a excluirla del pequeño reino de mi habitación. Pero, naturalmente, estas maniobras contra mi madre no aportaron ninguna solución al verdadero problema. Con la separación de mis padres yo había perdido las referencias de mi mundo y ya no podía apoyarme en las personas que hasta entonces habían estado siempre a mi lado.

El desprecio que sufrí fue destruyendo poco a poco mi autoestima. Cuando se piensa en la violencia contra los niños, se tiene la visión sistemática de fuertes golpes que producen lesiones corporales. Yo no experimenté nada de eso en mi infancia. Fue más bien una mezcla de opresión verbal y bofetadas ocasionales «a la vieja usanza» que me hacían ver que, como niña, yo era más débil. No era la rabia ni un frío cálculo lo que movía a mi madre, sino más bien una agresividad que le salía disparada como un rayo y enseguida se diluía otra vez. Me pegaba cuando se sentía agobiada o cuando yo había hecho algo mal. Odiaba que yo me quejara, le hiciera preguntas o cuestionara alguna de sus explicaciones: todo eso me hacía ganarme otra bofetada.

En esos tiempos y en ese entorno no era inusual tratar así a los niños. Al contrario: yo tenía una vida mucho más «fácil» que muchos otros niños del barrio. En el patio se veía a menudo a madres que gritaban a sus hijos, los tiraban al suelo y los golpeaban. Mi madre no habría hecho eso nunca, y el hecho de que me diera una bofetada fue considerado siempre algo normal. Nadie intervino jamás ni siquiera cuando en público me golpeaba en la cara. Pero en general mi madre era demasiado «señora» para exponerse al riesgo de que la vieran pegándome. La violencia visible era algo propio de las demás mujeres de nuestra urbanización. Yo, por mi parte, estaba obligada a limpiarme las lágrimas o refrescarme las mejillas antes de salir de casa o de bajarme del coche.

Pero al mismo tiempo mi madre intentaba lavar su mala conciencia con regalos. Competía abiertamente con mi padre para comprarme los vestidos más bonitos o salir conmigo de excursión los fines de semana. Pero yo no quería ningún regalo. En esa fase de mi vida lo único que necesitaba era alguien que me diera su apoyo incondicional y su cariño. Pero mis padres no estaban en condiciones de hacerlo.

* * *

Un acontecimiento que tuvo lugar durante mi etapa escolar demuestra hasta qué punto yo había interiorizado en esa época que no podía esperar ninguna ayuda por parte de los adultos. Tenía entonces unos 8 años y había ido con mi clase a pasar una semana en una granja escolar en Estiria. Yo no era una niña muy deportista, y apenas me atrevía a participar en los violentos juegos con los que los demás niños pasaban el tiempo. Pero al menos quería hacer un intento en el parque infantil.

El dolor me atenazó el brazo cuando me caí de las barras por las que estaba trepando. Quise incorporarme, pero el brazo me falló y me caí de espaldas. Las risas alegres de los niños que jugaban a mi alrededor en el parque infantil llegaban apagadas hasta mis oídos. Quería gritar, las lágrimas rodaron por mis mejillas, pero no dije absolutamente nada. Sólo cuando una compañera se acercó a mí le pedí en voz baja que llamara a la profesora. La niña fue corriendo a buscarla, pero la profesora la mandó de vuelta para que me dijera que si quería algo tendría que ir yo misma a pedírselo.

Intenté levantarme, pero en cuanto me movía el dolor volvía a paralizarme el brazo. Me quedé allí tirada sin que nadie me ayudara. Algo más tarde vino la profesora de otra clase a levantarme. Yo apreté los dientes, no lloré ni me quejé. No quería causar ninguna molestia a nadie. Un poco más tarde mi profesora se dio cuenta de que me pasaba algo. Supuso que me había dado un fuerte golpe al caerme y me permitió pasar la tarde en el cuarto de la televisión.

Por la noche, en mi cama del dormitorio común, apenas podía respirar a causa del dolor. A pesar de todo no pedí ayuda. Al día siguiente, por la tarde, cuando estábamos en el parque zoológico de Herberstein, mi profesora se dio cuenta de que la lesión era seria y me llevó al médico. Éste me envió enseguida al hospital de Graz. Tenía el brazo roto.

Mi madre vino a recogerme al hospital acompañada de un amigo. El nuevo hombre en su vida era un viejo conocido, mi padrino. A mí no me gustaba. El viaje hasta Viena fue una auténtica tortura. El amigo de mi madre se pasó las tres horas protestando porque tenían que hacer todo ese recorrido en coche a causa de mi torpeza. Aunque mi madre intentó relajar un poco el ambiente, no lo consiguió, y continuaron los reproches. Yo iba sentada en el asiento trasero llorando sin hacer ruido. Me avergonzaba de haberme caído, me avergonzaba del trastorno que les había causado a todos. ¡No molestes! ¡No hagas tanto teatro! ¡No seas histérica! ¡Las niñas grandes no lloran! Esas frases mil veces oídas durante mi infancia me habían permitido aguantar durante día y medio los dolores del brazo roto. Ahora, en el viaje por la autopista, entre las quejas del amigo de mi madre, una voz interior las repetía en mi cabeza.

A mi profesora se le abrió un expediente disciplinario por no haberme llevado inmediatamente al hospital. Era cierto que había incumplido su obligación de vigilarme. Pero casi toda la culpa era mía. La confianza que tenía en mi propia forma de ver las cosas era entonces tan escasa que ni siquiera con un brazo roto sentí que tuviera que pedir ayuda.

* * *

En aquella época a mi padre sólo lo veía los fines de semana o cuando ocasionalmente lo acompañaba en sus repartos. También él se había enamorado después de separarse de mi madre. Su amiga era agradable, pero distante. Una vez me dijo pensativa: «Ya sé por qué eres una niña tan difícil. Tus padres no te quieren.» Yo protesté con gritos, pero la frase quedó grabada en mi dañada alma infantil. ¿Acaso tenía razón? Al fin y al cabo ella era una adulta, y los adultos siempre tenían razón.

La idea no se me fue de la cabeza en mucho tiempo.

Cuando tenía 9 años empecé a compensar mi frustración con la comida. Yo nunca había sido una niña delgada, y había crecido en una familia en la que la comida desempeñaba un papel importante. Mi madre era una de esas mujeres que pueden comer todo lo que quieran sin engordar un solo gramo. Podía deberse al hipertiroidismo o a que era una persona muy activa, pero el caso es que comía bollos y tartas, bocadillos y asados, sin engordar y sin cansarse de repetirlo ante los demás: «Puedo comer lo que quiera», decía sosteniendo una rebanada de pan con mantequilla en la mano. Yo había heredado su forma desmedida de comer, pero no la capacidad de quemar todas esas calorías al momento.

Mi padre, en cambio, era tan gordo que ni siquiera cuando era pequeña me gustaba que me vieran con él. Su barriga era tan abultada y tenía la piel tan tirante como la de una mujer en el octavo mes de embarazo. Cuando se tumbaba en el sofá, la barriga se elevaba como si fuera una montaña, y yo a veces le daba unos golpecitos y preguntaba: «¿Cuándo sale el bebé?» Mi padre se reía bonachón. En su plato se acumulaban montañas de carne acompañadas de patatas que nadaban en un auténtico mar de salsa. Ingería raciones gigantescas, y seguía comiendo aunque ya no tuviera hambre.

Cuando salíamos de excursión los fines de semana —primero junto a mi madre, luego con su nueva amiga—, todo giraba en torno a la comida. Mientras otras familias andaban por la montaña, montaban en bicicleta o visitaban museos, nosotros teníamos metas culinarias. Íbamos a un nuevo local donde servían vino del año, hacíamos excursiones hasta algún restaurante en el campo, visitábamos algún castillo no por motivos históricos, sino para participar en una comida medieval: montañas de carne que se metía en la boca con las manos, jarras llenas de cerveza... Ésas eran las excursiones que le gustaban a mi padre.

También en las tiendas de Süssenbrunn y la urbanización Marco Polo, de las que mi madre se hizo cargo tras separarse de mi padre, estaba siempre rodeada de comida. Cuando mi madre me recogía del colegio y me llevaba con ella a la tienda, yo combatía el aburrimiento con dulces: un helado, ositos de goma, un trozo de chocolate. Mi madre no solía decir nada, estaba demasiado ocupada como para controlar todo lo que yo engullía.

Pero empecé a comer demasiado. Me tomaba un paquete de bollos entero, acompañado de una botella grande de refresco, a lo que luego se sumaba el chocolate, hasta que tenía la barriga a punto de estallar. En cuanto estaba de nuevo en condiciones de meterme algo en la boca, seguía comiendo. En el año anterior a mi secuestro engordé tanto que dejé de ser una niña gordita para convertirme en una auténtica gorda. Hacía aún menos deporte que antes, los niños se burlaban todavía más de mí, y yo combatía la soledad con más y más comida. Al cumplir los 10 años pesaba 45 kilos.

Mi madre contribuía a aumentar mi frustración. «Yo te quiero a pesar de todo, no me importa el aspecto que tengas.» O: «Una niña fea tiene que llevar un vestido bonito.» Si yo reaccionaba molesta, se reía y añadía: «No me refiero a ti, cariño. No seas tan sensible.» Sensible: eso era lo peor que se podía ser. Todavía hoy me sorprende que se utilice la palabra «sensible» en un sentido positivo. En mi infancia era un insulto para referirse a las personas que son demasiado blandas para este mundo. En aquel momento me habría gustado ser más blanda. Aunque probablemente fuera la dureza que me impuso sobre todo mi madre la que me salvaría más tarde la vida.

* * *

Rodeada de todo tipo de golosinas pasaba las horas sola delante del televisor o en mi habitación con un libro en las manos. Quería escapar de aquella realidad que no me deparaba otra cosa que humillación y evadirme a un mundo diferente. En casa recibíamos todos los canales de televisión y nadie se preocupaba de lo que yo veía. Iba cambiando de canal y veía programas infantiles, noticias y películas policíacas que me daban miedo, pero cuyo contenido absorbía como una esponja. En el verano de 1997 un tema centró la atención de los medios de comunicación: en Salzkammergut se destapó una red de pornografía infantil. Con espanto oí en la televisión cómo siete hombres adultos habían atraído con pequeñas cantidades de dinero a algunos niños hasta una habitación preparada para abusar de ellos y grabarlo en vídeos que luego vendían por todo el mundo. Otro caso similar sacudió la Alta Austria el 24 de enero de 1998. A través de un apartado de correos se distribuían vídeos de abusos a niñas de entre 5 y 7 años. Uno de los vídeos mostraba a un hombre que atraía a una niña de 7 años del barrio hasta una buhardilla y allí abusaba de ella.

Pero aún más me afectaron las noticias sobre los asesinatos de niñas que en aquel momento se produjeron en serie en Alemania. Recuerdo que durante mi etapa en el colegio apenas transcurría un mes sin que se informara sobre niñas secuestradas, violadas o asesinadas. Las noticias no ahorraban detalles de las dramáticas actuaciones de búsqueda y las investigaciones policiales. Pude ver perros rastreadores husmeando por los bosques y buceadores que buscaban en lagos y embalses los cuerpos de las niñas desaparecidas. Y escuché una y otra vez el relato estremecedor de los familiares: cómo las niñas habían desaparecido cuando jugaban en la calle o no habían regresado a casa después de clase. Cómo los padres las habían buscado con desesperación, hasta que tenían la horrible certeza de que no volverían a ver a sus hijas con vida.

Los casos recogidos entonces en los medios tuvieron tal repercusión que también en el colegio se hablaba de ellos. Los profesores nos explicaron cómo podíamos defendernos de un posible ataque. Vimos películas en las que unas niñas sufrían el acoso de sus hermanos mayores o donde los chicos aprendían a decir «¡No!» a un padre abusador. Y los profesores insistían en las advertencias que siempre nos habían repetido en casa: «¡No te vayas nunca con un desconocido! ¡No te subas al coche de un extraño! ¡No aceptes caramelos de nadie! Cambia de acera cuando algo te parezca raro.»

Todavía hoy me estremezco, tanto como entonces, cuando veo la lista de los casos que se produjeron en aquellos años:

• Yvonne (12 años) fue asesinada a golpes en julio de 1995 junto al lago Pinnower (Brandeburgo) por resistirse a que un hombre la violara.

• Annette (15 años), de Mardorf am Steinhuder Meer: su cadáver fue encontrado sin ropa en un campo de maíz en 1995; había sufrido abuso sexual. Nunca se capturó al asesino.

• Maria (7 años) fue secuestrada en noviembre de 1995 en Haldensleben (Sajonia-Anhalt); fue violada y arrojada a un lago.

• Elmedina (6 años) fue secuestrada, violada y ahogada en febrero de 1996 en Siegen.

• Claudia (11 años) fue secuestrada, violada y quemada en mayo de 1996 en Grevenboich.

• Ulrike (13 años) no regresó el 11 de junio de 1996 de un paseo con su pony. Su cadáver fue encontrado dos años más tarde.

• Ramona (10 años) desapareció el 15 de agosto de 1995 de un centro comercial de Jena sin dejar rastro. Su cadáver fue encontrado en enero de 1997 en Eisenach.

• Natalie (7 años) fue secuestrada el 20 de septiembre de 1996 en Epfach, en la Alta Baviera, por un hombre de 29 años cuando se dirigía al colegio. Fue violada y asesinada.

• Kim (10 años), de Varel, en Frisia, fue secuestrada, violada y asesinada en enero de 1997.

• Anne-Katrin (8 años) fue encontrada muerta a golpes en las proximidades de su casa en Seebeck, en Brandeburgo, el 9 de junio de 1997.

• Loren (9 años) fue violada y asesinada por un hombre de 20 años en el sótano de la casa paterna en Prenzlau en julio de 1997.

• Jennifer (11 años) fue introducida por su tío en un coche en Versmold bei Gütersloh el 13 de enero de 1998; fue violada y estrangulada.

• Carla (12 años) fue asaltada el 22 de enero de 1998 en Wilhelmsdorf bei Fürth cuando se dirigía al colegio; fue violada y arrojada inconsciente a un lago; murió después de cinco días en coma.

Los casos de Jennifer y Carla me afectaron de un modo especial. El tío de Jennifer confesó después de su detención que quería abusar de la niña en el coche. Como ella se resistió, la estranguló y escondió el cadáver en el bosque. Los relatos me ponían los pelos de punta. Los psicólogos a los que entrevistaban en la televisión aconsejaban entonces no oponer resistencia ante un ataque de este tipo para no poner la vida en peligro. Más estremecedoras fueron aún las noticias sobre el asesinato de Carla. Todavía hoy puedo ver con claridad a los reporteros con sus micrófonos junto al lago de Wilhelmsdorf, informando de que a la vista de lo removida que estaba la tierra quedaba claro que la niña había opuesto una gran resistencia. Los funerales fueron retransmitidos por televisión. Yo permanecí sentada delante de la pantalla con los ojos como platos debido al espanto. Todas esas niñas eran más o menos de mi edad. Sólo me tranquilizaba una cosa cuando veía sus fotos en las noticias: yo no era la niña rubia y delicada que parecían preferir los criminales. No podía ni imaginar hasta qué punto estaba equivocada.

2

¿Qué va a pasar?
El último día de mi antigua vida

Intenté gritar. Pero no me salió ningún grito.
Mis cuerdas vocales no colaboraron. Todo en mí era un grito.
Un grito mudo que nadie podía oír.

Al día siguiente me desperté furiosa y triste a la vez. La rabia por el enfado de mi madre, que había sido provocado por mi padre y ahora me afectaba a mí, me oprimía el pecho. Pero lo que más me molestaba era que me hubiera prohibido volver a verle. Era una de esas decisiones que los adultos toman a la ligera, sin pensar en los niños, por rabia o por un arrebato repentino, sin considerar que al hacerlo no sólo se trata de ellos mismos, sino también de las más profundas necesidades de aquellos que se enfrentan impotentes a tales sentencias.

Odiaba esa sensación de impotencia, una sensación que me recordaba que era una niña. Quería ser adulta de una vez, confiaba en que entonces no me afectarían tanto las desavenencias con mi madre. Quería aprender a tragarme mis sentimientos y, con ellos, ese profundo temor que provoca en los niños el conflicto con los padres.

Al cumplir los 10 años dejé atrás la primera fase de mi vida, la más dependiente. La fecha mágica en la que mi independencia sería oficial estaba cada vez más cerca: ocho años más y podría marcharme y buscar un trabajo. Entonces ya no tendría que depender de las decisiones de los adultos que me rodeaban, a los que mis necesidades les importaban bastante menos que sus pequeñas disputas y sus celos. Ocho años que quería aprovechar para prepararme bien para una vida en la que yo tomaría mis propias decisiones.

Unas semanas antes ya había dado un paso decisivo hacia mi independencia: había convencido a mi madre de que me dejara ir sola al colegio. Aunque ya estaba en cuarto, hasta entonces siempre me había llevado ella en coche a clase. No eran ni cinco minutos de trayecto. Todos los días me sentía avergonzada delante de los demás niños, que veían cómo me bajaba del coche y mi madre me daba un beso de despedida. Había hablado muchas veces con ella de que ya era hora de que recorriera yo sola el camino hasta el colegio. Con ello quería demostrar no sólo a mis padres, sino también a mí misma, que ya no era una niña pequeña. Y que podía controlar mis temores.

Mi inseguridad era algo que me atormentaba profundamente. Me asaltaba en cuanto empezaba a bajar las escaleras de mi casa, continuaba cuando cruzaba el patio y se convertía en algo que me dominaba mientras recorría las calles de la urbanización. Me sentía desprotegida y diminuta, y me odiaba por ello. Aquel día estaba firmemente decidida, iba a intentar ser fuerte. Aquél iba a ser el primer día de mi nueva vida y el último de la antigua. Resulta casi irónico que justo ese día se acabara de hecho mi vida tal y como la conocía. Aunque sucedió de un modo que era incapaz de imaginar.

Aparté con decisión la colcha de dibujos de la cama y me levanté. Como siempre, mi madre había preparado la ropa que me debía poner. Un vestido con el cuerpo de tela vaquera y la falda de franela gris a cuadros. Me sentía incómoda con él, apretada, como si el vestido me atrapara en una fase que yo hacía tiempo que quería dejar atrás.

Me lo puse con desgano, luego avancé por el pasillo hasta la cocina. Mi madre había dejado sobre la mesa mi merienda, envuelta en unas servilletas de papel con el logo del pequeño local de la urbanización Marco Polo. Cuando llegó el momento de marcharme, me puse mi abrigo rojo y cogí mi mochila de dibujos. Acaricié a los gatos y me despedí de ellos. Luego abrí la puerta y salí. En la escalera me detuve y vacilé, pensando en las palabras que mi madre me había repetido docenas de veces: «No debes irte nunca enfadada. ¡No sabemos si nos volveremos a ver!» Podía ponerse furiosa, era impulsiva y a veces se le escapaba la mano, pero a la hora de despedirse siempre se mostraba muy cariñosa. ¿Debía irme sin decirle una sola palabra? Me giré, pero me invadió la sensación de desengaño de la tarde anterior. Había decidido no darle nunca más un beso y castigarla con mi silencio. Además, ¿qué iba a pasar?

«¡Qué va a pasar!», murmuré a media voz. Las palabras resonaron por la escalera de baldosas grises. Me giré de nuevo y bajé las escaleras. ¿Qué va a pasar? La frase se convirtió en mi mantra durante el camino hasta la calle y, entre los bloques de viviendas, hasta el colegio. Mi mantra contra el miedo y contra la mala conciencia por no haberme despedido de mi madre.

Abandoné la urbanización, avancé a lo largo de su interminable valla y me detuve en el paso peatonal. Por delante de mí pasó traqueteando un tranvía lleno de gente que iba a trabajar. Mi ánimo decayó. Todo a mi alrededor se me hacía de pronto demasiado grande. No podía olvidar la pelea con mi madre y me daba miedo pensar en la relación con mis padres separados y sus nuevas parejas, que no me aceptaban. Las buenas sensaciones que creí sentir aquel día dejaron paso a la certeza de que una vez más tendría que luchar por mi puesto en este mundo. Y de que no iba a conseguir cambiar mi vida si un simple paso peatonal me parecía un obstáculo insalvable.

Me eché a llorar y sentí cómo me invadía el deseo de desaparecer, de disolverme en el aire. Dejé que el tráfico siguiera rodando ante mí, imaginando que en cuanto pisara la calzada un coche me atropellaba. Me arrastraría un par de metros y entonces estaría muerta. Mi mochila quedaría tirada junto a mi cuerpo inerte, y mi chaqueta roja sería una señal sobre el asfalto que gritaría: "¡Mira lo que hiciste con esta niña!" Mi madre bajaría de casa corriendo, lloraría a mi lado y reconocería todos sus errores. Sí, eso es lo que haría. ¡Seguro!

Como es natural no salté delante de ningún coche ni del tranvía. No me habría gustado llamar tanto la atención. En lugar de eso hice un esfuerzo, crucé el paso peatonal y avancé por la calle Rennbahnweg en dirección al colegio, en la Brioschiweg. Tenía que pasar por un par de tranquilas callejas de pequeñas viviendas unifamiliares de los años cincuenta, que tenían modestos jardines en la entrada. En un barrio dominado por las construcciones industriales y las casas prefabricadas, resultaban anacrónicas y tranquilizadoras a la vez. Cuando giré por la Melangasse, me limpié las últimas lágrimas de la cara y seguí avanzando con la cabeza baja.

No recuerdo qué fue lo que me hizo levantar la cabeza. ¿Un ruido? ¿Un pájaro? En cualquier caso, mi mirada se posó en una furgoneta blanca. Estaba en la zona de aparcamiento del lado derecho de la calle y no parecía encajar mucho en aquel entorno tan tranquilo. Delante de la furgoneta vi a un hombre de pie. Era delgado, no muy alto y miraba indeciso a su alrededor: como si esperara algo pero no supiera qué.

Hice más lentos mis pasos y me estiré. El miedo que yo no podía entender volvió de pronto y se me puso la carne de gallina. Enseguida tuve el impulso de cambiarme de acera. Una rápida serie de imágenes y frases pasó por mi cabeza: No hables con desconocidos... No te subas al coche de un extraño... Secuestros, abusos, todas las historias de niñas secuestradas que había visto en televisión. Pero si quería ser de verdad una adulta no debía ceder ante ese impulso. Tenía que seguir andando. ¿Qué me iba a pasar? El camino hasta el colegio era mi primer examen. Iba a aprobarlo sin desviarme de mi ruta.

Echando la vista atrás no sé decir muy bien por qué al ver a la furgoneta saltaron enseguida todas las alarmas en mi interior:

pudo ser la intuición, pero tal vez también el exceso de noticias sobre abusos que habíamos tenido como consecuencia del «caso Groër». Este cardenal fue acusado en 1995 de abuso sexual de menores, la reacción del Vaticano aportó tema de debate a los medios de comunicación y desató un movimiento popular de recogida de firmas para la reforma de la Iglesia en Austria. A ello se añadieron todos los relatos sobre niñas secuestradas y asesinadas que había visto en las noticias de la televisión alemana. Pero probablemente me habría dado miedo cualquier hombre que me hubiera encontrado en la calle en una situación poco habitual. Ser secuestrada era para mí una posibilidad realista, pero en el fondo pensaba que era algo que ocurría en la televisión. No en mi barrio.

Cuando estaba a unos dos metros de distancia del hombre, me miró a los ojos. En ese momento desaparecieron todos mis miedos. Tenía los ojos azules y, con su melena algo larga, parecía un estudiante de una vieja serie de los años setenta. Su mirada se diluía de una forma extraña en el vacío. Es un pobre hombre, pensé, pues parecía tan desvalido que tuve el deseo espontáneo de ayudarle. Puede sonar extraño, pero fue como una forma de aferrarse a la fe infantil en la bondad de las personas. Cuando me miró por primera vez de frente aquella mañana, parecía perdido y muy frágil.

Sí. Iba a pasar esa prueba. Pasaría por delante de ese hombre por el estrecho espacio que quedaba en la acera. No me gustaba acercarme a la gente y decidí evitarle lo suficiente para no entrar en contacto con él.

Todo ocurrió muy deprisa.

En el momento en que pasaba con la mirada puesta en el suelo por delante de ese hombre, él me cogió por la cintura, me levantó por los aires y me metió por la puerta abierta de su furgoneta. Todo ocurrió en un solo movimiento, como si fuera la escena de una coreografía que hubiéramos ensayado los dos juntos. Una coreografía del horror.

¿Grité? Creo que no. Aunque todo en mí era un único grito. Pugnaba por salir, pero se quedaba en lo más profundo de mi garganta: un grito mudo, como si se hubiera hecho realidad una de esas pesadillas en las que se quiere gritar, pero no se oye un solo tono; en las que se quiere correr, pero las piernas se mueven como si se hundieran en arenas movedizas.

¿Opuse resistencia? ¿Intenté arruinar su perfecta puesta en escena? Debí resistirme, pues al día siguiente tenía un ojo morado. No puedo recordar el dolor de un golpe, pero sí la sensación de una impotencia paralizante. El secuestrador la tenía fácil conmigo. Él medía 1.72 metros aproximadamente, yo solo 1.50. Yo estaba gorda y no era demasiado ágil, además la mochila limitaba mi libertad de movimiento. Todo había durado tan sólo unos segundos.

En el momento en que se cerró la puerta de la furgoneta a mis espaldas fui consciente de que había sido secuestrada y podía morir. Ante mis ojos pasaron las imágenes del funeral de Jennifer, que en enero había sido violada y asesinada en un coche cuando intentaba escapar. Las imágenes del horror de los padres de Carla, que fue encontrada inconsciente en un lago y murió cinco días más tarde. Entonces me había preguntado cómo sería eso de morir y qué ocurriría después. Si se sentiría dolor justo antes y si sería verdad que se ve una luz.

Las imágenes se mezclaron con una serie de ideas que me cruzaron por la mente. ¿Estaba ocurriendo todo aquello en realidad? ¿A mí?, preguntaba una voz. ¡Qué idea más tonta secuestrar a un niño, eso no funciona nunca!, decía otra. ¿Por qué yo? Soy pequeña y gorda, no respondo al perfil de la presa ideal de un secuestrador, suplicaba otra más. La voz del secuestrador me devolvió a la realidad. Me ordenó que me sentara en el suelo de la parte trasera de la furgoneta y me recomendó que no me moviera. Si no seguía sus indicaciones podía pasarme algo malo. Luego saltó por encima de los asientos hacia delante y arrancó.

Como no había ninguna separación entre los asientos delanteros y la zona de carga, podía verle por detrás. Y podía oír cómo tecleaba nervioso varios números en su teléfono móvil. Pero era evidente que no localizaba a nadie.

Mientras tanto seguían amontonándose las preguntas en mi cabeza: ¿Va a pedir un rescate? ¿Quién lo va a pagar? ¿Adónde me lleva? ¿Qué coche es éste? ¿Qué hora es? Los cristales de la furgoneta estaban pintados casi hasta arriba, donde quedaba una pequeña franja sin pintar. Desde el suelo no podía ver hacia dónde nos dirigíamos, y no me atreví a estirar el cuello para mirar a través del parabrisas. El viaje se me hizo largo, parecíamos ir sin rumbo fijo. Enseguida perdí la noción del tiempo y el espacio. Pero las copas de los árboles y los postes de la luz que pasaban repetidas veces ante mí me daban la sensación de que estábamos dando vueltas por el barrio.

Hablar. Tienes que hablar con él. ¿Pero cómo? ¿Cómo se habla con un secuestrador? Los secuestradores no merecen ningún respeto, no me parecía adecuado seguir unas normas de cortesía. Venga: el trato que tenía reservado para las personas cercanas a mí.

Aunque parezca absurdo, primero le pregunté qué número calzaba. Eso lo había aprendido en series de televisión como «Aktenzeichen XY ungelöst». Hay que describir al secuestrador lo mejor posible, cualquier pequeño detalle era importante. Pero, como es natural, no recibí respuesta alguna. En su lugar el hombre me ordenó con brusquedad que me callara, así no me pasaría nada. Todavía hoy sigo sin saber cómo tuve el valor de pasar por alto sus indicaciones. Tal vez porque estaba segura de que en cualquier caso iba a morir, de que la situación no podía empeorar.

«¿Vas a abusar de mí?», fue lo siguiente que le pregunté.

Esta vez sí recibí una respuesta. «Eres demasiado joven para eso», dijo. «Yo nunca haría algo así.» Luego volvió a llamar por teléfono. Una vez que hubo colgado, dijo: «Ahora te llevaré a un bosque y te entregaré a los otros. Entonces ya no tendré nada que ver con todo este asunto.» Esa frase la repitió varias veces, deprisa y muy inquieto: «Te entregaré y ya no tendré nada que ver contigo. No volveremos a vernos nunca más.»

Si lo que quería era meterme miedo, no podía haber encontrado palabras más adecuadas: su anuncio de entregarme a «los otros» me dejó sin respiración, me quedé petrificada. No necesitaba explicar nada más, yo sabía lo que quería decir: las redes de pornografía infantil llevaban meses siendo noticia en los medios de comunicación. Desde el verano anterior apenas pasaba una semana en la que no se hablara de tipos que secuestraban a menores y abusaban de ellos mientras lo grababan. Pude verlo con toda claridad en mi mente: grupos de hombres que me arrastraban hasta un sótano y me agarraban por todas partes mientras otros hacían fotos. Hasta ese momento estaba convencida de que iba a morir enseguida. La nueva amenaza me parecía algo aún peor.

No sé cuánto tiempo pasó hasta que nos detuvimos. Estábamos en un bosque de pinos como otros tantos de las afueras de Viena. El secuestrador apagó el motor y volvió a llamar por teléfono. Algo parecía haber salido mal. «¡No han venido, no están aquí!», protestaba. Se le veía atemorizado, acorralado. Pero tal vez se tratara sólo de un truco: tal vez quería que me aliara con él frente a esos «otros» a los que me debía entregar y que le habían dejado colgado. Tal vez se lo había inventado para meterme más miedo y paralizarme.

El secuestrador se bajó del coche y me ordenó que no me moviera del sitio. Yo le obedecí sin decir nada. ¿No había querido Jennifer escapar de un coche así? ¿Cómo lo había intentado? ¿Y qué había hecho mal? Todo se entremezclaba en mi cabeza. Si no había cerrado la puerta tal vez pudiera empujarla. ¿Pero luego? Dos pasos y estaría encima de mí. Yo no corría mucho. No tenía ni idea de qué bosque era aquél ni hacia dónde debía correr. Y además estaban los «otros», los que me debían recoger y que podían aparecer por cualquier sitio. Pude ver cómo corrían detrás de mí, me alcanzaban y me tiraban al suelo. Y luego vi mi cadáver en ese bosque, medio enterrado debajo de un pino.

Pensé en mis padres. Mi madre iría por la tarde al colegio a recogerme, y la profesora le diría: «¡Pero si Natascha no ha venido hoy!» Mi madre estaría desesperada, y yo no tenía ninguna posibilidad de protegerla. Se me partía el corazón pensando que ella estaba en el colegio, pero yo no.

¿Qué va a pasar? Aquella mañana me había marchado sin una palabra de despedida, sin un beso. «¡No sabemos si nos volveremos a ver!»

* * *

Las palabras de mi secuestrador me hicieron estremecer. «No van a venir.» Luego subió al coche, arrancó el motor y nos pusimos en marcha. Gracias a las fachadas y tejados de las casas que podía ver por la pequeña rendija de las ventanillas laterales, esta vez sí pude reconocer hacia dónde conducía el coche: regresamos a las afueras de la ciudad y luego tomamos la carretera principal en dirección a Gänsendorf.

«¿Adónde vamos?», le pregunté.

«A Strasshof», dijo el secuestrador con total sinceridad.

Cuando cruzamos Süssenbrunn sentí una profunda tristeza. Pasamos por delante de la vieja tienda de mi abuela, la cual había traspasado hacía poco tiempo. Tres semanas antes había estado allí, sentada en su escritorio, liquidando sus deberes burocráticos. Pude verla ante mí y quise gritar, pero sólo pude soltar un débil gemido cuando pasamos ante la calleja que llevaba hasta la casa de mi abuela. Allí había vivido los momentos más felices de mi infancia.

El vehículo se detuvo ante un garaje. El secuestrador me ordenó que siguiera tumbada en el suelo de la furgoneta, y apagó el motor. Luego se bajó, cogió una manta azul, me la echó por encima y me envolvió con ella. Yo apenas podía respirar, me vi inmersa en la más completa oscuridad. Cuando me sacó del coche como si fuera un paquete, se apoderó de mí el pánico. Tenía que escapar de aquella manta. Y tenía que hacer pis.

Mi voz sonó apagada y extraña bajo la manta cuando le pedí que me dejara en el suelo y me permitiera ir al baño. Se detuvo un instante, luego me liberó de la manta y me condujo por un vestíbulo hasta un pequeño aseo para invitados. Desde el pasillo pude echar un vistazo a las habitaciones anexas. Los muebles parecían caros y buenos, lo que me confirmaba que, en efecto, había sido víctima de un secuestro: en las películas de la televisión los criminales siempre tenían casas grandes con muebles valiosos.

El secuestrador se quedó ante la puerta y esperó. Yo eché la llave y respiré profundamente. Pero el alivio duró sólo unos segundos: el cuarto de baño no tenía ventana, estaba atrapada. La única forma de salir de allí era por la puerta, tras la que no me podía esconder eternamente. Sobre todo porque para él sería muy fácil romperla.

Cuando al cabo de un rato salí del baño, el secuestrador me envolvió de nuevo en la manta: oscuridad, falta de aire. Me levantó por los aires y noté que bajaba varios escalones: ¿un sótano? Una vez abajo me dejó en el suelo, desplazó mi cuerpo un poco hacia delante dentro de la manta, volvió a cargar conmigo y siguió andando. Me pareció que transcurría una eternidad antes de que me depositara de nuevo en el suelo. Luego oí cómo se alejaban sus pasos.

Contuve la respiración y escuché con atención. No se oía nada en absoluto. A pesar de todo, tardé un rato en atreverme a deshacerme poco a poco de la manta. A mi alrededor reinaba la más completa oscuridad. Olía a polvo, el aire estaba extrañamente caliente. Sentí bajo mi cuerpo el suelo desnudo, frío. Me acurruqué y me eché a llorar. Pero en aquel silencio mi llanto sonaba de un modo tan extraño que me callé muy asustada. No sé cuánto tiempo estuve allí tirada. Al principio intenté contar los segundos, los minutos. Veintiuno, veintidós..., susurraba calculando los segundos. Intenté sumar los minutos con los dedos. Pero me equivocaba todo el rato, ¡no podía ser! ¡Tenía que concentrarme, retener cada detalle! Pero enseguida perdí la noción del tiempo. La oscuridad, el olor, el asco que sentía..., todo aquello me cubría como un manto negro.

Cuando regresó el secuestrador traía una bombilla que enroscó en un casquillo que había en la pared. La luz deslumbrante que reinó al instante me cegó y no supuso ningún alivio: pues entonces pude ver dónde me encontraba. La estancia era pequeña y estaba casi vacía, las paredes estaban forradas de madera, un pequeño catre colgaba de unos ganchos en la pared. El suelo tenía un revestimiento claro. En un rincón había un retrete sin tapa, y en una pared, un fregadero doble de acero inoxidable.

¿Es así el escondrijo secreto de una banda de criminales? ¿Un sex-club? Las paredes cubiertas de madera clara me recordaron a un sauna, y en mi mente empezaron a encadenarse una serie de ideas: sauna en el sótano —pedófilos— asesinos. Vi ante mí a hombres gordos, sudorosos, acosándome en aquel espacio tan pequeño. Para mí, todavía una niña, un sauna en el sótano era el sitio al que tales tipos atraían a sus víctimas para después abusar de ellas. Pero allí no había ni una estufa ni ninguno de esos cubos de madera que suele haber en un sauna.

El secuestrador me ordenó que me pusiera de pie, me situara a una cierta distancia de él y no me moviera. Luego empezó a desmontar el catre de madera y a desenroscar los ganchos que colgaban de la pared. Mientras tanto me hablaba en ese tono suave y tranquilizador que las personas, por lo general, reservan para sus mascotas. Que no debía tener miedo, que todo saldría bien si yo hacía lo que él me ordenaba. Me miraba como un amo orgulloso observa a su nuevo gato... o peor aún: como un niño contempla un juguete nuevo. Con una alegría anticipada, pero sin saber muy bien qué hacer con él.

Al cabo de un rato fue disminuyendo mi pánico y me atreví a hablarle. Le supliqué que me dejara marchar: «¡No le contaré nada a nadie! Si me sueltas ahora nadie se dará cuenta. Diré que me he escapado. Si no me retienes por la noche no te pasará nada.» Intenté explicarle que estaba cometiendo un grave error, que me estarían buscando y que seguro me iban a encontrar. Apelé a su sentido de la responsabilidad, le pedí compasión. Pero todo fue inútil. Me dejó bien claro que iba a pasar la noche en aquella prisión.

No sé cómo habría reaccionado si en aquel momento se me hubiera pasado por la cabeza que ese escondrijo iba a ser durante 3 096 noches mi refugio y mi cárcel a la vez. Cuando hoy vuelvo la vista atrás veo que el hecho de saber que tendría que pasar allí aquella primera noche puso en marcha un mecanismo que me pudo salvar la vida, pero que también resultaba muy peligroso. Una cosa era evidente: estaba encerrada en el sótano de un criminal que al menos ese día no me iba a liberar. Mi mundo sufrió una fuerte sacudida, la realidad quedó desplazada. Acepté lo que había ocurrido, y en vez de luchar contra la nueva situación con rabia y desesperación, me resigné. Un adulto sabe que pierde una parte de sí mismo cuando debe admitir hechos que antes de su aparición estaban lejos de su imaginación. La base en que se asienta la propia personalidad se resquebraja. Pero la única reacción correcta es adaptarse, ya que asegura la supervivencia. Un niño actúa de forma más intuitiva. Yo estaba asustada, no me defendí, sino que empecé a prepararme... en principio para una noche.

Todavía hoy me parece sorprendente cómo mi pánico cedió ante un cierto pragmatismo. Lo deprisa que comprendí que mis súplicas no tenían sentido y que cualquier cosa que dijera le resbalaría a aquel desconocido. La forma tan instintiva en que me di cuenta de que tenía que aceptar la situación para resistir una noche interminable en aquel sótano.

Cuando el secuestrador hubo desenganchado el catre de la pared, me preguntó si necesitaba algo. Una situación absurda, como si yo fuera a pasar la noche en un hotel y hubiera olvidado mi neceser. «Un peine, un cepillo de dientes, pasta dentífrica y un vaso. No importa si es un vaso de yogur.» Yo funcionaba.

Me explicó que tenía que ir a Viena para traerme un colchón de su casa de allí.

«¿Es esa tu casa?», le pregunté, pero no obtuve respuesta. «¿Por qué no me puedes llevar a tu casa de Viena?»

Opinaba que era muy peligroso: paredes delgadas, vecinos escuchando, yo podía gritar. Le prometí que si me llevaba a Viena estaría callada. Pero no sirvió de nada.

En el instante en que abandonó la habitación y cerró la puerta con llave se tambaleó toda mi estrategia de supervivencia. Habría hecho cualquier cosa para que se quedara o me llevara con él: cualquier cosa para no quedarme sola.

* * *

Me acurruqué en el suelo. Sentía las piernas y los brazos extrañamente entumecidos, la lengua se me pegaba al paladar. Mis pensamientos giraban en torno al colegio, como si estuviera buscando una estructura temporal que me proporcionara un apoyo que había perdido hacía tiempo. ¿Qué clase estarían dando en ese momento? ¿Había pasado ya el recreo? ¿Cuándo se habían percatado de que yo no estaba? ¿Y cuándo iban a darse cuenta de que no iba a volver? ¿Informarían a mis padres? ¿Cómo iban a reaccionar?

Al pensar en mis padres se me inundaron los ojos de lágrimas. Pero no debía llorar. Tenía que ser fuerte, mantener el control. Los indios no conocen el dolor, y además: seguro que al día siguiente habría acabado todo. Y todo volvería a ir bien. Tras el shock sufrido por estar a punto de perderme, mis padres se reconciliarían y me tratarían con mucho cariño. Los vi ante mí, sentados a la mesa a la hora de comer, preguntándome con orgullo y admiración cómo había podido superar todo aquello. Imaginé el primer día en el colegio. ¿Se reirían de mí? ¿O celebrarían como un milagro que yo estuviera libre mientras que otros niños a los que les había ocurrido lo mismo acababan muertos en un lago o un bosque? Imaginé la escena triunfal —y también algo penosa— en la que todos se arremolinaban en torno a mí y me preguntaban incansables: «¿Te ha liberado la policía?» ¿Podría liberarme realmente la policía? ¿Cómo me iban a encontrar? «¿Cómo has podido escapar?» «¿De dónde sacaste el valor para escapar?» ¿Tendría realmente valor para escapar?

Volvió a invadirme el pánico: no tenía ni idea de cómo salir de allí. En la televisión bastaba con «reducir» al secuestrador. ¿Pero cómo? ¿Tendría que matarle? Sabía que se puede morir de un navajazo en el hígado. Pero ¿dónde estaba el hígado exactamente?

¿Encontraría el sitio correcto? ¿Con qué le iba a apuñalar? ¿Sería capaz de hacerlo? ¿Matar a una persona, yo, una niña pequeña? No pude evitar pensar en Dios. ¿Estaba permitido matar a una persona en una situación así, cuando no se tiene otra solución? No matarás. Intenté recordar si en clase de religión habíamos hablado acerca de este mandamiento... y si en la Biblia había excepciones. No encontré ninguna.

Un ruido seco me hizo volver a la realidad. El secuestrador había regresado.

Traía consigo un colchoncillo de gomaespuma estrecho y delgado, de unos ocho centímetros de altura, y lo depositó en el suelo. Parecía una colchoneta del ejército o de una tumbona de jardín. Cuando me senté en él, escapó enseguida el aire contenido en el endeble material y noté el suelo duro bajo mi cuerpo. El secuestrador me trajo todo lo que le había pedido. Y además unas galletas. Galletas de mantequilla con una gruesa capa de chocolate encima. Mis galletas favoritas, que en realidad no debía comer porque estaba demasiado gorda. Había asociado esas galletas a un ansia irrefrenable y una serie de momentos humillantes, esa mirada cuando alguien me decía: «¡No te irás a comer eso ahora! ¡Ya estás bastante gorda!» Esa vergüenza sentida cuando los demás niños se lanzaban sobre mí y me sujetaban la mano. Y esa sensación de placer vivida cuando el chocolate se derretía lentamente en mi boca.

Cuando el secuestrador abrió el paquete de galletas empezaron a temblarme las manos. Quería comérmelas, pero tenía la boca seca debido al nerviosismo y el miedo. Sabía que no podría tragar nada. Me sujetó el paquete debajo de la nariz hasta que cogí una y la rompí. Saltaron unos pequeños pedazos de chocolate que me metí en la boca. No pude comer nada más.

Al cabo de un rato el secuestrador se apartó de mi lado y se dirigió hacia mi mochila, que estaba tirada en un rincón. Cuando la cogió y se disponía a marcharse, le pedí que no se la llevara. La idea de perder los únicos objetos personales que me quedaban en aquel perturbador entorno me resultaba insoportable. Me miró con una extraña expresión en el rostro: «Puedes haber escondido un transmisor para pedir ayuda», dijo. «¡Quieres engañarme y hacerte la inocente! ¡Eres mucho más inteligente de lo que pretendes aparentar!»

Ese súbito cambio de actitud me inquietó. ¿Había hecho algo mal? ¿Y qué transmisor iba a tener yo en la mochila, en la que aparte de un par de libros y lápices sólo llevaba la merienda? En aquel momento no supe valorar ese extraño comportamiento. Hoy esa frase representa para mí el primer indicio de que el secuestrador era un paranoico y un enfermo mental. En aquellos tiempos no existían transmisores para tener a los niños localizados, incluso hoy, cuando existe esa posibilidad, tampoco es algo muy habitual. Pero para el secuestrador existía el peligro real de que en el año 1998 yo hubiera escondido en mi mochila semejante aparato casi futurista. Tan real que en su delirio tenía miedo de que una pequeña niña pudiera destruir un mundo que sólo existía en su mente.

Su papel en ese mundo cambiaba a la velocidad del rayo: en un momento dado quería hacerme el encierro en su sótano lo más agradable posible; al momento siguiente veía en mí —una niña pequeña que no tenía fuerza, armas ni transmisores— a un enemigo que quería atentar contra su vida. Yo me había convertido en víctima de un loco y en protagonista de una película que sólo existía en el mundo enfermo de su mente. Pero en aquel momento no era consciente de ello. No sabía nada de enfermedades mentales y trastornos paranoides que trasladan a la persona afectada a una nueva realidad. Le traté como a un adulto normal. Un adulto cuyas ideas y motivos yo, un simple niña, no comprendía.

Mis súplicas no tuvieron ningún éxito. El secuestrador cogió la mochila y se dirigió hacia la puerta. Ésta se abría hacia dentro, y por el lado de la habitación no tenía picaporte, sino un pequeño pomo redondo que estaba tan suelto que uno se podría quedar con él en la mano en cualquier momento.

Cuando la puerta se cerró me eché a llorar. Estaba sola, encerrada en un sótano vacío en cualquier parte bajo tierra. Sin mi mochila, sin el bocadillo que mi madre me había preparado pocas horas antes. Sin las servilletas en que estaba envuelto. Era como si el secuestrador me hubiera arrebatado una parte de mí, como si hubiera roto los vínculos que me unían a mi madre y a mi vida anterior.

Me acurruqué en un rincón sobre el colchón y sollocé sin hacer ruido. Las paredes forradas de madera parecían estrecharse cada vez más, el techo se me caía encima. Mi respiración se hizo más rápida y superficial, apenas me entraba aire en los pulmones, el miedo me atenazaba con más fuerza. Era una sensación horrorosa.

Siendo ya adulta he reflexionado muchas veces acerca de cómo superé aquel momento. La situación era tan angustiosa que pude haberme desmoronado desde el primer instante de mi cautiverio. Pero la mente humana puede hacer lo inimaginable para engañarse a sí misma y retraerse, para no capitular ante una situación que no tiene ninguna lógica.

Hoy sé que en aquel momento tuve una regresión interior. Mi mente de niña de 10 años se retrajo al nivel de una criatura de 4 ó 5 años. Una criatura que percibe el mundo como algo establecido; un mundo en el que los pequeños rituales de la vida diaria constituyen los puntos fijos que necesitamos para experimentar la normalidad. Para no desmoronarnos. Mi situación estaba tan alejada de todo aquello con lo que se podía contar que inconscientemente me retraje a ese nivel: me sentía pequeña, a merced del secuestrador y privada de toda responsabilidad. Ese hombre que me había encerrado allí abajo era el único adulto presente y, por ello, la persona con autoridad que sabría lo que había que hacer. Yo sólo debía cumplir lo que él dijera... y entonces todo iría bien. Entonces todo sería como era siempre: el ritual de irse a dormir, la mano de mi madre sobre la colcha, el beso de buenas noches y una persona querida que deja una pequeña luz encendida y sale de puntillas de la habitación.

Este retorno intuitivo a la conducta de un niño pequeño fue el segundo cambio importante de aquel primer día de encierro.

Era el intento desesperado de crear una pequeña isla de intimidad en un callejón sin salida. Cuando el secuestrador regresó poco más tarde al sótano le pedí que se quedara conmigo, que me arropara y me leyera un cuento antes de dormirme. Deseé incluso que me diera un beso de buenas noches, como hacía mi madre antes de entornar la puerta de mi dormitorio. Todo para mantener una ilusión de normalidad. Y él tomó parte en el juego. Sacó de mi mochila, que había dejado en algún sitio fuera del sótano, un libro de lectura con cuentos y relatos breves, me echó sobre el colchón, me tapó con una manta fina y se sentó en el suelo. Luego empezó a leer: «La princesa y el guisante, primera parte.» Al principio no paraba de tartamudear, casi parecía avergonzado de leer en voz baja. Al final me dio un beso en la frente. Por un momento me sentí como si estuviera a salvo en la cama mullida de mi dormitorio. Incluso dejó la luz encendida.

Pero en cuanto cerró la puerta la ilusión de seguridad se rompió como una pompa de jabón.

Aquella noche no dormí nada. No paré de dar vueltas, intranquila, sobre el fino colchón y con el vestido que no me había querido quitar. Ese vestido con el que me sentía tan incómoda era lo último que después de aquel día me quedó de mi vida anterior.

3

Vana esperanza de liberación.
Las primeras semanas en mi cárcel

«Las autoridades austriacas investigan la desaparición de una niña de 10 años, Natascha Kampusch. La niña fue vista por última vez el 2 marzo. El camino hasta la escuela, en el que se le perdió la pista, es bastante largo. Al parecer una niña vestida con un abrigo rojo fue obligada a entrar en una furgoneta blanca.» *Aktenzeichen XY ungelöst*, 27 de marzo de 1998.

Ya había oído al secuestrador mucho antes de que al día siguiente entrara en el escondrijo. En aquel momento no sabía lo bien controlado que tenía el acceso, pero basándome en lo despacio que se acercaban los ruidos deduje que necesitaba mucho tiempo para abrir el escondite.

Me encontraba en un rincón, con la mirada clavada en la puerta, cuando entró en la estancia de apenas cinco metros cuadrados. Me pareció más joven que el día del secuestro: un hombre delgado, de rasgos suaves y juveniles, con el pelo castaño peinado con raya como si fuera el alumno modelo de un instituto de las afueras de la ciudad. Su rostro era delicado y a primera vista no reflejaba ninguna maldad. Sólo si se le observaba durante un rato se notaba el atisbo de locura que se escondía tras esa fachada provinciana. Más tarde quedaría surcada de arrugas.

Enseguida lo acribillé a preguntas:

«¿Cuándo me vas a liberar?»

«¿Por qué me retienes?»

«¿Qué vas a hacer conmigo?»

Él respondió con monosílabos y registró cada uno de mis movimientos como si vigilara a un animal enjaulado: no me dio la espalda en ningún momento, me obligó a mantener siempre un metro de distancia respecto a él.

Intenté amenazarle: «¡Si no me dejas marchar ahora mismo te vas a meter en serios problemas! ¡La policía lleva tiempo buscándome, me va a encontrar, enseguida estará aquí! ¡Vas a ir a la cárcel! Es eso lo que quieres, ¿no?

«¡Déjame ir y todo saldrá bien!»

«Por favor, ¿vas a dejar que me vaya?»

Me prometió que me dejaría libre muy pronto. Y como si con eso hubiera respondido a todas mis preguntas, dio media vuelta, quitó el pomo de la puerta y cerró por fuera.

Yo agucé el oído desesperada, con la esperanza de que regresara de nuevo. Nada. Estaba totalmente aislada del mundo exterior. No llegaba ningún ruido de la calle, no entraba nada de luz por las rendijas de los páneles de la pared. El aire era húmedo y me cubría con una película de la que no me podía desprender. El único sonido que me acompañaba era el chirrido del ventilador que, a través de un tubo que cruzaba el garaje, hacía llegar aire desde el tejado hasta el sótano. Ese sonido era una auténtica tortura: día y noche zumbando en esa diminuta habitación, hasta que se hizo insoportable y tuve que ponerme las manos en las orejas para no oírlo. Cuando el ventilador se calentó, empezó a oler mal y las aspas se doblaron. El chirrido que emitía se hizo más lento, pero se añadió un ruido nuevo. Toc. Toc. Toc. Y entremedias otra vez el chirrido. Había días en que ese torturador sonido llenaba cada rincón no sólo de la habitación, sino también de mi cabeza.

Durante mis primeros días en aquel sótano el secuestrador dejó la luz siempre encendida. Yo se lo había pedido, pues me daba miedo estar sola en la total oscuridad en que se sumía esa prisión en cuanto él desenroscaba la bombilla. Pero casi era igual de malo estar todo el rato con aquel destello. La luminosidad me hacía daño en los ojos y me producía un estado de vigilia artificial del que no podía salir: incluso cuando me echaba la manta por encima de la cabeza para amortiguar la luz, mi sueño era superficial e intranquilo. El miedo y la luz brillante sólo me permitían un ligero adormecimiento del que siempre me despertaba sobresaltada pensando que era la luz del sol. Pues con la luz artificial de aquel sótano herméticamente cerrado ya no había diferencia entre el día y la noche.

Hoy sé que un método de tortura muy extendido, y que en algunos países aún se emplea, consiste en mantener a los presos con luz artificial todo el día. Las plantas sometidas al efecto continuado de la luz se marchitan, los animales mueren. Para las personas se trata de una pérfida tortura, más eficaz que la violencia física: los biorritmos y el patrón de sueño se ven tan alterados que el cuerpo reacciona con una profunda fatiga y el cerebro deja de funcionar correctamente a los pocos días. Igual de eficaz e inhumana es la tortura mediante el empleo de sonidos permanentes de los que no se puede escapar. Como el chirrido del ventilador.

Me sentía como conservada viva en una cámara acorazada subterránea. Mi prisión no era totalmente rectangular. Medía unos 2.70 metros de largo, 1.80 de ancho y apenas 2.40 de alto. Once metros cúbicos y medio de aire agobiante. Ni cinco metros cuadrados de suelo, en los que yo iba de un lado a otro como un tigre enjaulado, siempre de una pared a otra. Seis pasos cortos para ir y seis para volver: eso es lo que medía de largo. Cuatro pasos para ir y cuatro para volver: eso es lo que medía de ancho. Con veinte pasos podía dar la vuelta entera a mi cárcel.

Sólo mientras andaba conseguía atenuar el pánico. En cuanto me detenía, en cuanto cesaba el sonido de mis pisadas en el suelo, el temor volvía a apoderarse de mí. Estaba mareada y tenía miedo de volverme loca. ¿Qué me iba a pasar? Veintiuno, veintidós... sesenta. Seis adelante, cuatro a la izquierda. Cuatro a la derecha, seis atrás.

La idea de que sería imposible salir de allí me atormentaba cada vez más. Al mismo tiempo sabía que no debía dejarme vencer por el miedo, que tenía que hacer algo. Cogí una de las botellas de agua mineral en las que el secuestrador me había llevado agua fresca del grifo y golpeé las paredes con todas mis fuerzas. Al principio de forma rítmica y enérgica, hasta que se me cansó el brazo. Al final era tan sólo un golpeteo desesperado en el que se mezclaban mis gritos de auxilio. Hasta que se me cayó la botella de la mano.

No vino nadie. No me había oído nadie, tal vez ni siquiera el propio secuestrador. Caí rendida sobre el colchón y me acurruqué como un pequeño animal. Mis gritos se convirtieron en sollozos. El llanto sustituyó a la desesperación al menos por un instante y me tranquilicé. Me acordé de cuando, de pequeña, lloraba por cosas sin importancia... y enseguida se me olvidaba el motivo de mi llanto.

* * *

El día anterior, por la tarde, mi madre había avisado a la policía. Al no llegar yo a casa a la hora acordada había llamado al colegio. Nadie tenía una explicación para mi desaparición. Al día siguiente la policía inició las tareas de búsqueda. Sé por periódicos antiguos que cien policías rastrearon con perros los alrededores del colegio y de la urbanización. No encontraron pistas que permitieran reducir el radio de actuación. Se peinaron patios traseros, calles laterales y zonas verdes, lo mismo que la orilla del Danubio. Se emplearon helicópteros, se colgaron carteles en todas las escuelas. Cada poco aparecían personas que creían haberme visto en distintos lugares. Pero ninguna pista conducía hasta mí.

Durante los primeros días de cautiverio intenté imaginar lo que estaba haciendo mi madre en esos momentos. Cómo me buscaba por todas partes y cómo sus esperanzas iban reduciéndose día a día. La echaba tanto de menos que la añoranza amenazaba con desgarrarme por dentro. Habría dado cualquier cosa por tenerla a mi lado con su fortaleza y su valor. Más tarde he conocido con sorpresa la importancia que, en la interpretación de mi caso, atribuyeron los medios a la discusión con mi madre. Como si mi marcha sin despedirme fuera una señal que dijera algo de mi relación con mi madre. Aunque durante la difícil separación de mis padres había sentido rechazo y desprecio, cualquiera debería tener claro que en una situación extrema un niño llama automáticamente a su madre. Yo estaba desprotegida sin mi madre, sin mi padre, y me daba una pena horrible saber que no tenían noticias mías. Hubo días en que la preocupación por mis padres me perturbaba más que mi propio miedo. Pasaba horas pensando cómo podía hacerles saber que estaba viva. Para que no estuvieran desesperados. Y para que no dejaran de buscarme.

Al comienzo de mi cautiverio esperaba cada día, cada hora, que se abriera la puerta y viniera alguien a rescatarme. La esperanza de que no pudieran hacerme desaparecer tan fácilmente me sostuvo durante las interminables horas en el sótano. Pero pasaban los días y no llegaba nadie. Excepto el secuestrador.

Ahora parece evidente que había planeado el secuestro durante un tiempo: por qué si no iba a haber estado años construyendo un escondrijo que sólo se abría desde fuera y era lo suficientemente grande para que en él pudiera sobrevivir una persona. Como pude comprobar repetidas veces a los largo de mis años de cautiverio, el secuestrador era un hombre paranoide, temeroso, convencido de que el mundo era malvado y la gente le perseguía. También es posible que construyera aquel escondite como un búnker en previsión de que se produjera un ataque nuclear o la Tercera guerra mundial, o como un refugio para escapar de todos aquellos que supuestamente le perseguían.

¿Qué variante es la correcta?, es una pregunta que hoy ya nadie puede responder. Incluso las manifestaciones de su antiguo compañero de trabajo Ernst Holzapfel dejan claro que ambas explicaciones son posibles. Éste declaró que el secuestrador le había preguntado en cierta ocasión cómo podía insonorizar una habitación para que el ruido de una taladradora no se oyera por toda la casa.

En cualquier caso, el secuestrador no se comportaba conmigo como un hombre que hubiera preparado durante años el rapto de un niño y que, una vez conseguido, viera su deseo hecho realidad. Al contrario. Parecía alguien a quien un conocido ha dejado por sorpresa un bebé y no sabe muy bien cómo atender sus necesidades.

Durante mis primeros días en el sótano el secuestrador me trató como si fuera una niña muy pequeña. Eso en parte no me vino mal, al fin y al cabo yo había retrocedido interiormente al nivel emocional de un niño de jardín de infancia: me daba de comer todo lo que le pedía. Y yo me comportaba como cuando se visita a una tía abuela lejana y se le convence de que el chocolate es el desayuno más sano. Ya el primer día me preguntó qué quería comer. Yo le pedí té de frutas y un bollo. Y al cabo de un rato volvió con un termo lleno de té de escaramujo y un bollo de la panadería más conocida de la zona. La inscripción de la bolsa de papel confirmó mis sospechas de que estábamos en algún punto de Strasshof. En otra ocasión le pedí barritas saladas con mostaza y miel. También este «encargo» fue atendido al instante. Me resultaba muy extraño que ese hombre cumpliera todos mis deseos cuando, en realidad, él me había quitado todo.

Pero su tendencia a tratarme como una niña pequeña tenía también su lado negativo. Me pelaba las naranjas y me las metía gajo a gajo en la boca, como si yo no pudiera comer sola. Cuando una vez le pedí un chicle, se opuso por miedo a que me ahogara. Por las noches me abría la boca y me limpiaba los dientes como si tuviera 3 años y no pudiera agarrar el cepillo. Al cabo de unos días me cogió bruscamente la mano, me la sujetó con fuerza y me cortó las uñas.

Me sentí humillada, como si me hubiera arrebatado la poca dignidad que intentaba mantener en aquella situación. Al mismo tiempo sabía que yo misma me había situado en ese nivel que en cierto modo me protegía. Pues ya el primer día pude comprobar cómo el secuestrador, en su paranoia, dudaba entre tratarme como una niña pequeña o como una persona independiente.

Me metí en mi papel, y cuando el secuestrador regresó a mi prisión para llevarme comida hice todo lo posible para que se quedara. Le rogué. Le supliqué. Intenté llamar su atención, que se ocupara de mí, que jugara conmigo. Estar sola en el escondrijo me estaba volviendo loca.

Así fue como unos días más tarde estaba yo allí, sentada con mi secuestrador, jugando a las damas chinas. La situación me parecía irreal, como de una película absurda: fuera, en el mundo exterior, nadie podría creer que la víctima de un secuestro hiciera todo lo posible para jugar a las damas chinas con su secuestrador. Pero el mundo exterior ya no era mi mundo. Yo era una niña y estaba sola, y sólo existía una persona que podía salvarme de la agobiante soledad: la misma que me había impuesto esa soledad.

Me senté en el colchón con el secuestrador, tiré los dados y moví las fichas. Miraba fijamente el dibujo del tablero, las pequeñas fichas de colores, intentaba olvidarme de lo que me rodeaba e imaginarme a mi secuestrador como un amigo paternal que se toma su tiempo para jugar con un niño. Cuanto más conseguía dejarme atrapar por el juego, menor era mi pánico. Sabía que éste me acechaba desde todos los rincones, siempre dispuesto a asaltarme. Cuando estaba a punto de ganar una partida, cometía un error de forma disimulada para retrasar el temido momento de quedarme sola.

En esos primeros días la presencia del secuestrador me parecía una garantía de que me iba a librar del peor desenlace. Pues en todas sus visitas hablaba de sus supuestos colaboradores, con los que había hablado tan nervioso ya durante el secuestro y que le habrían hecho el «encargo». Yo seguía pensando que tenía que tratarse de una red de pederastas. Él mismo murmuró algo de unos hombres que iban a venir a fotografiarme y «a hacer otras cosas conmigo», lo que confirmaba mis temores. A veces se me pasaba por la cabeza que la historia que me estaba contando no encajaba del todo, que tal vez no existieran esos malvados hombres. Probablemente se había inventado a aquellos cómplices para atemorizarme. Pero no lo podía saber con certeza, y aunque fueran inventados cumplían su misión: yo vivía con el miedo continuo a que en cualquier momento apareciera en el sótano una horda de hombres horribles y se abalanzara sobre mí.

Las imágenes y los relatos que había visto en los últimos meses en los medios de comunicación se concretaron en escenarios cada vez más terribles. Intenté no pensar en ello... pero al mismo tiempo imaginaba todo lo que los secuestradores harían conmigo. Qué objetos utilizarían. Si lo harían allí mismo, en el sótano, o me llevarían a un chalé, un sauna o una buhardilla, como en el último caso que había saltado a los medios de comunicación.

Cuando estaba sola intentaba colocarme de forma que tuviera la puerta a la vista. Por las noches dormía como un animal acosado, con un ojo abierto, siempre alerta: no quería que los hombres a los que supuestamente me iban a entregar me sorprendieran indefensa en pleno sueño. Estaba en tensión cada segundo, siempre a tope de adrenalina y presa de un miedo del que no podía escapar en aquella pequeña habitación. El miedo a los supuestos «verdaderos destinatarios» hacía que el hombre que decía haberme secuestrado por encargo de ellos resultara una ayuda beneficiosa: mientras estuviera con él no llegaría el temido momento final.

* * *

En los días posteriores a mi secuestro mi cárcel empezó a llenarse con todo tipo de objetos. Lo primero que me trajo el secuestrador fue algo de ropa: yo sólo tenía lo que llevaba puesto. La ropa interior, mis leotardos de Palmers, mi vestido, mi abrigo. Los zapatos los había quemado para eliminar posibles huellas. Eran unos zapatos con una gruesa suela de plataforma que mi madre me había regalado el día que cumplí 10 años. Ese día, cuando entré en la cocina, había sobre la mesa una tarta con diez velas y una caja envuelta en un brillante papel de colores. Cogí aire con fuerza y apagué las velas. Luego retiré el papel celo y desenvolví la caja. Llevaba meses convenciendo a mi madre de que, por favor, me comprara esos zapatos, que llevaban todas las niñas. Ella se había negado de forma categórica. No le parecían apropiados para una niña, no se andaba bien con ellos. Pero allí estaban, ante mí: unas bailarinas de ante negras con unas cintas finas sobre el empeine y una gruesa plataforma de goma. ¡Yo estaba feliz! Esos zapatos, que me hacían crecer unos tres centímetros, me harían más fácil el camino hacia esa nueva vida en la que yo sería más independiente.

El último regalo de mi madre. Y él lo había quemado. Con ello me había privado no sólo de un vínculo con mi vida anterior, sino también de un símbolo de la fortaleza que yo confiaba recibir de esos zapatos.

El secuestrador me entregó un jersey viejo y unas camisetas de color caqui que, sin duda, conservaba de su paso por el ejército. Eso me ayudó a aguantar el frío procedente del exterior. Para combatir el frío que sentía en mi interior llevaba siempre puesto algo de mi propia ropa.

Después de dos semanas el secuestrador me trajo una tumbona de jardín en sustitución del fino colchón de gomaespuma. Tenía unos muelles que sonaban cada vez que me movía. Durante los seis meses siguientes ese sonido me acompañó en los largos días y noches pasados en aquel sótano. Como tenía frío —la temperatura apenas subía de los 15 grados—, el secuestrador metió una enorme y pesada estufa eléctrica en la diminuta habitación. También me devolvió mis cosas del colegio. La mochila, según me explicó, la había quemado con los zapatos.

Mi mayor deseo era hacer llegar alguna noticia a mis padres. Cogí papel y lápiz y empecé a escribirles una carta. Pasé muchas horas redactándola con mucho cuidado, incluso encontré una posibilidad de comunicarles dónde me encontraba: sabía que estaba encerrada en algún punto de Strasshof, donde también vivían los suegros de mi hermana. Confié en que una mención a su familia bastara para poner a mis padres —y a la policía— sobre la pista correcta.

Para demostrar que la carta la había escrito yo la acompañé de una foto que llevaba en el estuche de lápices. En ella aparecía patinando sobre hielo, el invierno anterior, con un mono muy grueso, una sonrisa en el rostro y las mejillas rojas. Parecía una instantánea de un mundo muy lejano: un mundo lleno de risas infantiles, música pop saliendo de zumbones altavoces y abundante aire libre, frío. Un mundo en el que, tras pasar la tarde sobre el hielo, uno se podía dar en casa un baño caliente y sentarse con un chocolate caliente delante del televisor. Observé la foto durante un buen rato y grabé cada detalle en mi memoria para no olvidar jamás las sensaciones que me unían a aquella excursión. Sabía que debía retener cualquier recuerdo feliz para recurrir a él en los momentos más oscuros. Luego uní la foto a la carta y fabriqué un sobre con otra hoja de papel.

En una mezcla de ingenuidad y confianza, esperé a que viniera el secuestrador.

Cuando llegó me esforcé por mostrarme tranquila y amable: «Tienes que mandar esta carta a mis padres para que sepan que estoy viva.» Abrió el sobre, leyó las líneas que yo había escrito y se negó. Yo le rogué, le supliqué, que no dejara a mis padres más tiempo en la incertidumbre. Apelé a la conciencia que aún debía de tener: «¡No puedes ser tan malo!», le expliqué. Lo que había hecho estaba mal, pero dejar sufrir así a mis padres era aún mucho peor. Busqué un sinfín de nuevos motivos de por qué era así, y le aseguré que no le iba a pasar nada por enviar esa carta. Al fin y al cabo, él la había leído y sabía que en ella yo no desvelaba nada importante... El secuestrador pasó un buen rato diciendo «¡No!», pero de pronto aceptó. Me aseguró que haría llegar esa carta a mis padres por correo.

Era una total ingenuidad, pero yo simplemente quise creerle. Me eché en mi tumbona e imaginé cómo mis padres abrían la carta, descifraban el mensaje oculto y me liberaban. Paciencia, debía tener un poco de paciencia, enseguida se iba a acabar esa pesadilla.

Al día siguiente mis esperanzas se desplomaron como un castillo de naipes. El secuestrador entró en el sótano con un dedo roto y aseguró que «alguien» había intentado arrebatarle la carta en una pelea y que él, al tratar de evitarlo, había resultado lesionado. Insinuó que eran los hombres que le habían encargado mi secuestro los que no querían que entrara en contacto con mis padres. Los malvados de la red de pornografía infantil ficticia se convirtieron, así, en una amenazante realidad. Y al mismo tiempo el secuestrador pasaba a asumir un papel protector: él quería cumplir mis deseos, hasta el punto de que había resultado herido.

Hoy sé que nunca tuvo intención de enviar aquella carta, y que la quemó como hizo con tantas otras cosas que me quitó. Pero en ese momento quise creerle.

* * *

En las primeras semanas el secuestrador hizo lo posible para no dañar la imagen de supuesto protector. Me concedió incluso mi mayor deseo: una computadora. Se trataba de un viejo Commodore C64 con poca capacidad de memoria, pero con algunos disquetes con juegos que me permitieron distraerme un poco. El que más me gustaba era un «comecocos»: yo movía un pequeño hombrecillo por un laberinto subterráneo en el que tenía que esquivar monstruos y coger puntos, una versión del clásico Pacman. Pasé horas y horas sumando puntos. Cuando el secuestrador estaba en el sótano, a veces jugábamos uno contra el otro en una pantalla compartida. Como yo era una niña, él solía dejarme ganar. Hoy veo la analogía con mi propia situación en mi cárcel, en la que en cualquier momento podían entrar unos monstruos a los que tendría que esquivar. Mis puntos eran recompensas como aquel ordenador, «ganado» por una conducta «intachable».

Cuando me harté del comecocos me cambié al Space-Pilot, en el que volaba por el espacio disparando contra naves enemigas. El tercer juego de mi C64 era un juego de estrategia llamado «Kaiser»: el jugador gobernaba pueblos y combatía por convertirse en káiser. Éste era el juego que más le gustaba a él. Mandaba entusiasmado a sus pueblos a la guerra, les hacía pasar hambre o les obligaba a hacer trabajos forzados con tal de que su poder saliera fortalecido y sus ejércitos no se vieran diezmados.

Todo esto ocurría en un mundo virtual. Pero no pasó mucho tiempo antes de que me mostrara su otra cara.

«Si no haces lo que te digo, tendré que apagarte la luz.»

En aquella situación yo no tenía ocasión de no ser «buena», y no sabía a qué se refería. A veces bastaba con que yo hiciera un movimiento brusco para que se pusiera furioso. Que le mirara cuando él quería que no levantara la vista del suelo. Todo lo que no respondía al esquema por el que él creía que debía regirse mi conducta avivaba su paranoia. Entonces me regañaba y me acusaba por enésima vez de engañarle, de estar actuando. Era la inseguridad de que no pudiera comunicarme realmente con el mundo exterior lo que provocaba sus salidas de tono verbales. No le gustaba que insistiera en que era injusto conmigo. Quería oír palabras de agradecimiento cada vez que me llevaba algo. Elogios por el esfuerzo que había tenido que realizar por mi causa, por ejemplo, para cargar con la pesada estufa hasta el sótano. Ya entonces empezó a exigirme muestras de reconocimiento. Ya entonces intenté, en la medida de lo posible, negarme: «¡Estoy aquí sólo porque tú me has encerrado!» Aunque en mi interior no podía hacer otra cosa que alegrarme cada vez que me traía comida y otros objetos que necesitaba.

Hoy, como adulta, me resulta sorprendente que mi temor, el pánico que siempre regresaba, no estuviera dirigido hacia la persona del secuestrador. Pudo ser una reacción a su aspecto sencillo, a su inseguridad o su estrategia de proporcionarme cierta seguridad en aquella situación insoportable, al hacerse imprescindible por ser mi única persona de referencia. Lo más amenazante de mi situación era el escondrijo bajo tierra, las paredes y puertas cerradas y los hombres que supuestamente habían realizado el encargo. En algunos momentos me parecía incluso que el secuestrador tan sólo estaba adoptando una pose que no correspondía a su personalidad. En mi fantasía infantil él había decidido en algún momento convertirse en un criminal y cometer un acto delictivo. Jamás dudé que el secuestro era un delito que debía ser castigado. Pero lo separé claramente de la persona que lo había cometido. Estaba segura de que el secuestrador estaba interpretando un papel.

* * *

«A partir de ahora tendrás que prepararte tu comida.»

Una mañana de la primera semana apareció el secuestrador con una caja de contrachapado oscuro. La apoyó contra la pared, puso encima una placa de cocina y un pequeño horno y los enchufó. Luego desapareció otra vez. Cuando regresó traía una cacerola de acero inoxidable y un montón de comida preparada: latas de judías y gulasch y toda una selección de platos cocinados que venían en bandejas de plástico envueltas en cartón y se calentaban al vapor. Luego me explicó cómo funcionaba la cocina.

Estaba contenta de haber recuperado una pequeña parcela de autonomía. Pero cuando eché la primera lata de judías en la cacerola y la coloqué en la cocina, no sabía en qué número ponerla ni cuánto tardaría en calentarse. Nunca me había preparado la comida, me sentía sola y desbordada, y echaba de menos a mi madre.

Al echar la vista atrás me resulta sorprendente que el secuestrador dejara que una niña de 10 años se preparara su propia comida, sobre todo cuando estaba empeñado en ver en mí a una pequeña desvalida. Pero a partir de entonces yo me calentaba una comida al día en la pequeña cocina. El secuestrador bajaba al sótano todas las mañanas y luego otra vez al mediodía o por la tarde. Por la mañana me llevaba una taza de té o chocolate, un trozo de bizcocho o un platón de cereal. A mediodía o por la tarde —dependiendo de cuánto tuviera de tiempo— traía ensalada de tomate, bocadillos o una comida caliente que compartía conmigo. Pasta con carne y salsa, arroz, comida casera que su madre le había preparado. En aquel entonces yo no sabía de dónde procedía la comida ni cómo vivía él. Si tenía una familia que conocía su secreto y estaba sentada tranquilamente con él en el salón mientras yo dormía en un delgado colchón en el sótano. O si arriba, en la casa, vivían los hombres que le habían encargado mi secuestro y que le mandaban que se ocupara de mí. De hecho se preocupaba de que me alimentara de forma sana, y me proporcionaba productos lácteos y fruta con regularidad.

Un día me trajo un par de limones troceados que me dieron una idea. Era un plan infantil e ingenuo, pero entonces me pareció genial: quería fingir una enfermedad que obligara al secuestrador a llevarme al médico. Yo había oído a mi abuela y sus amigas contar historias de la época de la ocupación rusa de Austria: de cómo las mujeres evitaban las violaciones entonces tan habituales. Uno de los trucos consistía en untarse mermelada roja por la cara de forma que pareciera que padecían una grave enfermedad de la piel. Otro tenía que ver con los limones.

Cuando me quedé sola retiré con mucho cuidado la fina piel que cubre la pulpa del limón con la ayuda de mi regla de la escuela. Luego me la pegué en el brazo con crema. El efecto era asqueroso, parecía que tenía realmente una inflamación llena de pus. Cuando el secuestrador regresó, le mostré el brazo y fingí unos horribles dolores. Empecé a sollozar y a pedirle que me llevara urgentemente al médico. Me miró sin inmutarse. Luego me retiró la piel de limón del brazo con un único gesto.

Ese día me apagó la luz. Tumbada en la oscuridad me rompí la cabeza pensando otras posibilidades para obligarle a liberarme. No se me ocurrió nada.

* * *

En aquellos días mi única esperanza estaba puesta en la policía. Yo contaba entonces con una liberación y esperaba que ésta se produjera antes de que el secuestrador me entregara a los hombres en un segundo plano... o de que se buscara a alguien que supiera qué hacer con una niña raptada. Todos los días esperaba que unos hombres de uniforme rompieran los muros de mi prisión. En realidad, en el exterior se había abandonado la búsqueda el jueves, después de tan sólo tres días. Se había rastreado la zona sin éxito y ahora la policía interrogaba a todas las personas de mi entorno. Pero en los medios de comunicación aparecían todos los días informaciones con mi foto y siempre la misma descripción.

«La niña mide aproximadamente 1.45 m, pesa 45 kilos y es de complexión fuerte. Tiene el pelo liso, de color castaño claro, con flequillo, y ojos azules. En el momento de su desaparición la niña de 10 años llevaba un abrigo rojo con capucha, un vestido de tela vaquera azul con las mangas de cuadros grises y blancos, leotardos azul claro y zapatos de ante negros del número 34. Natascha Kampusch lleva gafas de montura ovalada de plástico azul claro con el puente amarillo. Es ligeramente estrábica. La niña portaba una mochila de plástico azul y amarilla con correas azul turquesa.»

Sé por los documentos de la investigación, que en cuatro días se aportaron más de 130 testimonios. Me habían visto con mi madre en un supermercado de Viena, sola en un área de descanso de la autopista, una vez en Wels y tres veces en Tirol. La policía de Kitzbühel me estuvo buscando durante tres días. Un equipo de funcionarios austriacos viajó a Hungría, donde alguien creía haberme visto en Sopron. El pequeño pueblo húngaro donde había pasado el fin de semana con mi padre en su casa de vacaciones fue peinado de forma sistemática por la policía húngara, se organizó una patrulla de vecinos, la casa de mi padre quedó bajo vigilancia: se pensaba que todavía podía llevar conmigo la autorización para viajar y que tras mi huida hubiera pensado refugiarme allí. Un hombre llamó a la policía y exigió un millón de chelines austriacos de rescate por mi liberación. Un impostor como tantos otros que vendrían después.

Seis días después del secuestro el jefe de la investigación anunciaba en los medios de comunicación: «Tanto en Austria como en Hungría, donde policías uniformados buscan a Natascha, continúan las investigaciones. No obstante, se descarta la posibilidad de encontrar a la niña con vida.» Ninguno de los numerosos indicios resultó ser una pista fiable.

Aunque la policía no siguió la única pista que podía haberles conducido hasta mí: el viernes, un día después de mi secuestro, se presentó en la comisaría una niña de 12 años y dijo que había visto que en la calle Melangasse una niña era obligada a entrar en una furgoneta blanca con los cristales tintados. Pero la policía no consideró fiable esta información.

No podía imaginar, allí en mi escondrijo, que en el exterior se empezaba a barajar la posibilidad de que estuviera muerta. Estaba convencida de que continuaba la búsqueda. Cuando estaba echada en mi tumbona, mirando fijamente el techo, bajo y claro, con la bombilla desnuda, imaginaba a la policía hablando con cada uno de mis compañeros y las respuestas que éstos daban. Vi a mis profesoras repitiendo una y otra vez cuándo y dónde me habían visto por última vez. Pensaba cuál de los muchos vecinos de la urbanización de la calle Rennbahnweg podía haberme observado cuando salía de casa, o si alguien había visto el secuestro en la calle Melangasse y la furgoneta blanca.

Más tiempo dedicaba aún a la fantasía de que el secuestrador iba a pedir un rescate y, tras la entrega del dinero, me dejaría en libertad. Cada vez que me calentaba la comida arrancaba las pequeñas fotos de los envases y me las guardaba en un bolsillo del vestido. Gracias a las películas sabía que muchas veces los secuestradores tienen que demostrar que su víctima sigue con vida para que les entreguen el dinero. Yo estaba preparada para ello: con las fotos podría demostrar que había comido con regularidad. Y también podía demostrarme a mí misma que seguía viva.

También por seguridad arranqué una astilla de la encimera donde calentaba la comida y me la guardé en el bolsillo. Con eso no podría salir nada mal. Imaginaba que, tras la entrega del dinero, el secuestrador me abandonaría en algún sitio desconocido y me dejaría allí sola. Luego mis padres serían informados de mi paradero y me recogerían. Iríamos a la policía y yo le entregaría la astilla del contrachapado. Entonces a la policía le bastaría con registrar todos los garajes de Strasshof en busca de un sótano. La encimera sin un trozo de madera sería la prueba definitiva.

Yo grababa en mi cerebro cualquier detalle sobre el secuestrador que me permitiera hacer una descripción después de mi liberación. Me limitaba a los aspectos externos, que apenas delataban nada de él. Cuando visitaba el escondite llevaba camisetas viejas y pantalones de deporte de Adidas, vestimenta práctica para cruzar el estrecho pasadizo que llevaba hasta mi prisión.

Pero ¿qué edad tenía? Lo comparé con los adultos de mi familia: más joven que mi madre, pero mayor que mis hermanas, que entonces rondaban los 30 años. Aunque su aspecto era juvenil, una vez le dije a la cara: «Tú tienes 35 años.» Que tenía razón es algo que descubrí mucho más tarde.

Lo que sí conocí fue su nombre... para olvidarlo inmediatamente después. «Mira, me llamo así», dijo una vez, harto de mis constantes preguntas, y me sujetó una tarjeta de visita delante de los ojos durante unos segundos. «Wolfgang Priklopil», ponía en ella. «Naturalmente, ése no es mi nombre verdadero», añadió enseguida, y se echó a reír. A mí no me pareció muy creíble que un criminal tuviera un nombre tan vulgar como Wolfgang. El apellido no lo pude descifrar en tan poco tiempo, es complicado y difícil de leer para un niño. «Pero a lo mejor me llamo Holzapfel», añadió antes de cerrar de nuevo la puerta a sus espaldas. En aquel entonces ese nombre no me decía nada. Hoy sé que Ernst Holzapfel era para Wolfgang Priklopil algo así como su mejor amigo.

* * *

Cuanto más se acercaba el 25 de marzo, más nerviosa me ponía yo. Desde mi secuestro, todos los días le preguntaba a Priklopil la fecha y la hora para no perder por completo la orientación. Para mí no existían los días y las noches, y aunque afuera comenzara la primavera, en el sótano se notaba frío en cuanto apagaba la estufa. Una mañana me contestó: «Lunes 23 de marzo.» Llevaba tres semanas sin el más mínimo contacto con el exterior. Y faltaban dos días para el cumpleaños de mi madre.

La fecha tenía para mí un gran valor simbólico: si pasaba sin que yo pudiera felicitar a mi madre el cautiverio dejaría de ser una pesadilla pasajera para convertirse en una cruda realidad. Hasta entonces sólo me había perdido unos días de clase. Pero no estar en casa en una celebración familiar tan importante significaba marcar un hito claro: «Ése fue el cumpleaños en el que Natascha no estaba», oía a mi madre contar a sus nietos. O peor aún: «Ése fue el primer cumpleaños en que Natascha no estaba.»

Me atormentaba profundamente haberme marchado de casa enfadada sin decirle a mi madre, en su cumpleaños, que no había sido esa mi intención y que la quería. Intenté detener el tiempo en mi cabeza, y pensaba con desesperación cómo podía hacerle llegar un mensaje. A lo mejor esta vez lo conseguía, no como había ocurrido con la carta. Renunciaría a incluir referencias ocultas al lugar donde me encontraba. Dar señales de vida por su cumpleaños, eso es todo lo que quería.

En la siguiente comida que hicimos juntos le di tanta lata al secuestrador que se mostró dispuesto a llevarme al día siguiente una grabadora. ¡Podría grabar un mensaje para mi madre!

Hice todo lo posible para que mi voz sonara alegre en la grabación: «Querida mamá, estoy bien. No te preocupes por mí. Muchas felicidades por tu cumpleaños. Te echo mucho de menos.» Tuve que volver a empezar varias veces desde el principio porque las lágrimas me corrían por las mejillas y no quería que mi madre me oyera llorar.

Cuando acabé, Priklopil cogió la grabadora y me aseguró que llamaría a mi madre para que oyera mi mensaje. Yo no quería otra cosa más que creerle. Para mí suponía un alivio infinito que mi madre no tuviera que preocuparse tanto por mí.

Jamás escuchó la cinta.

Para el secuestrador, la afirmación de que le había reproducido la cinta a mi madre fue una ventaja importante en su juego manipulador para mantener el dominio: pues poco después cambió de estrategia y ya no hablaba de hombres malvados..., sino de un secuestro para pedir un rescate.

Aseguraba una y otra vez que había contactado con mis padres, pero que era evidente que no tenían ningún interés en que yo fuera liberada. «Tus padres no te quieren.»

«No quieren que vuelvas.»

«Se alegran de haberse librado por fin de ti.»

Las frases escocían como ácido en las heridas abiertas de una niña que ya antes no se había sentido querida. Pero no le creí ni una sola vez cuando afirmaba que mis padres querían deshacerse de mí. Sabía que no les sobraba el dinero, pero estaba firmemente convencida de que harían lo imposible por reunir la cantidad exigida como rescate.

«¡Sé que mis padres me quieren, me lo han dicho muchas veces!», sostenía yo con valentía ante las malvadas afirmaciones del secuestrador. Él se lamentaba de no haber recibido ninguna respuesta.

La duda que ya había sido sembrada antes del secuestro fue creciendo.

Fue socavando de forma sistemática la fe que tenía en mi familia y, con ello, un importante fundamento de mi autoestima ya dañada. La seguridad de contar con el apoyo de una familia que haría todo lo posible por liberarme desapareció poco a poco. Pues pasaba un día tras otro y no venía nadie a salvarme.

* * *

¿Por qué había sido precisamente yo la víctima de aquel secuestro? ¿Por qué me había elegido a mí? ¿Por qué me había encerrado? Estas cuestiones empezaron a atormentarme entonces y lo siguen haciendo todavía hoy. Me resultaba tan difícil entender los motivos de aquel acto criminal que busqué una respuesta con desesperación: quería que el secuestro tuviera algún sentido, una lógica clara que tal vez hasta entonces no había descubierto, pero que lo convertía en algo más que un simple ataque casual. Todavía hoy me resulta muy difícil aceptar que perdí mi juventud debido tan sólo al capricho y la enfermedad mental de un único hombre.

El secuestrador tampoco me dio nunca una respuesta a estas preguntas, a pesar de que yo se las repetía constantemente. Sólo una vez me dijo: «Te vi en una fotografía escolar y te elegí.» Pero también esta afirmación la retiró más tarde al decir: «Viniste hasta mí como un gato vagabundo. Y uno se puede quedar un gato que encuentra por la calle.» O bien: «Te he salvado. Deberías estar agradecida.» Al final de mi secuestro fue más sincero: «Siempre quise tener una esclava.» Pero pasaron muchos años antes de que pronunciara esta frase.

Nunca he sabido por qué me secuestró. ¿Porque fue fácil elegirme como víctima? Priklopil se crió en el mismo distrito de Viena que yo. En la época en que mi padre me llevaba con él en los repartos por las tiendas él era un joven de veintitantos años que se movía en los mismos ambientes que nosotros. En realidad, cuando iba al colegio muchas veces me sorprendía de la cantidad de gente que me saludaba sonriendo por la calle porque me conocía de aquellos viajes con mi padre, al que le gustaba presumir de su hija siempre bien vestida con sus bonitos trajes recién planchados. Puede que él fuera uno de los hombres que en aquel entonces se fijaban en mí.

Pero también es posible que fueran otros los que le hicieran reparar en mí. Tal vez fuera cierta la historia de la red de pederastas. En aquellos tiempos existían, tanto en Austria como en Alemania, bastantes organizaciones de ese tipo que no dudaban en secuestrar niños para sus crueles prácticas. Y el descubrimiento en Bélgica de una prisión en casa de Marc Dutroux, que había secuestrado y abusado de varias niñas, se había producido apenas dos años antes. En cualquier caso, ni siquiera hoy sé si Priklopil me secuestró por encargo de otros —lo que aseguraba al principio— o si actuó en solitario. Prefiero descartar la primera posibilidad: resulta horrible pensar que los verdaderos culpables pueden estar libres en cualquier lugar. Pero durante mi cautiverio no vi ningún indicio, aparte de las alusiones iniciales de Priklopil, de la existencia de unos cómplices.

Yo entonces tenía una imagen clara de las víctimas de un secuestro: se trataba de niñas rubias, pequeñas y muy delgadas, casi transparentes, que andan por el mundo como ángeles desprotegidos. Las imaginaba como seres con el pelo tan sedoso que resulta inevitable tocarlo. Cuya belleza impacta tanto a hombres enfermos que cometen actos violentos para tenerlas a su lado. Yo, en cambio, tenía el pelo castaño y me sentía gorda y poco atractiva. Sobre todo en la mañana de mi secuestro. No respondía a la imagen que yo misma tenía de las víctimas de un secuestro.

Ahora sé que estaba equivocada. Los secuestradores buscan precisamente niños poco aparentes y con poca autoestima. La belleza no tiene importancia cuando se trata de raptos o violencia sexual. Los estudios demuestran que los niños disminuidos física o psíquicamente y los que tienen problemas familiares corren mayor riesgo de convertirse en víctimas de un delito de este tipo. Les siguen en la lista los niños como yo en aquella mañana del 2 de marzo: estaba asustada, tenía miedo y un instante antes había llorado. Me sentía insegura, mis pasos eran cortos y vacilantes. Tal vez él lo viera. Tal vez notó que yo me sentía muy poca cosa y ese día decidió de forma espontánea que sería su víctima.

Como no encontraba una causa externa de mi secuestro, empecé a buscar la culpa en mi interior. La discusión con mi madre la tarde anterior al secuestro pasó ante mis ojos como un bucle infinito. Sentí miedo ante la idea de que el secuestro pudiera ser un castigo por haber sido una mala hija. Por haberme marchado sin una sola palabra de reconciliación. Todo daba vueltas en mi cabeza. Empecé a buscar errores cometidos en el pasado. Cualquier pequeña mala contestación. Cualquier situación en la que no había sido buena o simpática. Hoy sé que se trata de un mecanismo normal, que muchas veces las víctimas se sienten culpables de lo que les ha sucedido. Entonces era un torbellino que me arrastraba y contra el que no podía luchar.

* * *

La molesta claridad que me mantuvo despierta durante las primeras noches había sido sustituida entretanto por la oscuridad más completa. Cuando por la tarde el secuestrador desenroscaba la bombilla y cerraba la puerta tras de sí, me sentía al margen de todo: ciega, sorda a causa del continuo zumbido del ventilador, incapaz de orientarme en la habitación y a veces incluso de sentirme a mí misma. Los psicólogos lo denominan *sensory deprivation:* privación sensorial. La supresión de todos los estímulos sensoriales. En aquel momento yo sólo sabía que corría peligro de volverme loca en aquella soledad extrema.

Desde el momento en que me dejaba sola por la tarde hasta el desayuno yo quedaba como en suspenso. No podía hacer otra cosa que estar tumbada y mirar fijamente a la oscuridad. A veces gritaba y golpeaba las paredes con la vana esperanza de que alguien pudiera oírme.

A pesar de todos mis miedos y mi soledad, sólo dependía de mí misma. Intenté infundirme ánimos y dominar mi pánico con medios «racionales». Fueron palabras que en aquel momento me salvaron. Al igual que alguien teje durante horas y al final tiene unas puntillas llenas de filigranas, las palabras también se entrelazaban en mi cabeza, y me escribí a mí misma largas cartas y pequeñas historias que nadie plasmaría nunca en el papel.

El punto de partida de mis historias eran, por lo general, mis planes de futuro. Imaginaba con todo detalle cómo sería mi vida tras la liberación. Sacaría mejores notas en todas las asignaturas y superaría mi miedo a la gente. Me proponía hacer más deporte y adelgazar para así participar en los juegos de los demás niños. Imaginaba que una vez liberada iría a otro colegio —estaba entonces en cuarto de primaria— y pensaba cómo reaccionarían mis compañeros ante mi presencia. ¿Sabrían de mi secuestro? ¿Me creerían y me aceptarían como uno de los suyos? Pero lo que más me gustaba imaginar era el encuentro con mis padres. Cómo me abrazaban y mi padre me levantaba por los aires. Cómo regresaba al mundo de mi primera infancia y olvidaba los tiempos de peleas y humillaciones.

Otras noches no bastaban esas fantasías de futuro. Entonces asumía el papel de mi madre ausente, me dividía en dos partes y me daba ánimo a mí misma: «Esto es como las vacaciones. Estás lejos de casa, de acuerdo, pero cuando estás de vacaciones tampoco puedes llamar. Cuando estás de vacaciones no tienes teléfono y tampoco se derrumba uno por haber pasado una mala noche. Cuando se acaben las vacaciones volverás a casa con la familia y empezarán de nuevo las clases.»

En estos monólogos veía claramente a mi madre ante mí. La oía decir con voz firme: «Haz un esfuerzo, no tiene sentido derrumbarse. Tienes que aguantar y todo saldrá bien.» Sí. Si era fuerte todo saldría bien.

Si todo eso no servía de nada, intentaba recordar algún momento íntimo. Para ello me ayudaba una botella de aguardiente francés que le había pedido al secuestrador. Mi abuela solía darme masajes con él. El fuerte olor me trasladaba inmediatamente a la casa de Süssenbrunn y me daba una cálida sensación de seguridad. Cuando el cerebro ya no me servía, entonces la nariz me ayudaba a no perder la conexión conmigo misma, a no perder la cabeza.

* * *

Con el tiempo intenté adaptarme al secuestrador, de la misma forma intuitiva en que uno se adapta a las costumbres incomprensibles de un país extraño.

Hoy pienso: pudo ayudarme el hecho de que yo fuera sólo una niña. Como adulta no habría soportado esa forma de determinación ajena y tortura psíquica a la que estaba sometida como prisionera encerrada en un sótano. Pero los niños están habituados desde pequeños a considerar a los adultos de su entorno más próximo como las personas por las que se orientan y que fijan las reglas de lo que está bien o está mal. A los niños se les impone cómo deben vestir y cuándo deben irse a la cama. Se come lo que se pone sobre la mesa y se prohíbe lo que no está bien. Cuando un adulto le quita el chocolate a un niño o el par de euros que un pariente le ha dado por su cumpleaños, eso es una transgresión. El niño tiene que aceptarla y confiar en que los padres hacen lo correcto. Si no, se enfrenta a la discrepancia entre la voluntad propia y la postura negativa de aquellos a los que quiere.

Estaba acostumbrada a obedecer las indicaciones de los adultos aunque no me gustaran. Si me hubieran dejado elegir, yo no habría ido al colegio. Sobre todo al mío, en el que se regulaban hasta las funciones corporales más básicas: cuándo se podía comer, dormir o ir al baño. Tampoco habría ido todos los días después de clase a la tienda de mi madre, donde mataba el aburrimiento con helados y pepinillos en vinagre.

Privar temporalmente a los niños de libertad era algo que no me parecía inimaginable. Aunque yo no lo viví nunca. Pero en algunas familias era entonces habitual encerrar a los niños desobedientes en un cuarto oscuro. Y las señoras mayores recriminaban en el tranvía a las madres de niños gritones con frases como: «¡Si fuera hijo mío lo encerraba!»

Los niños pueden adaptarse a las circunstancias más adversas: ven también la parte cariñosa de unos padres que les pegan y pueden considerar una choza mohosa como su hogar. Mi nuevo hogar era una cárcel; mi persona de referencia, el secuestrador. Todo mi mundo había saltado por los aires, y él era la única persona en esa pesadilla en que se había convertido mi vida. Dependía de él tanto como dependen los bebés de sus padres: cada gesto de ayuda, cada bocado de comida, la luz, el aire... Mi supervivencia física y psíquica dependía de una única persona, la que me había encerrado en su sótano. Y con sus afirmaciones de que mis padres no respondían a su solicitud de un rescate me hacía aún más dependiente de él en el campo emocional.

Si quería sobrevivir en aquel mundo nuevo, tenía que ponerme de su parte. A alguien que no ha estado nunca en una situación tan extrema de sometimiento puede resultarle difícil entenderlo. Pero yo hoy me siento orgullosa de haber dado ese paso frente a esa persona que me lo había robado todo. Pues ese paso me salvó la vida. Aunque cada vez me costaba más mantener ese «trato positivo» con el secuestrador. Él se fue convirtiendo cada vez más en un déspota y un dictador. Pero yo nunca abandoné mi papel.

De momento mantuvo la fachada del benefactor que quería hacerme la vida en el escondite lo más agradable posible. Pronto se estableció una especie de vida diaria. Unas semanas después del secuestro Priklopil trajo una mesa de jardín, dos sillas plegables, un paño de cocina que yo podía usar como mantel y algunas piezas de vajilla. Cuando el secuestrador llegaba con la comida, yo ponía el paño sobre la mesa, colocaba encima dos vasos y disponía con cuidado los tenedores junto a los platos. Sólo faltaban unas servilletas, era demasiado tacaño para eso. Luego nos sentábamos los dos a la mesa, comíamos los platos ya preparados y bebíamos jugo. En aquel entonces todavía no me racionaba nada, y yo podía beber y comer cuanto quisiera. Se estableció una cierta forma de comodidad, y empecé a alegrarme de esas comidas junto al secuestrador. Rompían mi soledad. Se convirtieron en algo importante para mí.

Estas situaciones eran tan absurdas que no podía incluirlas en ninguna de las categorías que yo conocía de mi realidad anterior. Ese pequeño mundo oscuro en el que me veía de pronto encerrada no respondía a unos parámetros normales. Tenía que buscarme otro. ¿Me encontraba tal vez dentro de un cuento? ¿En un lugar surgido de la fantasía de los hermanos Grimm, alejado de toda normalidad? ¡Naturalmente! ¿No había rodeado ya entonces a Strasshof un aura de maldad? Los odiosos suegros de mi hermana vivían en un barrio llamado Silberwald. De pequeña temía encontrarme con ellos en casa de mi hermana. El nombre del barrio y el mal ambiente en esa familia ya habían convertido a Silberwald —y con él también a Strasshof— en un bosque embrujado antes de mi secuestro. Sí, seguro que me había sumergido en un cuento cuyo sentido no entendía muy bien.

Lo único que no encajaba en aquel cuento era el aseo por las mañanas. Yo no recordaba haber leído nunca nada sobre eso. En el sótano sólo tenía un fregadero doble de acero inoxidable y agua fría. La conducción de agua caliente que había instalado el secuestrador no funcionaba. Por eso me bajaba agua caliente en botellas de plástico. Yo tenía que desnudarme, sentarme en uno de los fregaderos y meter los pies en el otro. Al principio él me echaba por encima el agua caliente de la botella. Más tarde se me ocurrió hacer pequeños agujeros en las botellas. Así fabriqué una especie de ducha. Como todo era tan estrecho, él tenía que ayudarme a lavarme; yo no estaba acostumbrada a estar desnuda delante de un extraño. ¿Qué se le pasaba por la cabeza? Yo le miraba con desconfianza, pero él me frotaba como a un coche. No había nada tierno ni vejatorio en sus gestos. Me cuidaba como si fuera un electrodoméstico.

* * *

Precisamente el día en que la imagen de ese cuento malvado eclipsaba la realidad, la policía siguió, por fin, la pista de la niña que había sido testigo de mi secuestro. El 18 de marzo se hizo pública la declaración de la única testigo, con el anuncio de que en los días siguientes se investigaría a los propietarios de 700 furgonetas blancas. El secuestrador tenía tiempo suficiente para prepararse.

El Viernes Santo, cuando se cumplían 35 días de cautiverio, la policía llegó a Strasshof y le pidió a Wolfgang Priklopil que les mostrara su furgoneta. Él la había cargado de escombros y declaró que la usaba en sus trabajos de reforma. El 2 de marzo, según consta en su declaración, había pasado todo el día en casa. No tenía ningún testigo. El secuestrador no tenía coartada, un hecho que la policía pasó por alto incluso años después de mi autoliberación.

Los policías se conformaron con la explicación y renunciaron también a registrar la casa, algo que Priklopil les ofreció de forma voluntaria. Mientras yo estaba sentada mi prisión esperando una liberación e intentando no perder la cabeza, ellos se limitaron a hacer un par de fotos a la furgoneta en la que yo había sido secuestrada para adjuntarlas a los informes de la investigación. En mis fantasías los especialistas rastreaban la zona en busca de muestras de mi ADN o de pequeños jirones de mi vestido. Pero allí arriba la imagen era muy distinta: la policía no hacía nada parecido. Se disculpó ante Priklopil y se marchó sin registrar más a fondo ni la furgoneta ni la casa.

Que el secuestrador pudo ser descubierto si se hubieran hecho bien las cosas es algo de lo que me he enterado después de mi cautiverio. Pero, en cambio, que yo no iba a ser liberada lo tuve claro sólo una semana más tarde.

El Domingo de Resurrección del año 1998 era 12 de abril. Ese día el secuestrador me llevó una pequeña cesta con huevos de colores y un pequeño conejo de chocolate. «Celebramos» la Resurrección de Cristo a la fría luz de la bombilla, en una pequeña mesa de jardín, en mi húmedo refugio. Yo me puse muy contenta por las golosinas y evité por todos los medios pensar en otras Pascuas pasadas ahí afuera: hierba, luz, sol, árboles, aire, gente, mis padres...

Aquel día el secuestrador me dijo que había perdido toda esperanza de recibir un rescate, ya que mis padres todavía no habían dado señales de vida. «Es evidente que no se preocupan demasiado por ti», añadió. Luego vino la sentencia: cadena perpetua. «Me has visto la cara y ya me conoces bien. Ya no puedo soltarte. No te devolveré nunca a tus padres, pero cuidaré de ti lo mejor que pueda.»

Mis esperanzas se vieron rotas de un plumazo aquel Domingo de Resurrección. Lloré y le supliqué que me dejara marchar. «Tengo todavía toda la vida por delante, no puedes tenerme aquí encerrada: ¿qué pasa con el colegio?, ¿qué pasa con mis padres?» Le juré por Dios y por todo lo que más quería que no le delataría. Pero no me creyó: dijo que cuando estuviera fuera olvidaría mi juramento o no podría soportar la presión de la policía. Intenté hacerle ver que él tampoco podía pasarse el resto de su vida con una persona secuestrada en el sótano, y le supliqué que me llevara a un lugar lejano con los ojos vendados. Yo no encontraría jamás la casa, no tenía ningún nombre que pudiera conducir a la policía hasta él. Tramé incluso un plan de huida para él. Podía marcharse al extranjero, empezar una nueva vida en otro país sería mucho mejor que tenerme encerrada para siempre en aquella cárcel y tener que cuidar de mí.

Lloré, supliqué y en algún momento empecé a gritar: «¡La policía me encontrará! ¡Y entonces te encerrarán a ti! ¡O te fusilarán! ¡Y si no, serán mis padres los que me encuentren!», casi no podía ni hablar.

Priklopil permaneció muy tranquilo. «No les interesas en absoluto, ¿lo has olvidado? Y si se presentan aquí, los mataré.» Luego salió de espaldas y cerró la puerta por fuera.

Yo me quedé sola.

Diez años más tarde, dos años después de mi autoliberación y en medio de un escándalo policial por el error cometido en la investigación y su posterior encubrimiento, tuve conocimiento de que en esos días de Pascua estuve por segunda vez muy cerca de ser liberada. El martes de la semana de Pascua, 14 de abril, la policía dio a conocer otra pista. Había testigos que aseguraban haber visto en la mañana de mi secuestro una furgoneta con cristales tintados en las proximidades de mi urbanización. La matrícula era de Gänserdorf.

Pero en cambio no se hizo pública una segunda pista. También el 14 de abril había llamado un policía de Viena a una comisaría. El funcionario de servicio escribió textualmente, faltas incluidas, la siguiente nota:

«El día 14.04.1998, a las 14.45, llamó un desconocido de sexo masculino y comunicó lo siguiente:

En relación con la búsqueda de una furgoneta blanca con cristales oscuros en la zona de Gänserndorf por la desaparición de Kampusch Natasche existe en Strasshof/Nordbahn una persona que podría tener relación con la desaparición y también está en posesión de una furgoneta blanca marca Mercedes con cristales tintados. Este hombre sería un "solitario" que tiene extremas dificultades con su entorno y problemas de contacto. Se supone que vive con su madre en Strasshof/Nordbahn, Heinestrasse 60 (vivienda unifamiliar), con alarma electrónica. El hombre podría tener armas en casa. Delante de Heinestrasse 60 se encuentra con frecuencia su furgoneta blanca marca Mercedes matrícula desconocida con los cristales posterior y laterales totalmente tintados. Este hombre trabajó en la fa.SIEMENS como técnico electrónico y podría serlo todavía hoy. El hombre viviría con su anciana madre en esta casa y tendría tendencia a los "niños" en su sexualidad, si tiene antecedentes en este sentido es desconocido.

El nombre del hombre es desconocido para el hombre que llama, sólo lo conoce del vecindario. El hombre en cuestión tendría unos 35 años, pelo rubio, mide entre 175 y 180 centímetros y es delgado. El autor anónimo de la llamada no puede aportar más datos.»

4

Enterrada viva.
La pesadilla se hace realidad

Por un trecho la madriguera seguía recta como un túnel y luego, de repente, se hundía; tan de repente que Alicia no tuvo ni un momento para pensar en agarrarse, sino que siguió cayendo por lo que parecía ser un pozo muy profundo. Abajo, abajo, abajo. ¿Es que nunca iba a terminar de caer?

«¡Ea, de nada sirve llorar así!», se dijo Alicia a sí misma muy enfadada. «Te aconsejo que pares ahora mismo». Solía darse muy buenos consejos (aunque pocas veces los pusiera en práctica) y a veces se reprendía con tal severidad que hasta se le saltaban las lágrimas. Y se acordaba de que una vez trató de darse un pellizco por hacer trampas al jugar consigo misma una partida de croquet, porque esta curiosa niña era muy aficionada a fingir que era dos personas. «Pero ahora no sirve de nada», pensó la pobre Alicia. «Es inútil pretender ser dos personas. ¡Ah, si apenas ha quedado de mí lo suficiente para contar una persona entera!»

Uno de los primeros libros que leí en mi escondrijo fue *Alicia en el País de las Maravillas,* de Lewis Carroll. El libro me causó una impresión extraña, desagradable. Alicia, una niña más o menos de mi edad, sigue en sueños a un conejo blanco que habla hasta su madriguera. Cuando se mete en ella, cae al vacío y aterriza en una habitación llena de puertas. Queda atrapada en un mundo subterráneo, el camino hacia arriba está cortado. Alicia encuentra la llave de la puerta más pequeña y una botellita con una poción mágica que la hace encoger de tamaño. Apenas traspasa la diminuta puerta, ésta se cierra a sus espaldas. En el mundo subterráneo en que se sumerge nada es normal: las dimensiones cambian continuamente, los animales parlantes con los que se cruza hacen cosas fuera de toda lógica. Pero a nadie parece importarle. Todo es alocado, desequilibrado. Todo el libro es una auténtica pesadilla en la que no rigen las leyes de la naturaleza. Nada ni nadie es normal, la niña está sola en un mundo que no entiende y en el que no tiene a nadie con quien hablar. Tiene que infundirse ánimos a sí misma, prohibirse el llanto y actuar según las reglas del juego de los demás. Asiste a las interminables meriendas con el sombrerero, en las que se reúnen todo tipo de invitados locos para tomar el té, y participa en una horrible partida de croquet de la malvada reina de corazones, al final de la cual todos los jugadores son condenados a muerte. «¡Que les corten la cabeza!», grita la reina, y suelta una risa de loca.

Alicia consigue abandonar ese mundo de las profundidades de la tierra. Porque despierta de su sueño. Cuando yo, después de horas durmiendo, abrí de nuevo los ojos, la pesadilla seguía allí. Era mi realidad.

Todo el libro, que se publicó originalmente como *Las aventuras subterráneas de Alicia*, era como una descripción exagerada de mi propia situación. Yo también estaba atrapada bajo tierra, en una habitación que el secuestrador había aislado del exterior mediante puertas. Yo también estaba atrapada en un mundo en el que no tenían validez todas las reglas que conocía. Todo lo que hasta entonces había guiado mi vida carecía ahora de sentido. Me había convertido en parte de la fantasía enfermiza de un psicópata que no comprendía. Ya no tenía ninguna relación con el otro mundo en el que yo había vivido. Ni una voz conocida, ni un ruido familiar que me indicara que el mundo *estaba* todavía allí arriba.

¿Cómo iba a mantener en esa situación un contacto con la realidad y conmigo misma?

Esperaba despertarme pronto, como Alicia. En mi antigua habitación infantil, asustada por una absurda pesadilla que no tenía ninguna relación con mi «mundo verdadero». Pero yo no estaba atrapada en mi sueño, sino en el del secuestrador. Y él tampoco estaba dormido, sino que había hipotecado su vida por la realización de una horrible fantasía de la que él ya tampoco podía escapar.

A partir de aquel momento dejé de intentar convencerle de que me liberara. Sabía que no tenía sentido.

* * *

Mi mundo se había reducido a cinco metros cuadrados. Si no quería volverme loca en él, tenía que intentar conquistarlo para mí. No como los naipes en *Alicia en el País de la Maravillas,* esperando temblorosa el horrible grito de «¡Que le corten la cabeza!»; no como esos seres de fábula, acomodándome a una nueva realidad. Debía intentar crear en aquel siniestro lugar un refugio en el que, sin duda, el secuestrador podría entrar en cualquier momento, pero en el que quería que hubiera lo más posible de mí y de mi mundo anterior: como si fuera un capullo protector.

Empecé a instalarme en mi cárcel y a transformar el sótano del secuestrador en *mi* espacio, en *mi* habitación. Primero le pedí un calendario y un despertador. Estaba atrapada en un agujero temporal en el que el secuestrador era el amo y señor de mi tiempo. Los minutos y las horas se confundían en una especie de velo abúlico que lo cubría todo. Priklopil disponía, como un dios, sobre la luz y la oscuridad en mi mundo. «Y Dios dijo: ¡Hágase la luz! Y la luz se hizo. Y Dios llamó día a la luz y noche a las tinieblas.» Una bombilla desnuda que me dictaba cuándo debía dormir, cuándo debía estar despierta.

Le había preguntado al secuestrador a diario en qué día de la semana y del mes estábamos. No sabía si me mentía, pero eso tampoco me importaba demasiado. Lo más importante para mí era la sensación de estar en contacto con mi vida anterior de «ahí arriba». Si era día de colegio o fin de semana. Si se acercaban fiestas o cumpleaños que quería celebrar junto a mi familia. Medir el tiempo, eso lo aprendí entonces, es tal vez el ancla más importante en un mundo en el que uno, si no, sufre la amenaza de desvincularse de todo. El calendario me devolvió una cierta orientación... e imágenes a las que el secuestrador no tenía acceso. Sabía si los demás niños tenían que madrugar o podían quedarse un rato más en la cama. Seguí en mi imaginación la rutina diaria de mi madre. Hoy iría a la tienda. Pasado mañana tal vez visitara a una amiga. Y el fin de semana saldría de excursión con su pareja. La distinción de los días de la semana me proporcionó un soporte al que agarrarme.

El despertador fue casi más importante. Le pedí un modelo antiguo, de esos que acompañan el paso de los segundos con un tictac fuerte y monótono. Cuando era pequeña odiaba ese horrible ruido que no me dejaba dormir y se metía en mis sueños. Pero ahora me aferraba a ese tictac como alguien debajo del agua se agarra al último junco por el que le llega algo de aire a los pulmones. El despertador me demostraba con cada tictac que el tiempo no se había detenido y que la tierra seguía girando. En mi estado de anulación, sin noción del tiempo ni el espacio, era mi conexión con el mundo real.

Si hacía un esfuerzo podía concentrarme tanto en su sonido que, al menos durante un par de minutos, conseguía anular el irritante zumbido del ventilador que llenaba el pequeño espacio casi hasta producirme dolor. Por la noche, cuando estaba echada en la tumbona y no podía dormir, el tictac del despertador era como una larga cuerda por la que podía escapar del sótano y descolgarme hasta mi cama infantil en casa de la abuela. Allí podría dormir plácidamente, con la tranquilidad de que ella velaba por mí desde la habitación de al lado. Esas noches me frotaba las manos con un poco de aguardiente francés. Al hundir la cara en ellas y sentir su olor característico, me invadía una sensación de intimidad. Como cuando, siendo pequeña, hundía la cara en el delantal de mi abuela. Entonces conseguía dormirme.

Durante el día me ocupaba de hacer la pequeña habitación lo más habitable posible. Le pedí al secuestrador productos de limpieza para eliminar el desagradable olor a sótano y muerte. Debido a la humedad añadida que suponía mi presencia, sobre el suelo se había formado una capa fina y negra de moho que hacía el aire aún más irrespirable. En algún punto se había levantado el laminado por la humedad que subía del subsuelo. La mancha era un continuo y doloroso recuerdo de que me encontraba bajo tierra. El secuestrador me trajo una escoba y un recogedor rojos, una botella de Pril, un ambientador y unos paños con olor a tomillo que yo antes había visto anunciados.

Todos los días barría a conciencia cada rincón de mi cárcel y fregaba el suelo. Empezaba a limpiar por la puerta. Allí la pared era poco más ancha que la propia puerta. Luego seguía por la izquierda hasta el rincón donde se encontraban el retrete y el fregadero. Podía pasar horas quitando con productos antical las pequeñas gotitas del metal hasta que brillaba impoluto y limpiando el retrete hasta que brotaba una valiosa flor de porcelana del suelo. Después limpiaba el resto del cuarto: primero la pared más larga, luego la más corta, hasta que llegaba a la estrecha pared que se encontraba enfrente de la puerta. Por último echaba mi tumbona a un lado y limpiaba el centro de la habitación. Tenía mucho cuidado de no usar demasiados paños para no aumentar la humedad del cuarto.

Al terminar flotaba en el aire una versión química de frescor, naturaleza y vida que yo respiraba profundamente. Una vez que había echado un poco de ambientador podía descansar un rato. El olor a lavanda no era especialmente agradable, pero me transmitía la ilusión de prados llenos de flores. Y si cerraba los ojos, la foto que aparecía en el spray se convertía en un decorado que ocultaba las paredes de mi prisión: yo corría en mi imaginación a lo largo de interminables hileras de lavandas azul violeta, sintiendo el áspero olor de las flores y la tierra bajo mis pies. El zumbido de las abejas llenaba el aire templado, el sol me calentaba la nuca. Sobre mi cabeza se abría un cielo de un profundo color azul, alto, inmenso. Los campos llegaban hasta el horizonte, sin muros, sin límites. Yo corría y corría, tan deprisa que tenía la sensación de volar. Y nada me frenaba en esa inmensidad azul violeta.

Al abrir los ojos las paredes desnudas me devolvían a la realidad.

Imágenes. Necesitaba más imágenes. Imágenes de *mi* mundo que *yo* pudiera crear. Que *no* procedieran de la fantasía enferma del secuestrador, que pudiera ver en cada rincón del cuarto. Empecé a pintar poco a poco, con las ceras que llevaba en la mochila, las tablas con que estaba revestida la pared. Quería dejar una huella tras de mí, como hacen los presos con las paredes de sus celdas: dibujos, frases, muescas por cada día que pasa. No lo hacen por aburrimiento, eso ya lo sabía: pintar es un método para superar la sensación de impotencia y de estar a merced de alguien. Lo hacen para demostrarse a sí mismo y a todos los que entren alguna vez en esa celda que existen... o que al menos han existido alguna vez.

Mis pinturas tenían un segundo objetivo: con ellas me creaba un decorado en el que podía imaginar que estaba en casa. Primero intenté pintar el vestíbulo de nuestra casa en la pared: en la puerta de mi cárcel pinté el picaporte de la puerta de entrada a mi casa; en la pared de al lado, la pequeña cómoda que todavía hoy tiene mi madre en el pasillo. Dibujé con todo detalle su contorno y los tiradores de los cajones: la cera no me daba para más, pero me bastaba para crear una ilusión. Cuando estaba echada en la tumbona y miraba hacia la puerta, podía imaginar que ésta se abría y que mi madre entraba, me saludaba y dejaba las llaves sobre la cómoda.

Luego pinté un árbol genealógico en la pared. Mi nombre estaba abajo del todo, luego venían los nombres de mis hermanas, los de sus maridos y sus hijos, los de mi madre y su novio, los de mi padre y su novia y, por último, los de mis abuelos. Pasé mucho tiempo creando este árbol genealógico. Me permitía ocupar un lugar en el mundo y me hacía sentir que era parte de una familia, parte de un conjunto... y no un átomo perdido fuera del mundo real, como me sentía con frecuencia.

En la pared de enfrente pinté un coche enorme. Se supone que era un Mercedes SL plateado, mi modelo favorito, del que tenía en casa una miniatura y que me quería comprar cuando fuera mayor. En vez de ruedas tenía unos pechos. Lo había visto una vez en un graffiti pintado en una pared de cemento cerca de nuestra urbanización. No sé muy bien por qué elegí ese motivo. Es evidente que buscaba algo fuerte, supuestamente adulto. Ya en los últimos meses había irritado a veces a mis profesores con mis provocaciones. Antes de clase podíamos pintar en la pizarra con tiza, siempre y cuando la borráramos bien y a tiempo. Mientras otros niños dibujaban flores y figuras de cómic, yo escribía: «¡Huelga!», «¡Revolución!» o «¡Profesores fuera!» No parecía una actitud muy adecuada en aquella pequeña clase en la que nos trataban como si siguiéramos en el jardín de infancia. No sé si es que en aquella época yo estaba más cerca de la pubertad que el resto de mis compañeros o si es que quería ganar puntos ante aquellos que siempre se burlaban de mí. En cualquier caso, en el sótano la pequeña rebeldía que escondía ese dibujo me proporcionaba fuerza. Lo mismo que la palabrota que grabé con letra pequeña en un punto escondido de la pared: «C...» Quería rebelarme, hacer algo prohibido. El secuestrador no pareció muy impresionado con el dibujo, no hizo el más mínimo comentario al respecto.

* * *

Pero el cambio más importante se produjo cuando entraron una televisión y un vídeo en mi refugio. Se los había pedido a Priklopil en repetidas ocasiones, y un día cargó ambos aparatos hasta abajo y los puso encima de la cómoda, junto a la computadora. Tras semanas en las que sólo había visto una única forma de «vida», mi secuestrador, con la llegada de la pantalla por fin podía disfrutar de una cierta compañía humana.

Al principio el secuestrador me ponía simplemente la programación diaria que él había grabado. Pero enseguida se cansó de suprimir las noticias, en las que todavía se informaba sobre mi caso. Jamás habría permitido que me llegaran indicios de que en el mundo exterior no se habían olvidado de mí. La idea de que mi vida no le importaba a nadie, ni siquiera a mis padres, era su principal arma psicológica para que yo siguiera siendo dócil y dependiendo de él.

Por eso luego me traía sólo algunos programas o viejas cintas de vídeo con películas que había grabado a comienzos de los años noventa. *Alf el extraterrestre, La encantadora Jeannie, Al Bundy y su «horrible adorable familia»* o los Taylor de *Un chapuzas en casa* fueron el equivalente a mi familia y mis amigos. Me alegraba cada día de volver a encontrarme con ellos, y los observaba con más atención que cualquier otro telespectador. Cualquier detalle del trato que tenían entre ellos, cualquier pequeño diálogo me parecía interesante. Analizaba cada elemento de los decorados, que ampliaban el radio al que yo tenía acceso. Eran mi única «ventana» a otras casas, aunque a veces eran tan precarios y estaban tan mal construidos que enseguida se desvanecía la ilusión de que tenía acceso a la «vida real». Tal vez fuera ese el motivo por el que más tarde preferí las series de ciencia ficción: *Star Trek, Stargate, A través del tiempo, Regreso al futuro...* todo lo que tenía que ver con los viajes espaciales y a través del tiempo me fascinaba. Los héroes de esas películas se movían en mundos nuevos, en galaxias desconocidas. Aunque tenían los medios técnicos para desaparecer cuando se encontraban en medio de las situaciones más peligrosas.

* * *

Un día de esa primavera que yo sólo sabía que había empezado gracias al calendario, el secuestrador me llevó una radio. Algo en mi interior saltó de alegría. ¡Un radio! ¡Ése sí que era un contacto con el mundo real! Noticias, los programas matinales que sonaban en la cocina mientras yo desayunaba, música... y tal vez una señal fortuita de que mis padres no me habían olvidado.

«Naturalmente no podrás escuchar ninguna emisora austriaca», dijo el secuestrador echando por tierra todas mis ilusiones, mientras enchufaba el aparato. En cualquier caso, podría escuchar música. Pero cuando el locutor empezó a hablar, yo no entendía una sola palabra: el secuestrador había manipulado la radio para que sólo se captaran emisoras checas.

Pasé horas tocando aquel pequeño aparato que podría haber sido mi puerta al mundo exterior. Buscando una palabra en alemán, una sintonía conocida. Nada. Sólo una voz a la que no entendía. Una voz que aunque por un lado me hacía sentir que no estaba sola, por otro lado hacía aumentar la sensación de alienación, de aislamiento.

Moví el dial con desesperación, milímetro a milímetro, cambié mil veces la posición de la antena. Pero aparte de esa única frecuencia sólo se oía un fuerte zumbido.

Más tarde me trajo el secuestrador un walkman. Como suponía que él sólo tendría música de grupos antiguos, le pedí cintas de los Beatles y de Abba. Cuando por la noche se apagaba la luz, ya no tenía que quedarme sola con mi miedo en la oscuridad, sino que —mientras duraban las pilas— podía escuchar música. Las mismas canciones una y otra vez.

* * *

Mi medio más importante para no aburrirme ni volverme loca fueron los libros. El primer libro que me trajo el secuestrador fue *El aula voladora*, de Erich Kästner. Luego le siguió una serie de clásicos: *La cabaña del Tío Tom, Robinson Crusoe, Tom Sawyer, Alicia en el País de las Maravillas, El libro de la selva, La isla del tesoro* y *Kon-Tiki*. Devoré los libros del Pato Donald, sus tres sobrinos, el avaro Tío Rico MacPato y el ingenioso Ciro Peraloca. Más tarde le pedí libros de Agatha Christie, que los conocía por mi madre, y leí un montón de novelas de detectives, como Jerry Cotton, y de ciencia ficción. Las novelas me catapultaban a un mundo totalmente diferente y captaban tanto mi atención que durante horas olvidaba dónde estaba. Por eso fue la lectura tan importante para mí, para mi supervivencia. Pues mientras con la televisión y la radio introducía la ilusión de la sociedad en mi prisión, al leer lo abandonaba durante horas.

En esos primeros momentos, cuando todavía tenía 10 años, fueron para mí muy importantes los libros de Karl May. Devoré las aventuras de Winnetou y Old Shatterhand y leí las historias del «Lejano Oeste americano». La canción que los colonos alemanes le cantan al moribundo Winnetou me impactó tanto que la copié palabra por palabra y pegué la hoja con Nivea a la pared. Entonces no tenía papel celo ni ningún otro pegamento en mi refugio. Se trata de una oración a la Virgen:

Cuando se apaga la luz del día
empieza la noche tranquila.
Ay, si pudiera el dolor del corazón
desaparecer igual que el día.
Pongo mi sufrimiento a tus pies.
Oh, llévalo ante el trono de Dios.
y déjame, Señora, saludarte
Con mi mejor oración
¡Ave, ave María!

Cuando se apaga la luz de la fe
empieza la noche de la duda.
La fe de los jóvenes
nos ha sido robada.
Mantenme, Señora, en la edad
de la fe y la confianza.
Protege mi arpa, mi salterio.
Tú eres mi salvación, tú eres mi luz.
¡Ave, ave María!

Cuando se apaga la luz de la vida
comienza la noche de la muerte.
El alma quiere volar,
tiene que estar muerta
Señora, ay, en tus manos
pongo mi última oración.
Dame un final piadoso
y una feliz resurrección.
¡Ave, ave María!

Leí, susurré y recé tantas veces este poema que todavía hoy me lo sé de memoria. Parecía escrito para mí: a mí también me habían quitado «la luz de la vida», en los momentos más oscuros yo tampoco veía otra salida que la muerte.

* * *

El secuestrador sabía lo importantes que eran para mí las películas, la música y los libros, y tenía así un nuevo instrumento de poder en sus manos. Con ellos podía presionarme.

Si en su opinión yo me había portado de forma «inconveniente», tenía que contar con que me cerrara la puerta a ese mundo de palabras y sonidos que al menos me proporcionaba un poco de distracción. Lo peor eran los fines de semana. Normalmente el secuestrador bajaba al sótano todos los días por la mañana y a menudo también por la tarde. Pero durante los fines de semana yo estaba completamente sola: no se dejaba ver desde el viernes a mediodía, a veces también desde el jueves por la tarde, hasta el domingo. Me proveía de dos raciones diarias de comida preparada, algunos alimentos frescos y agua mineral que traía de Viena. También de videos y libros. Entre semana me proporcionaba una cinta de video llena de series: dos horas, cuatro si se lo pedía mucho. Parece más de lo que es: yo tenía que aguantar sola veinticuatro horas cada día, interrumpidas sólo por las visitas del secuestrador. Durante el fin de semana disponía de entre cuatro y ocho horas de distracción con la música y el siguiente ejemplar de la serie de libros que estaba leyendo en ese momento. Pero sólo cuando cumplía sus condiciones. Sólo cuando era «buena» me proporcionaba el alimento tan necesario para mi espíritu. Y sólo él sabía lo que entendía por «ser buena». A veces bastaba un pequeño detalle insignificante para que mi conducta fuera castigada.

«Has usado demasiado ambientador, te lo voy a quitar.»

«Has cantado.»

Has hecho esto, has hecho lo otro.

Con los videos y los libros sabía muy bien lo que hacía. Era como si una vez que me había arrancado de mi verdadera familia, ahora se valiera también de mis «nuevas familias» de las novelas y series para que yo siguiera sus indicaciones.

El hombre que al principio se había esforzado por hacerme «agradable» la vida en el encierro y que viajó hasta el otro extremo de Viena para conseguir una cinta de Bibi Blocksberg se fue transformando poco a poco desde que me anunció que nunca me dejaría en libertad.

* * *

En esa época el secuestrador empezó a controlarme cada vez más. Desde el principio me había tenido dominada: encerrada en su sótano, en cinco metros cuadrados, yo no tenía cómo oponerme a él. Pero cuanto más duraba el cautiverio, menos se conformaba con esa evidente muestra de su poder. Ahora quería tener bajo control cada gesto, cada palabra y cada función de mi cuerpo.

Empezó por la computadora. Él había controlado desde el principio la luz y la oscuridad. Cuando bajaba por la mañana, encendía la luz; cuando se marchaba por la tarde, la apagaba. Entonces instaló un programador que regulaba la electricidad en el sótano. Mientras que al principio podía pedirle que me dejara más tiempo la luz encendida, a partir de entonces tuve que acostumbrarme a un ritmo implacable sobre el que yo no podía influir: a las siete de la mañana se conectaba la luz. Durante trece horas yo podía llevar un simulacro de vida en mi diminuta y mohosa habitación: ver, oír, sentir calor, cocinar. Todo era artificial. Una bombilla no puede sustituir nunca al sol, la comida preparada sólo recuerda de lejos a una comida familiar en torno a una mesa compartida, y las personas que aparecen en la pantalla son sólo una mala sustitución de las personas reales. Pero mientras había luz al menos podía mantener viva la ilusión de que existía otra vida además de la mía.

A las ocho de la tarde se apagaba la luz. En un segundo yo me veía sumida en la más completa oscuridad. La televisión se apagaba en mitad de una serie. Tenía que dejar el libro en medio de una frase. Y si no estaba todavía en la cama tenía que ir hasta ella a cuatro patas, tanteando en la oscuridad. La bombilla, la televisión, el vídeo, la radio, la computadora, la cocina, la estufa: todo lo que infundía algo de vida a mi refugio se apagaba. Sólo el zumbido del ventilador y el tictac del reloj llenaban la habitación. Las once horas siguientes yo dependía de mi fantasía para no perder los nervios y dominar el miedo.

Era un ritmo propio de una cárcel, estrictamente controlado desde el exterior, que no se permitía ni un segundo de retraso ni tenía en consideración mis necesidades. Al secuestrador le gustaba la regularidad. Y con el programador me la impuso a mí también.

Al principio me quedaba el walkman, que funcionaba con pilas. Con él podía enfrentarme algo mejor a la oscuridad aunque el programador hubiera decidido que había agotado mi ración de luz y música. Pero al secuestrador no le agradó que, con el walkman, eludiera su control divino de la luz y las tinieblas. Empezó a controlar el estado de las pilas. Si opinaba que utilizaba el walkman demasiado tiempo o muy a menudo, me lo quitaba hasta que le prometía portarme bien. Un día, apenas había cerrado él la puerta de mi prisión me eché en la tumbona, con los auriculares en las orejas, y me puse a cantar a voz en grito una canción de los Beatles. Debió oírme, porque entró de nuevo en la habitación hecho una furia. Priklopil me castigó sin luz ni comida por cantar en voz alta. Y en los días siguientes tuve que dormirme sin música.

Su segundo instrumento de control fue el interfono. Cuando entró con él en mi cárcel y empezó a montar los cables, me explicó: «A partir de ahora podrás llamarme.» En un primer momento me alegré y sentí que desaparecían algunos de mis temores. Desde el principio me había atormentado la idea de que se produjera una emergencia: sobre todo durante los fines de semana en que estaba sola y ni siquiera podía avisar a la única persona que sabía dónde estaba yo —el secuestrador. Había imaginado toda una serie de situaciones: que se quemaban los cables, que se rompía una tubería, que me daba una reacción alérgica... incluso si me atragantaba con la piel del embutido podría morir allí sola, en aquel sótano, aunque el secuestrador estuviera en casa. Al fin y al cabo, él sólo venía cuando quería. Un interfono funciona en los dos sentidos. Priklopil lo utilizaba para controlarme. Para demostrarme su poder casi divino a través del hecho de que podía oír cualquier ruido que yo hiciera, de que podía registrarlo todo.

La primera versión que instaló constaba básicamente de un botón que yo debía oprimir si necesitaba algo: entonces se encendía arriba, en su vivienda, una luz roja en un sitio escondido. Pero ni él podría ver siempre la luz ni iba a poner en marcha el largo proceso de abrir mi cárcel sin saber lo que yo quería en realidad. Y durante los fines de semana no podría bajar. Bastante más tarde supe que eso se debía a las visitas de su madre, que pasaba con él los fines de semana. Habría llamado demasiado la atención si retiraba todos los obstáculos que había entre el garaje y el sótano mientras ella estaba en casa.

Poco tiempo después sustituyó el aparato provisional por una instalación por la que se podía hablar. Sus preguntas e instrucciones empezaron a retumbar en mi prisión cada vez que apretaba el botón.

«¿Has comido?»

«¿Te has lavado los dientes?»

«¿Has apagado el televisor?»

«¿Cuántas páginas has leído?»

«¿Has hecho los ejercicios de cálculo?»

Me sobresaltaba cada vez que su voz cortaba el silencio. Cada vez que me amenazaba con castigarme porque había tardado en contestar. O porque había comido demasiado.

«¿Se ha acabado ya la comida?»

«¿No te he dicho que por la noche sólo puedes tomar un trozo de pan?»

El interfono era el instrumento perfecto para aterrorizarme. Hasta que descubrí que también me otorgaba a mí un cierto poder. Hoy me he dado cuenta de que, debido sobre todo a la gran manía controladora del secuestrador, resulta sorprendente que no se le ocurriera que una niña de 10 años investigaría aquel aparato con detenimiento. Pero eso lo hice unos días más tarde.

El aparato tenía tres botones. Si se pulsaba «Hablar», el sistema quedaba abierto a ambos lados. Ésa era la posición que él me había enseñado. Si yo pulsaba «Escuchar», entonces yo podía oír su voz, pero él la mía no. En el tercer botón ponía «Continuo»: cuando lo oprimía, el sistema quedaba abierto en mi lado... pero no me llegaba el sonido desde arriba.

Por entonces ya había aprendido a dejar mis oídos en suspenso cuando estaba frente a él. Ahora tenía un botón para hacerlo: cuando me sometía a demasiadas preguntas, observaciones y acusaciones, yo pulsaba «Continuo». Me producía una gran satisfacción que su voz enmudeciera y haberlo conseguido yo simplemente apretando un botón. ¡Me encantaba aquel botón que podía apartar a Priklopil de mi vida! Cuando se enteró de mi pequeña rebelión al principio se mostró sorprendido, luego se puso furioso. Cada vez bajaba menos al sótano para regañarme. Tardaba casi una hora en abrir todas las puertas y dispositivos de seguridad. Pero estaba claro que pronto se le ocurriría algo.

De hecho, no tardó mucho en desmontar aquel dispositivo que tenía un botón mágico. Para sustituirlo trajo una radio de Siemens. Sacó los artilugios del interior de la carcasa y empezó a atornillar por aquí y por allá. Entonces no sabía nada de él, mucho tiempo después me enteré de que Wolfgang Priklopil trabajaba como técnico electrónico en Siemens. Pero en aquel tiempo yo no sabía que manejaba a la perfección alarmas, radios y otros dispositivos eléctricos.

Esa radio desmontada se convirtió en un terrible instrumento de tortura. Tenía un micrófono tan potente que reproducía arriba el más mínimo ruido del sótano. El secuestrador podía meterse en mi «vida» sin previo aviso, podía saber en todo momento si seguía sus indicaciones o no. Si tenía la radio puesta. Si rascaba el plato con la cuchara. Si respiraba.

Sus preguntas me perseguían hasta debajo de la manta:

«¿No te comiste el plátano?»

«¿Has vuelto a comer demasiado?»

«¿Te has lavado la cara?»

«¿Has apagado la televisión después de la serie?»

Ya no podía mentirle, pues no sabía cuánto tiempo había estado escuchando. Si lo hacía o no le contestaba al instante, su voz retumbaba por el altavoz hasta que me explotaba la cabeza. O bajaba inmediatamente al sótano y me castigaba quitándome lo más importante para mí: los libros, los videos, la comida. A no ser que me mostrara arrepentida de mis errores, de cualquier pequeño detalle de mi vida en el sótano. ¡Como si me quedara algo que pudiera ocultarle!

Otra forma de hacerme saber que desde arriba tenía un control total sobre mí consistía en dejar abierto el micrófono. Entonces al chirrido del ventilador se unía un zumbido fuerte, insoportable, que inundaba la habitación y me hacía saber desde cualquier rincón: él está ahí. Siempre. Respira al otro lado de la línea. Puede empezar a gritar en cualquier momento y te estremecerás aunque ya lo esperaras. No puedes escapar de su voz.

Hoy no me sorprende que yo, que entonces era todavía una niña, pensara que él me podía ver desde arriba. No sabía si había instalado cámaras. Me sentía observada cada segundo, hasta cuando dormía. ¡Lo mismo había instalado una cámara infrarroja para controlarme cuando estaba echada en mi tumbona en la más completa oscuridad! La sensación me tenía paralizada, por la noche no me atrevía ni a darme la vuelta en la cama. Por el día miraba mil veces a mi alrededor antes de ir al baño. No sabía si me estaba observando... o si tal vez había más gente con él mirando.

Presa del pánico, empecé a buscar agujeros o cámaras por toda mi prisión. Siempre con el temor de que pudiera ver lo que estaba haciendo y bajara a regañarme. Rellené con pasta de dientes las más diminutas rendijas que encontré entre las tablas de la pared, hasta estar segura de que no quedaba el más mínimo hueco. Pero la sensación de que estaba siendo permanentemente observada se mantuvo.

* * *

«Creo que pocos hombres están en condiciones de calcular el grado increíble de tortura y agonía que experimenta la víctima ante este terrible trato, mantenido durante años; y si yo mismo sólo puedo hacer suposiciones al respecto y pienso en lo que he visto en sus rostros y en lo que estoy seguro que sienten, estoy convencido de que se trata de una terrible intensidad de sufrimiento que nadie más que los afectados puede calcular y que ninguna persona tiene derecho a causar a otro ser humano. Esta influencia lenta y diaria en el cerebro de otra persona es inmensamente peor que cualquier tortura corporal; y como sus siniestras huellas no son tan visibles para el ojo ni apreciables con el contacto como las huellas de los daños en la carne; como las heridas no están en la superficie y no provocan gritos que el oído humano pueda oír; por eso mismo hago la denuncia.»

Esto es lo que opinaba el escritor Charles Dickens en 1842 sobre los castigos de aislamiento que se daban entonces en las escuelas de Estados Unidos y todavía se mantienen hoy. Mi aislamiento, el tiempo que pasé en aquel sótano sin abandonar ni una sola vez esos cinco metros cuadrados, duró más de seis meses; mi cautiverio, 3 096 días.

En aquel entonces no podía expresar en palabras cómo me afectó el tiempo pasado en total oscuridad o en permanente exposición a la luz artificial. Cuando hoy analizo los estudios que investigan los efectos del aislamiento y la privación sensorial —se denomina así a la restricción total de percepciones sensoriales—, comprendo perfectamente lo que me pasaba entonces.

Uno de los estudios recoge los siguientes efectos del «confinamiento solitario»:

• reducción considerable de la capacidad de funcionamiento del sistema neurovegetativo

• trastornos importantes en el balance hormonal

• reducción de las funciones orgánicas

• ausencia de la menstruación en las mujeres sin causas fisiológico-orgánicas ni relacionadas con la edad o el embarazo (amenorrea secundaria)

• mayor sensación de tener que comer: cinorexia, hiperorexia, exceso de apetito

• en contraposición a lo anterior, disminución o desaparición de la sensación de sed

• fuertes ataques de frío o calor que no se pueden atribuir a cambios de la temperatura ambiental ni a enfermedades (fiebre, escalofríos, etcétera)

• reducción considerable de la percepción y del rendimiento cognitivo

• fuerte alteración de la asimilación de lo percibido

• fuerte alteración de las sensaciones corporales

• graves dificultades de concentración

• graves dificultades (pueden llevar a la incapacidad) para leer o asimilar lo leído, para incorporarlo a un contexto lógico

• graves dificultades (que pueden llevar hasta la incapacidad) para escribir o expresar ideas por escrito (agrafía/disgrafía)

• graves dificultades de articulación/verbalización que aparecen sobre todo en los ámbitos de la sintaxis, la gramática y el vocabulario y que pueden llegar hasta la afasia, la afrasia y la agnosia

• grave dificultad o incapacidad de seguir conversaciones (está comprobado que se hace lenta la función del córtex auditivo primario en la zona del lóbulo temporal por déficit de estímulo)

Otras alteraciones:
* conversaciones consigo mismo como compensación de la falta de estímulos acústicos y sociales
* reducción de la intensidad de los sentimientos, por ejemplo, frente a familiares y amigos
* sensación ocasional de euforia que deja paso a un posterior estado depresivo

Efectos a largo plazo sobre la salud:
* alteración de la capacidad de relacionarse socialmente, hasta llegar a la incapacidad de mantener relaciones estrechas y de pareja a largo plazo
* depresiones
* reducción de la autoestima
* regreso a la situación de aislamiento en sueños
* trastornos de la presión arterial que precisan tratamiento
* enfermedades de la piel que precisan tratamiento
* no recuperación de las capacidades cognitivas (por ejemplo, en el ámbito de las matemáticas) alteradas por el aislamiento

Las víctimas consideraban especialmente negativos los efectos de la vida sin estímulos sensoriales. La privación sensorial afecta al cerebro y al sistema neurovegetativo y convierte a personas autónomas en seres dependientes que quedan expuestos a la influencia de cualquier persona que encuentran tras la fase de aislamiento y oscuridad. Esto también resulta válido para los adultos que se sumergen en una situación así de forma voluntaria. La BBC emitió en enero de 2008 un programa, *Total Isolation,* que me impresionó mucho: seis voluntarios se encerraban durante 48 horas en la celda de un refugio nuclear. Solos y sin luz, se trasladaban a mi propia situación, comparable con la suya en lo que a oscuridad y soledad se refiere, no en el miedo ni la duración. A pesar del breve espacio de tiempo que estuvieron allí, los seis afirmaron después que habían perdido la noción del tiempo y habían sufrido fuertes visiones y alucinaciones. Una mujer estaba convencida de que sus sábanas estaban mojadas. Tres tuvieron alucinaciones visuales y auditivas, veían serpientes, ostras, coches, cebras. Al cabo de las 48 horas todos habían perdido la capacidad de resolver las tareas más simples. A ninguno se le ocurría una palabra con la letra «F». Uno había perdido el 36 por ciento de su memoria. Cuatro demostraron ser más influenciables que antes de su confinamiento. Creyeron todo lo que les dijo la primera persona que encontraron tras su aislamiento voluntario. Yo sólo me encontraba con el secuestrador.

Cuando hoy leo estos estudios e investigaciones, no puedo dejar de sorprenderme por haber sobrevivido todo ese tiempo. Mi situación se podía comparar en ciertos aspectos con la sufrida por los adultos con fines científicos. Pero aparte de que el tiempo de aislamiento fue mucho mayor, en mi caso había que añadir un factor agravante más: yo no sabía por qué me encontraba en aquella situación. Mientras que los presos políticos pueden aferrarse a unos ideales o los que han sido condenados de forma injusta saben que detrás de su aislamiento hay un sistema judicial con sus leyes, sus instituciones y sus procesos, yo no le veía ninguna lógica a mi reclusión. No la tenía.

Pudo servirme de ayuda el hecho de que yo era todavía una niña y podía adaptarme a las condiciones adversas mejor que los adultos. Pero eso me exigió una autodisciplina que ahora, al echar la vista atrás, me parece casi inhumana. Durante la noche me valía de viajes fantásticos por la oscuridad. Por el día me aferraba a mi plan de tomar las riendas de mi vida en cuanto cumpliera 18 años. Estaba decidida a adquirir los conocimientos necesarios para ello, y le pedí al secuestrador libros escolares y de lectura. Y me aferré como pude a mi propia identidad y a la existencia de mi familia.

Cuando se acercaba el primer día de la madre confeccioné un regalo para mi madre. No tenía tijeras ni pegamento, el secuestrador no me proporcionaba nada con lo que pudiera lesionarme o causarle algún daño a él. Así que pinté con las ceras de colores de mi estuche unos corazones rojos en un papel, los recorté con cuidado con los dedos y los pegué uno encima de otro con Nivea. Me propuse entregarle el corazón a mi madre cuando estuviera libre. Entonces sabría que, aunque no hubiera estado a su lado, no me había olvidado del día de la madre.

* * *

Al secuestrador le sentaba cada vez peor que yo me entretuviera con todas esas cosas. Que hablara de mis padres, de mi casa, incluso del colegio. «Tus padres no te quieren», me decía una y otra vez. Yo me negaba a creerle: «No es cierto, mis padres me quieren. Me lo han dicho.» En lo más profundo de mi corazón yo sabía que tenía razón. Pero mis padres resultaban tan inalcanzables que me sentía como si estuviera en otro planeta. Aunque había apenas 18 kilómetros entre mi escondrijo y la vivienda de mi madre, 25 minutos en coche. Una distancia insignificante en el mundo real, pero que en mi absurdo mundo suponía un cambio de dimensión. Estaba a mucho más de 18 kilómetros, metida en el mundo de la reina de corazones, en el que los naipes se estremecían cada vez que oían su voz.

Cuando estaba presente controlaba todos mis gestos y expresiones: tenía que sentarme como él me ordenara, y no debía mirarle jamás a la cara. En su presencia me obligaba a mantener la mirada hacia el suelo. No debía hablar si él no me lo pedía. Me exigía que fuera sumisa, y quería muestras de agradecimiento por cualquier pequeña cosa que hacía por mí: «Yo te he salvado», repetía una y otra vez, y parecía decirlo en serio. Él era mi cordón umbilical con el exterior. La luz, la comida, los libros, todo aquello sólo lo podía recibir de él, todo aquello me lo podía quitar él en cualquier momento. Y es lo que haría más tarde con unas consecuencias que casi me ponen al borde de la muerte por inanición.

Pero aun cuando el control continuo y el aislamiento me desanimaban cada vez más, nunca sentí agradecimiento hacia él. Es cierto que no me había asesinado ni me había violado, como me temí al principio que sucedería. Pero en ningún momento he olvidado que cometió un acto criminal por el que yo podía condenarle, si quería, pero por el que no tenía que mostrar agradecimiento.

Un día me ordenó llamarle «maestro».

Al principio no lo tomé en serio: «maestro» me parecía una palabra demasiado ridícula como para que alguien quisiera que le llamaran así. Pero él insistió, una y otra vez: «¡Dirígete a mí con un *maestro!*» En ese punto supe que no debía ceder. El que se defiende, sigue vivo. El que está muerto ya no puede defenderse. Yo no quería estar muerta, ni siquiera en mi interior, así que tenía que oponerme.

Me acordé de un pasaje de *Alicia en el País de las Maravillas:* «¡Bueno!, pensó Alicia. ¡He visto a menudo un gato sin sonrisa, pero no una sonrisa sin gato! Es la cosa más curiosa que he visto en mi vida.» Ante mí había un hombre que cada vez iba siendo menos humano; cuya fachada se desmoronaba y dejaba ver una persona débil. Un fracasado en la vida real que sacaba fuerzas sometiendo a una niña. Una imagen deplorable. Un don nadie que me obligaba a llamarle «maestro».

Hoy, cuando recuerdo aquella situación, sé por qué me negué a llamarle así. Los niños son hábiles manipuladores. Debí de intuir lo importante que era aquello para él y que por fin tenía en mi mano la llave para ejercer también un cierto poder. En ese momento no pensé las posibles consecuencias que mi negativa podría acarrear. Lo único que se me pasó por la cabeza fue que con esa actitud ya había tenido éxito una vez.

En la urbanización Marco Polo sacaba a veces a pasear a los perros de pelea de unos clientes de mi padre. Me advirtieron que nunca llevara a los perros con la correa muy larga, tendrían demasiado campo de acción. Debía agarrarlos cerca del collar para demostrarles en todo momento que cualquier intento de rebelarse sería inútil. Y jamás debía mostrar miedo ante ellos. Si se cumplían esas sencillas normas, los perros serían mansos y dóciles incluso en manos de una niña como yo.

Cuando Priklopil estuvo ante mí, decidí no dejarme amedrentar por la situación y agarrarle fuerte por el collar. «No lo haré», le dije a la cara con voz firme. Abrió los ojos como platos, muy sorprendido, protestó y volvió a exigirme una y otra vez que le llamara «maestro». Pero al final dejó el tema.

Para mí ése fue un hecho decisivo, aunque tal vez en ese momento no lo tuviera tan claro. Yo me había mostrado fuerte y el secuestrador había retrocedido. La arrogante sonrisa del gato desapareció. Y sólo quedaba una persona que había cometido un acto criminal, una persona de cuyo estado de ánimo dependía mi existencia, pero que en cierto modo también dependía de mí.

En las semanas y meses siguientes me resultó bastante más fácil tratar con él si me lo imaginaba como un pobre niño sin cariño. Las muchas películas y series policíacas me enseñaron que las personas se vuelven malas cuando sus madres no las quieren y no tienen suficiente «calor de hogar». Hoy me doy cuenta de que fue un mecanismo de defensa, vital para mi supervivencia, intentar ver al secuestrador como una persona que no era mala por naturaleza, sino que su maldad se había ido desarrollando a lo largo de su vida. Eso no le restaba importancia a su forma de actuar, pero me ayudó a perdonarle. Al imaginarme, por un lado, que tal vez era un huérfano que había vivido en algún orfanato horribles experiencias que todavía le seguían marcando y al repetirme, por otro, que seguro tenía un lado bueno. Que cumplía mis deseos, me llevaba golosinas, se ocupaba de mí. Pienso que en mi situación de total dependencia ésa era la única posibilidad de mantener con el secuestrador una relación que resultaba vital para mí. Si sólo hubiera sentido odio hacia él, ese odio me habría corroído tanto que no habría tenido fuerzas para sobrevivir. Pude acercarme a él gracias a que en todo momento veía tras la máscara del secuestrador a una persona pequeña, débil, que no había recibido la atención suficiente.

Y hubo un momento en que incluso se lo manifesté a él. Le miré fijamente y le dije: «Te perdono porque todos cometemos errores.» Fue un paso que a algunos puede parecerles raro y enfermo. Al fin y al cabo su «error» me había costado la libertad. Pero era el único paso correcto que yo podía dar. Tenía que entenderme con aquel hombre, de lo contrario no lograría sobrevivir.

Nunca confié en él, eso era imposible. Pero llegué a una especie de acuerdo con él. Yo le «consolaba» por el grave delito que cometía contra mí y al mismo tiempo apelaba a su conciencia, para que se arrepintiera y al menos me tratara bien. Él respondió concediéndome pequeños deseos: una revista de caballos, un lápiz, un nuevo libro. A veces incluso me declaraba: «¡Cumpliré todos tus deseos!» Entonces yo le contestaba: «Si harías realidad todos mis deseos, ¿entonces por qué no me dejas libre? ¡Echo tanto de menos a mis padres!» Pero su respuesta era siempre la misma, y yo la conocía muy bien: mis padres no me querían... y él nunca me iba a liberar.

Después de unos meses en el sótano le pedí por primera vez que me abrazara. Necesitaba el consuelo de un contacto, sentir calor humano. Resultó difícil. Él tenía graves problemas con la proximidad, con el roce. Y a mí me entraba el pánico en cuanto me apretaba demasiado fuerte. Pero después de algunos intentos encontramos la medida exacta: el abrazo tenía que ser no muy fuerte, para que yo pudiera aguantarlo, pero lo suficientemente estrecho para que pudiera sentir algo parecido a un contacto afectuoso. Fue el primer contacto corporal que tuve con una persona en muchos meses. Un tiempo demasiado largo para una niña de 10 años.

5

Caída al vacío.
El robo de mi identidad

«Ya no tienes familia. Tu familia soy yo. Yo soy tu padre, tu madre, tu abuela y tus hermanas. Ahora yo soy todo para ti. Ya no tienes pasado. Estás mucho mejor conmigo. Tienes la suerte de que yo te haya recogido y me ocupe tan bien de ti. Me perteneces. Yo te he creado.»

En el otoño de 1998, más de seis meses después de mi secuestro, yo me sentía muy triste y desanimada. Mientras que para mis compañeros de clase había empezado, después de cuarto, un nuevo periodo de sus vidas, yo estaba allí encerrada tachando los días en un calendario. Echaba tanto de menos a mis padres que por las noches me acurrucaba en mi tumbona ansiando una palabra cariñosa de ellos, un abrazo. Me sentía terriblemente pequeña y a punto de rendirme. Cuando de niña me sentía hundida y deprimida, mi madre siempre me preparaba un baño caliente. Echaba en él tantas bolas efervescentes y tanto gel que yo me sumergía en montañas de espuma chispeante y olorosa. Tras el baño me envolvía en una mullida toalla, me echaba en la cama y me tapaba. Eso me producía una profunda sensación de seguridad. Una sensación de la que me había visto privada hacía mucho tiempo.

El secuestrador no sabía muy bien qué hacer con mi decaimiento. Cuando bajaba al sótano y me veía apática, sentada en mi tumbona, me miraba irritado. Nunca hablaba directamente sobre mi estado de ánimo, pero intentaba animarme con juegos, con alguna pieza de fruta extra o con una serie grabada en video. Pero yo seguía deprimida. ¿Cómo no iba a ser así? Es cierto que no me faltaban cosas con las que entretenerme. Pero estaba encadenada a la fantasía de un hombre que me había impuesto una condena de por vida sin yo haber hecho nada.

Añoraba la sensación que siempre me embargaba después de un buen baño caliente. Cuando el secuestrador bajaba al sótano esos días, yo trataba de convencerle. Un baño. ¿Acaso no podría darme un baño? Se lo pregunté una y otra vez. No sé si se hartó de mí o si decidió por sí mismo que realmente había llegado el momento de que me diera un baño completo. Pero el caso es que, después de algunos días pidiéndoselo, me sorprendió con la promesa de que podría darme un baño... si me portaba bien.

¡Podría abandonar el sótano! ¡Podría ir arriba y bañarme!

Pero ¿qué era aquel «arriba»? ¿Qué me esperaba allí arriba? Me movía entre la alegría, la inseguridad y la esperanza. A lo mejor me dejaba sola y podía ser ese el momento de escapar...

Pasarían todavía algunos días antes de que el secuestrador me sacara del escondrijo. Los aprovechó para quitarme de la cabeza cualquier idea relacionada con una fuga: «Si gritas, tendré que hacerte daño. Hay trampas explosivas en todas las puertas y ventanas. Si abres una ventana, saldrás por los aires.» Me advirtió que me mantuviera alejada de todas las ventanas y que tuviera cuidado para no ser vista desde el exterior. Si no seguía sus indicaciones al detalle, me mataría en el acto. Yo no tenía la más mínima duda al respecto. Me había secuestrado y encerrado. ¿Por qué no iba a ser capaz también de matarme?

Cuando, por fin, una tarde abrió la puerta del escondrijo y me pidió que le siguiera, yo sólo pude dar unos primeros pasos vacilantes. A la difusa luz que reinaba tras la puerta de mi refugio distinguí un pequeño habitáculo, situado algo más arriba que mi prisión y en el que había un arcón. Detrás de éste se abría una pesada puerta de madera que daba acceso a una segunda habitación. Allí mi mirada cayó en un enorme monstruo que había en la pared de la izquierda. Una puerta de hormigón: 150 kilos de peso. Empotrada en un muro de casi 15 centímetros de grosor. Se atrancaba por fuera con una barra de hierro encastrada en el muro.

Eso es lo que figura en los informes de la policía. Yo apenas puedo expresar con palabras lo que sentí al ver esa puerta. Estaba enterrada en hormigón. Encerrada en un sótano hermético. El secuestrador volvió a advertirme de las trampas explosivas, de las alarmas, de los cables por los que llevaba la electricidad hasta mi refugio. Demasiada seguridad para una niña. ¿Qué sería de mí si a él le pasaba algo? Mi temor a atragantarme con la piel del embutido me pareció ridícula comparado con la idea de que él se cayera, se rompiera un brazo y tuviera que irse al hospital. Enterrada viva. Se acabó.

Me quedé sin aire. Tenía que salir de allí de inmediato.

La puerta de hormigón daba paso a un pequeño pasadizo. Altura: 68.5 centímetros. Ancho: 48.5 centímetros. Estando yo de pie, la parte inferior del pasadizo me quedaba a la altura de las rodillas. El secuestrador me esperaba ya al otro lado, vi sus piernas a contraluz. Entonces me puse de rodillas y avancé a cuatro patas. Las paredes parecían recubiertas de alquitrán, olía a humedad. Al salir del pasadizo me encontré en un foso de taller. Junto al pasadizo había una caja fuerte que había sido movida de su sitio y una cómoda.

El secuestrador me pidió de nuevo que le siguiera. Una escalera estrecha, las paredes de losas de hormigón grises, los escalones altos y resbaladizos. Tres abajo, nueve arriba, a través de una trampilla. De pronto me encontré en un garaje.

Yo estaba como paralizada. Dos puertas de madera. La pesada puerta de hormigón. El estrecho pasadizo. Ante él una pesada caja fuerte que el secuestrador, mientras yo permanecía en mi cárcel, ponía delante de la abertura con la ayuda de una barra, la atornillaba a la pared y luego la electrificaba. La cómoda, que ocultaba la caja fuerte y el pasadizo. Las tablas del suelo que cubrían la trampilla que llevaba al foso de taller.

Yo ya sabía que no podría romper la puerta de mi prisión, que cualquier intento de escapar de allí sería inútil. Sabía que podía golpear las paredes y gritar todo lo que quisiera, que nadie me iba a oír. Pero en ese momento, allí arriba en el garaje, tuve claro que nadie podría encontrarme jamás. La entrada al escondrijo estaba tan bien camuflada que las posibilidades de que la policía la descubriera durante un registro de la vivienda eran prácticamente nulas.

El shock no se me pasó hasta que una impresión aún más fuerte eclipsó por un momento el miedo: el aire que entraba en mis pulmones. Inspiré con fuerza, una y otra vez, como un sediento que, en el desierto, llega en el último minuto a un oasis y se lanza de cabeza al agua que le ha de salvar. Después de pasar meses en el sótano había olvidado lo agradable que resulta respirar un aire que no está seco ni cargado de polvo, como el que llegaba al diminuto sótano a través de un pequeño orificio. El zumbido del ventilador, que se había instalado como algo permanente en mis oídos, se hizo por un instante más débil, mis ojos tantearon con cuidado los contornos desconocidos, mi primer temor desapareció.

Pero volvió en cuanto el secuestrador me indicó con un gesto que no podía decir nada. Luego me condujo por un pequeño pasillo y cuatro escalones hasta la vivienda. Había poca luz, todas las contraventanas estaban cerradas. Una cocina, un pasillo, el cuarto de estar, el vestíbulo. Me parecía increíble, casi ridículo, que las habitaciones por las que iba pasando fueran tan grandes y amplias. Desde el 2 de marzo me había movido en un espacio en el que la mayor distancia eran dos metros. En mi pequeña cárcel tenía cada rincón a la vista. Allí arriba sentí que la amplitud de las habitaciones caía sobre mí como una gran ola. Detrás de cada puerta, detrás de cada ventana, podía esperarme una sorpresa desagradable. Yo no sabía si el secuestrador vivía solo, ni cuántas personas podían estar involucradas en el secuestro... ni lo que harían conmigo si me veían allí «arriba». El secuestrador había hablado tantas veces de «los otros» que yo casi creía verlos detrás de cada esquina. También me parecía posible que tuviera una familia que fuera cómplice de su delito y estuviera esperando para abusar de mí. Cualquier forma imaginable de maldad estaba, para mí, dentro de lo posible.

El secuestrador parecía inquieto y nervioso. De camino al cuarto de baño no paraba de decirme en voz baja: «Piensa en la ventana y el sistema de alarma. Haz lo que te digo. Si gritas, te mataré.» Después de haber visto cómo era el acceso a mi refugio no habría dudado lo más mínimo si él me hubiera contado que toda la casa estaba llena de minas.

Mientras le seguía hasta el cuarto de baño con la cabeza gacha, como él quería, miles de ideas cruzaron por mi mente. Pensé cómo podía asaltarle y escapar. No se me ocurrió nada. No era una niña especialmente cobarde, pero sí un poco miedosa. Él era mucho más fuerte y rápido que yo. Si saliera corriendo me alcanzaría en dos zancadas; y abrir puertas y ventanas sería un suicidio. Hasta el día de mi liberación creí en las fuertes medidas de seguridad de la casa.

Pero no eran sólo los obstáculos exteriores, las paredes y puertas infranqueables o la mayor fortaleza física del secuestrador lo que me hacía desistir de un intento de fuga. Entonces se habían sentado ya las bases de mi «prisión psicológica», de la que cada vez me resultaba más difícil escapar. Estaba asustada y atemorizada. «Si cooperas no te pasará nada.» El secuestrador me había inculcado esa idea desde el principio y me había amenazado con los peores castigos, incluida la muerte, si oponía resistencia. Yo era una niña y estaba acostumbrada a obedecer a los adultos, sobre todo cuando me avisaban de las consecuencias de no hacerlo. Allí el único adulto con autoridad era él. Aunque la puerta de la calle hubiera estado abierta, no sé si habría tenido el valor de salir corriendo. Un gato doméstico al que se permite salir por primera vez en su vida a la calle se queda asustado en el umbral de la puerta y empieza a maullar porque no sabe qué hacer. Y yo no tenía a mis espaldas la casa protectora a la que podía regresar, sino un hombre que estaba dispuesto a defender su delito con la vida. Estaba tan asustada que llevaba el cautiverio dentro de mí.

El secuestrador me preparó un baño de espuma y se quedó mientras yo me desvestía y me metía en la bañera. No me importó que no me dejara sola en el cuarto de baño. Al fin y al cabo, estaba acostumbrada a que me viera desnuda cuando me duchaba en mi prisión, así que sólo protesté un poco en voz baja. Cuando me sumergí en el agua caliente y cerré los ojos conseguí, por primera vez en muchos días, olvidar todo lo que me rodeaba. Blancas nubes de espuma se posaron sobre mis miedos, danzaron por el oscuro escondrijo, me sacaron volando de la casa y me llevaron con ellas. Al cuarto de baño de mi casa, a los brazos de mi madre, que me esperaba con una enorme toalla caliente para llevarme enseguida a la cama.

Esa bonita imagen se desvaneció como una pompa de jabón cuando el secuestrador me dijo que me diera prisa. La toalla era áspera y olía raro. Nadie me llevó a la cama. En lugar de eso bajé a mi oscuro refugio. Oí cómo el secuestrador cerraba las puertas de madera y atrancaba la puerta de hormigón. Imaginé cómo cruzaba el estrecho pasadizo, ponía otra vez la caja fuerte delante de la abertura, la atornillaba a la pared y colocaba la cómoda delante. Habría preferido no haber visto lo hermético que era mi aislamiento del mundo exterior. Me eché en mi tumbona, me hice un ovillo e intenté recuperar la sensación del jabón y el agua caliente en mi piel. La sensación de estar en casa.

* * *

Poco más tarde, en el otoño de 1998, el secuestrador mostró de nuevo su cara más amable. Tal vez tuviera mala conciencia, pero el caso es que decidió hacer mi refugio algo más habitable.

Los trabajos avanzaron muy despacio: las tablas, los cubos de pintura, tenían que ser arrastrados uno a uno por el largo camino hasta abajo; la estantería y el armarito tuvieron que ser montados en el propio sótano.

Pude elegir el color de la pared y me decidí por un papel de fibra gruesa que quería pintar de color rosa pálido. Como la pared de mi dormitorio. El color se llamaba «Elba brillante». El secuestrador empleó luego el mismo tono para su cuarto de estar. En la casa no debían quedar cubos con restos de pintura sin aplicar en las paredes, me explicó, siempre preparado para un registro de la policía, siempre pendiente de no dejar ningún tipo de pista. Como si la policía entonces todavía se interesara por mí; como si fuera a examinar tales cosas cuando ni siquiera había registrado la furgoneta con que se cometió el secuestro a pesar de existir dos declaraciones que daban motivo para hacerlo.

Con las planchas que montó sobre el revestimiento de madera desaparecieron uno a uno los recuerdos de mis primeros tiempos en el encierro. El dibujo de la cómoda de mi casa, el árbol genealógico, el Ave María. Pero lo que vi a partir de entonces me pareció mucho mejor: una pared que me hacía sentir como si estuviera en casa. Cuando estuvo tapizada y pintada, olía tanto a productos químicos mi pequeña cárcel que estuve mareada durante días. El pequeño ventilador no tenía suficiente capacidad para evacuar los vapores de la pintura.

Luego vino el montaje de mi litera. Priklopil trajo unas tablas y unos listones de madera de pino y los atornilló con mucho cuidado. Cuando la cama estuvo acabada, la montó a una altura aproximada de un metro y medio, y ocupaba casi todo el ancho del zulo. Me dejó pintar un adorno en el techo. Yo me decidí por tres corazones rojos, que pinté con mucho cuidado. Estaban dedicados a mi madre. Cuando los miraba podía pensar en ella.

Lo más complicado fue el montaje de la escalerilla: no pasaba por la puerta debido al extraño ángulo que hacía la pared que separaba mi prisión del espacio contiguo. El secuestrador lo intentó una y otra vez, hasta que de pronto desapareció y regresó con un destornillador eléctrico. Con él desmontó la pared de tablas que impedía la maniobra, luego introdujo la escalera en el zulo, y ese mismo día volvió a montar la pared.

Al armar mi nueva estantería conocí por primera vez una cara del secuestrador que me horrorizó. Hasta entonces me había gritado en alguna ocasión, me había denigrado y regañado, me había amenazado con los peores castigos para obligarme a cooperar. Pero nunca había perdido el control.

Estaba con el taladro ante mí, fijando una tabla. El hecho de trabajar juntos en el refugio me había hecho sentir mayor confianza, y de pronto le pregunté: «¿Por qué atornillas esa tabla justo ahí?» Había olvidado que no debía hablar a menos que él me lo pidiera. En décimas de segundo sufrió un ataque de furia, me empezó a gritar... y me lanzó la pesada taladradora. Pude agacharme en el último instante antes de que se estrellara contra la pared. Estaba tan asustada que me quedé sin respiración, mirándole con los ojos como platos.

El repentino ataque de furia no me produjo ningún daño físico, el taladro ni siquiera me rozó. Pero ese incidente quedó grabado en mi mente. Pues introdujo una nueva dimensión en mi relación con el secuestrador: ahora sabía que también podía hacerme daño si me oponía a él. Me sentí más asustada, más débil.

La noche posterior al primer ataque de furia del secuestrador dormí en mi nueva cama alta. El ruido del ventilador parecía surgir justo al lado de mis orejas y me taladraba el cerebro hasta casi hacerme gritar de desesperación. El aire frío procedente del tejado me daba directamente en los pies. Mientras que en casa dormía estirada y boca arriba, aquí tenía que acurrucarme en posición fetal y enrollarme bien la manta en los pies para evitar el desagradable chorro de aire. Pero estaba mejor que en la tumbona, tenía más sitio y me podía girar. Y, sobre todo, tenía la nueva pared a mi lado.

Estiré la mano, la toqué y cerré los ojos. Dejé pasar por mi imaginación los muebles de mi habitación, las muñecas, los peluches. La puerta y la ventana, las cortinas, el olor. Si lo imaginaba con suficiente intensidad conseguía dormirme con la mano apoyada en la pared del zulo... y al día siguiente me despertaría en mi dormitorio, con la mano todavía en la pared. Entonces mi madre me llevaría un té a la cama, yo retiraría la mano de la pared y todo sería normal.

Todas las noches me dormía así, con la mano en la pared, y estaba segura de que un día, al despertarme, iba a estar realmente en mi habitación. En los primeros tiempos creía en ello como en una fórmula mágica que algún día se haría realidad. Más tarde el roce de la pared era como una promesa que me hacía cada día a mí misma. Y la he cumplido: cuando después de ocho años de cautiverio fui a casa de mi madre por primera vez, me tumbé en la cama de mi dormitorio, en el que nada había cambiado, y cerré los ojos. Cuando rocé la pared con la mano volvieron todos aquellos momentos, sobre todo el primero: la pequeña Natascha de 10 años que intenta desesperada no perder la confianza en sí misma y pone por primera vez la mano en la pared de su cárcel. «Aquí estoy de nuevo», susurré. «¿Ves? ¡Ha funcionado!»

* * *

Cuanto más avanzaba el año, más triste me sentía. Cuando borré los primeros días de diciembre en el calendario, estaba tan deprimida que ni siquiera me alegré con el demonio de chocolate que el secuestrador me regaló el día de San Nicolás. Se acercaban las Navidades. Y la idea de pasar esos días de fiesta sola en el sótano me resultaba absolutamente insoportable.

Las Navidades eran para mí, como para todos los niños, los mejores días del año. El olor de las galletas, el árbol cargado de adornos, la expectación ante los regalos, la familia reunida feliz. Ésa era la imagen que tenía en la cabeza mientras retiraba sin ganas el papel plateado de la figura de chocolate. Era una imagen de la infancia que poco tenía que ver con las últimas Navidades que pasé con mi familia: mis sobrinos vinieron de visita, como siempre, pero ya habían recibido sus regalos en casa. Yo era la única niña en el reparto de regalos. A mi madre le gustaba seguir la última moda en decoración de abetos, y ese año el árbol estaba cargado de espumillón y bolas de color lila. Debajo había un montón de regalos para mí. Mientras desenvolvía los regalos uno a uno, los adultos estaban sentados en el sofá, oyendo la radio y viendo una revista de tatuajes. Fueron unas Navidades muy decepcionantes. Ni siquiera conseguí convencer a nadie para que cantara un villancico conmigo, que estaba muy orgullosa de saberme de memoria las canciones que habíamos ensayado en el colegio.

Sólo me sentí más contagiada del espíritu navideño al día siguiente, cuando fuimos a casa de mi abuela. Nos reunimos todos en la habitación anexa al cuarto de estar y cantamos «Noche de paz» con gran fervor. Luego escuché atentamente, con gran expectación, hasta que sonó el suave tintineo de una campanilla. ¡El Niño Jesús había nacido! Cuando abrimos la puerta que daba al cuarto de estar, me quedé admirada ante el abeto resplandeciente, con sus velas auténticas y su olor maravilloso. Mi abuela siempre ponía un árbol de Navidad tradicional, adornado con estrellas de paja y bolas de cristal tan delicadas como pompas de jabón.

Así recordaba la Navidad... y así sería también ese año. Pero ¿qué iba a suceder? Tendría que pasar sin familia la mayor fiesta familiar del año. La idea me hizo sentir miedo. Pero, por otro lado, no dejaba de pensar que las Navidades con mi familia ya no eran lo mismo. Y que seguro que, en mi aislamiento, estaba idealizando el pasado. Podía intentar que las Navidades en el escondite se aproximaran lo más posible a la idea que yo tenía de la celebración. Con un par de adornos haría una fiesta que me permitiera viajar con la imaginación a los días de Navidad vividos con mi abuela.

El secuestrador me siguió el juego. En aquel momento le agradecí infinitamente que me permitiera vivir algo parecido a unas Navidades auténticas. Hoy pienso que no lo hizo por mí, sino por una obligación interior. Para él también era muy importante celebrar los días de fiesta: creaban una estructura, seguían determinadas reglas, y sin reglas ni estructuras, a las que él se aferraba de forma ridículamente estricta, no podía vivir. Como es natural, no iba a acceder a mis deseos sólo por eso. Que lo hiciera pudo estar relacionado también con el hecho de que había sido educado para responder a las expectativas y la imagen que los demás tenían de él. Hoy sé que por este motivo fracasó su relación con su padre. Es evidente que le fue negado el reconocimiento que a él le habría gustado recibir. Conmigo esa actitud aparecía sólo a veces, pero siempre resultaba especialmente absurda. Él me había secuestrado y encerrado en un sótano. En realidad no se trataba de una situación en la que hubiera que tener en consideración lo que pensaba la víctima. Era como si estuviera ahogando a alguien y mientras le preguntara si está bien, si no le molesta demasiado la presión en el cuello. Pero en aquel momento yo eso no lo veía, sino que le estaba agradecida por ocuparse de mí.

Sabía que no iba a tener un abeto de Navidad de verdad, así que me pedí uno de plástico. Abrimos las cajas de adornos juntos y colocamos el árbol encima de uno de los armaritos. Yo cogí un par de ángeles y algunos dulces, y me tomé mi tiempo para adornar el pequeño abeto.

En Nochebuena estuve sola viendo la televisión hasta que se apagó la luz, intentaba no pensar en mi familia. El secuestrador se había marchado con su madre, como haría también en años sucesivos; o a lo mejor había venido ella, eso no lo sabía yo entonces. Al día siguiente celebró el día de Navidad conmigo. Yo estaba sorprendida de que cumpliera todos mis deseos. Le había pedido una pequeña computadora infantil, como la que me habían regalado mis padres el año anterior. No era tan buena como la primera, pero estaba muy contenta de poder estudiar a pesar de no ir a clase. No quería que cuando estuviera otra vez libre se notara que me había quedado atrás. Recibí también un cuaderno de dibujo y una caja de acuarelas Pelikan. Era la misma que mi padre me había regalado en otra ocasión: con 24 colores, incluido el oro y el plata. Era como si el secuestrador me hubiera devuelto un trocito de mi vida. En el tercer paquete había un set de «Pintar por números», con pinturas al óleo. También me habían regalado ya uno así en casa, y me alegré de pasar las horas coloreando los dibujos con mucho cuidado. Lo único que no me dio el secuestrador fue el aguarrás. Temía que pudiera causar algún daño en el pequeño refugio.

Los días siguientes estuve muy ocupada con mis dibujos y mi ordenador infantil. Intentaba ver lo positivo de mi situación y pensar lo menos posible en mi familia; para que esto me resultara más fácil procuré no olvidar el lado negativo de las últimas Navidades juntos. Intenté convencerme de que era muy interesante conocer cómo celebran otros adultos esas fiestas. Y estaba muy agradecida por haber tenido mi propia celebración.

La primera Nochevieja en cautiverio la pasé sola y a oscuras. Tumbada en la cama y escuchando atentamente para atrapar el sonido de los petardos y fuegos artificiales que se estaban lanzando en el exterior. Pero sólo llegó a mis oídos el monótono tictac del despertador y el ruido del ventilador. Más tarde me enteré de que el secuestrador siempre pasaba la Nochevieja con su amigo Holzapfel. Se equipaba bien y compraba los cohetes más grandes y más caros. En una ocasión, yo debía tener 14 ó 15 años, me dejó contemplar por la ventana cómo tiraba un cohete a media tarde. Y a los 16 años estuve en el jardín viendo cómo un cohete lanzaba al cielo una lluvia de bolas plateadas. Pero eso fue en una época en la que el cautiverio ya formaba parte de mí hasta tal punto que el secuestrador se atrevía a dejarme salir con él al jardín. Sabía que mi prisión interior tenía los muros tan altos que no iba a aprovechar la ocasión para escapar.

* * *

El año en que había sido secuestrada se había acabado, y yo seguía aún encerrada. El mundo exterior se iba alejando cada vez más, los recuerdos de mi vida anterior eran menos nítidos y me parecían más irreales. Me resultaba difícil creer que unos meses antes yo era una niña que iba al colegio, jugaba por las tardes en casa, hacía excursiones con sus padres y llevaba una vida normal.

Intenté acomodarme lo mejor posible a la vida que me había visto obligada a llevar. No siempre resultaba fácil. El control del secuestrador era absoluto. Su voz saliendo por el interfono me sacaba de quicio. En mi pequeño habitáculo me sentía como si estuviera varias millas bajo tierra, pero al mismo tiempo viviera en una vitrina en la que cada uno de mis movimientos podía ser observado.

Mis salidas a la casa se producían ya de forma regular: aproximadamente cada dos semanas me podía duchar arriba y a veces el secuestrador me dejaba cenar y ver la televisión con él. Me alegraba de cada minuto que pasaba fuera del sótano, pero también tenía miedo en la casa. Ya sabía que él vivía solo y que no había extraños esperándome en ningún rincón, pero no podía dejar de estar nerviosa. El secuestrador, con su paranoia, me impedía tener el más mínimo relajo. Cuando estaba arriba parecía estar atada a él con una cuerda invisible: siempre tenía que estar y avanzar a una misma distancia de él, un metro, ni más ni menos, si no se ponía furioso. Me exigía estar siempre con la cabeza agachada, con la mirada clavada en el suelo.

Tras los interminables días pasados totalmente aislada en mi cárcel yo me mostraba muy susceptible a sus indicaciones y manipulaciones. La falta de luz y de trato humano me había debilitado tanto que ya no podía oponer más que una mínima resistencia, a la que nunca renuncié y que me ayudó a fijar unos límites que me parecían indispensables. Apenas pensaba ya en huir. Era como si la cuerda invisible que me ponía al subir a la casa fuera cada vez más real. Como si estuviera encadenada a él de verdad y físicamente no pudiera alejarme más de un metro de él. Me había infundido tal miedo al mundo exterior, en el que nadie me quería, nadie me echaba de menos y nadie me buscaba, que casi era mayor que mi ansia de libertad.

Cuando estaba en el encierro intentaba mantenerme lo más ocupada posible. Los largos fines de semana que pasaba sola no paraba de limpiar y recoger durante horas, hasta que todo estaba reluciente y bien perfumado. Pintaba mucho y aprovechaba hasta el más mínimo trozo de papel de mi cuaderno para hacer dibujos: de mi madre con una falda larga, de mi padre con su enorme barriga y su bigote, yo en medio riéndome. Pintaba el reluciente sol amarillo que llevaba muchos, muchos meses sin ver, casas de cuyas chimeneas siempre salía humo, flores de colores y niños jugando. Mundos de fantasía que durante unas horas me hacían olvidar cómo era mi realidad.

Un día el secuestrador me llevó un libro de manualidades. Era para niños de preescolar y, en vez de alegrarme, casi me entristeció. Era casi imposible lanzar aviones de papel en cinco metros cuadrados. Un regalo mejor fue la Barbie que recibí algo después, y un diminuto set de costura como los que hay a veces en los hoteles. Yo me sentí agradecida por aquella personita de largas piernas de plástico que me hacía compañía. Era una Barbie Amazona que llevaba botas altas, pantalón blanco, chaleco rojo y una fusta. Le pedí al secuestrador durante días que me trajera unos restos de telas. A veces tardaba mucho en cumplir mis deseos. Y lo hacía siempre y cuando yo siguiera sus indicaciones de forma estricta. Si, por ejemplo, me echaba a llorar, me privaba unos días de alegrías como los libros o los videos, tan importantes para mí. Para obtener algo, tenía que mostrar agradecimiento y elogiarle por todo lo que hacía... hasta por haberme encerrado.

Al final conseguí que me llevara una camiseta vieja. Se trataba de una camiseta blanca con un discreto dibujo azul. Era la camiseta que él llevaba puesta el día de mi secuestro. No sé si es que se le había olvidado o que, en su manía persecutoria, quería deshacerse de ella. Con la tela le cosí a mi Barbie un vestido de cóctel con unos finos tirantes hechos con hilos y un elegante top asimétrico. Con una manga de la camiseta y un cordón que había encontrado entre mis cosas del colegio hice un estuche para mis gafas. En otra ocasión convencí al secuestrador de que me dejara usar una vieja servilleta que se había quedado azul después de un lavado y que él ya sólo usaba como paño de limpieza. La transformé en un vestido de fiesta con una fina goma elástica en la cintura.

Más tarde fabriqué posavasos con alambres y pequeñas figuras con papel doblado. El secuestrador me llevó algunas agujas con las que pude hacer punto y ganchillo. Cuando iba al colegio nunca conseguí aprender bien. Me caía una regañina cada vez que me equivocaba. Ahora tenía todo el tiempo del mundo y no había nadie que me regañara, podía empezar otra vez desde el principio cuantas veces quisiera, hasta que mis pequeñas obras de arte fueran perfectas. Estas manualidades se convirtieron en un ancla de salvación psicológica para mí. Evitaron que me volviera loca debido a la inactividad a la que me veía sometida. Y además podía pensar en mis padres mientras fabricaba pequeños regalos para ellos... para entregárselos cuando fuera otra vez libre.

Pero al secuestrador no le podía decir una sola palabra de que había hecho algo para mis padres. Guardé los dibujos y apenas se los mencionaba, pues cada vez reaccionaba peor cuando le hablaba de mis padres. «Tus padres no te quieren, les da igual lo que te pase, de lo contrario habrían pagado el rescate», me decía muy enojado al principio, cuando le decía que les echaba mucho de menos. Luego, en la primavera de 1999, llegó la prohibición: no podía mencionar nunca más a mis padres ni nada relacionado con mi vida anterior al secuestro. Mi madre, mi padre, mis hermanas y sobrinos, el colegio, la última excursión a la nieve, mi último cumpleaños, la casa de vacaciones de mi padre, mis gatos; nuestra casa, mis costumbres, la tienda de mi madre; mi profesora, mis compañeros de clase, mi dormitorio: todo lo que tenía antes se convirtió en un tabú.

La prohibición de mencionar mi vida anterior fue un punto fijo de sus visitas a mi cárcel. Si yo hablaba de mis padres, le daba un ataque de furia. Si lloraba, me apagaba la luz y me dejaba en la más completa oscuridad hasta que era otra vez «buena». Ser buena significaba que debía estarle agradecida por haberme «librado» de la vida que llevaba antes del secuestro.

«Yo te he salvado. Ahora me perteneces a mí», repetía una y otra vez. O bien: «Ya no tienes ninguna familia. Yo soy tu familia. Soy tu padre, tu madre, tu abuela y tus hermanas. Ahora yo soy todo para ti. Tú ya no tienes pasado», insistía. «Estás mucho mejor conmigo. Tienes suerte de que te haya acogido y me ocupe de ti. Sólo me perteneces a mí. Yo te he creado.»

* * *

«Pigmalión las había visto vivir en perpetua ignominia, y disgustado por los innumerables vicios que la naturaleza ha puesto en el alma de la mujer, vivía solo y sin esposa, y llevaba ya mucho tiempo desprovisto de consorte. Por entonces esculpió con admirable arte una estatua de níveo marfil, y le dio una belleza como ninguna mujer real puede tener.»

OVIDIO, *Las metamorfosis.*

Hoy creo que, con ese horrible secuestro, Wolfgang Priklopil no pretendía otra cosa que crearse su pequeño mundo sagrado con una persona que estaba ahí sólo para él. Jamás lo habría conseguido por la vía normal, y por eso decidió hacerse con alguien a la fuerza para formarla a su gusto. En el fondo quería lo que todo ser humano busca: amor, reconocimiento, calor. Quería una persona para quien él fuera el ser más importante del mundo. Y no pareció encontrar otra vía para conseguirlo que secuestrar a una pequeña y tímida niña de 10 años y apartarla del mundo exterior hasta que pudiera «crear» una persona nueva desde el punto de vista psíquico.

El año que cumplí 11 años me despojó de mi historia y mi identidad. Yo no debía ser más que un trozo de papel en blanco en el que él pudiera escribir sus enfermizas fantasías. Me negó incluso mi imagen en el espejo. Aunque no podía tener trato social con otra persona que no fuera él, al menos quería ver mi cara reflejada en el espejo, para no perderme del todo. Pero nunca me concedió el deseo de tener un pequeño espejo. Cuando años más tarde vi mi imagen por primera vez, no encontré los rasgos infantiles de antes, sino un rostro desconocido.

¿Me creó realmente? Hoy no sé dar una respuesta clara cuando me planteo esta pregunta. Por un lado, al secuestrarme a mí dio con la persona equivocada. Yo siempre me resistí a sus intentos de anularme y convertirme en creación suya. Jamás consiguió quebrantarme.

Por otro lado, sus intentos de hacer de mí una persona nueva cayeron en suelo fértil. Antes del secuestro estaba tan harta de mi vida y tan insatisfecha conmigo misma que había decidió cambiar. Sólo unos minutos antes de pasar junto a su furgoneta había pensado en tirarme delante de un coche. Hasta tal punto odiaba la vida que me veía obligada a llevar.

Como es natural, sentí una enorme tristeza cuando me prohibió mencionar mi propia historia. Me parecía muy injusto no poder ser quien era, ni hablar del profundo dolor que me producía la pérdida de mis padres. Pero ¿qué había quedado de mi propia historia? Ya se componía sólo de recuerdos que tenían poco que ver con el mundo real, que había seguido su curso en el exterior. Ya no existía mi clase del colegio, mis pequeños sobrinos habían crecido y ni siquiera me reconocerían si me presentara de pronto ante ellos. Y es posible que mis padres se sintieran aliviados por no tener que discutir más por mi causa. Al aislarme de todo durante tanto tiempo, el secuestrador había creado las condiciones perfectas para robarme mi pasado. Pues aunque yo mantuve siempre la opinión de que el secuestro era un grave delito, su insistencia en que le considerara mi salvador fue calando cada vez más en mi subconsciente. Para mí era mucho más fácil, en el fondo, ver al secuestrador como un salvador que como un ser malvado. En el desesperado intento de destacar los aspectos positivos del secuestro para no derrumbarme me decía a mí misma: ya no puede pasar nada peor. A diferencia de lo ocurrido en otros casos que había visto en la televisión, hasta entonces el secuestrador no me había violado ni asesinado.

Pero el robo de mi identidad también me dio una nueva libertad. Cuando hoy echo la vista atrás y pienso en esa sensación, me resulta incomprensible y paradójica dada la situación de privación total de libertad en que me encontraba. Pero entonces me sentía libre de prejuicios por primera vez en mi vida. Ya no era la pequeña pieza suelta en un mundo en el que los papeles estaban ya repartidos hacía tiempo y en el que a mí se me había adjudicado el de niña gorda y poco agraciada; en el que me había convertido en una pelota que se pasaban los adultos, cuyas decisiones a veces no entendía.

Yo estaba sometida a una represión total, había perdido mi libertad de movimiento y una sola persona decidía sobre cada detalle de mi vida. Pero esta forma de represión y manipulación era directa y clara. El secuestrador no era un tipo que actuara de forma sutil, quería ejercer el poder de un modo abierto y sin rodeos. Paradójicamente, a la sombra de este poder que me imponía todo pude ser yo misma por primera vez en mi vida.

Hoy me doy cuenta de que una prueba de ello es que desde mi secuestro no volví a tener problemas con la enuresis a pesar de estar sometida a una presión inhumana. Pero al parecer me liberé de alguna forma determinada de estrés. Si tuviera que resumirlo en una frase diría: cuando borré mi historia y me doblegué al secuestrador, me sentí «querida» por primera vez desde hacía mucho tiempo.

A finales del otoño de 1999 se completó la «supresión» de mi identidad. El secuestrador me ordenó que me buscara un nombre nuevo: «Tú ya no eres Natascha. Ahora me perteneces a mí.»

Me negué durante un tiempo, entre otras cosas porque consideraba que el nombre no tenía ninguna importancia. Sólo existíamos él y yo, y bastaba un «tú» para saber a quién nos referíamos. Pero pronunciar el nombre de «Natascha» le producía tal rabia e irritación que acabé aceptando. Y además: ¿acaso no me había disgustado siempre ese nombre? Cada vez que mi madre lo pronunciaba con tono de reprobación me sonaba a esperanzas frustradas, a expectativas que se habían puesto en mí y que yo no había podido cumplir. De pequeña siempre me habría gustado llamarme como las demás niñas: Stefanie, Jasmin, Sabine. Cualquiera menos Natascha. El nombre de Natascha representaba todo lo que no me gustaba de mi vida anterior. Todo aquello de lo que me quería deshacer, de lo que me tenía que deshacer.

El secuestrador propuso «María» como nuevo nombre para mí, ya que sus dos abuelas se llamaban así. Aunque no me gustó la propuesta, acepté porque al fin y al cabo María es mi segundo nombre. Pero eso le fastidió, pues debía recibir un nombre totalmente nuevo. Insistió en que le propusiera otro de inmediato.

Eché un vistazo al calendario, que también tenía el santoral, y vi el nombre que venía justo después de Natascha en el día 2 de diciembre: «Bibiana». En los siete años siguientes Bibiana se convirtió en mi nueva identidad, aunque el secuestrador no consiguió nunca robarme la antigua.

* * *

El secuestrador me había quitado mi familia, mi vida y mi libertad, mi vieja identidad. A la cárcel física localizada bajo tierra y detrás de varias puertas se fue sumando poco a poco una prisión psicológica cuyos muros eran cada vez más altos. Y empecé a estarle agradecida al carcelero que la construía. Pues al final de aquel año me concedió uno de mis mayores deseos: un rato al aire libre.

Fue una noche fría y clara de diciembre. El secuestrador me había comunicado las reglas para esta «excursión» unos días antes: «Si gritas, te mato. Si sales corriendo, te mato. Mataré a cualquiera que te vea o te oiga si eres tan tonta como para llamar la atención.» Ya no le bastaba con amenazarme con mi propia muerte. Me cargaba con la responsabilidad de todos a los que podría pedir ayuda. Yo le creí enseguida y sin pensarlo. Todavía hoy sigo convencida de que habría sido capaz de matar a cualquier vecino inocente que me hubiera visto u oído por casualidad. Alguien que retiene a una persona en el sótano de su casa no se arredra ante un asesinato.

Cuando abrió la puerta del jardín mientras me agarraba el brazo con fuerza, sentí una profunda alegría. El aire frío me rozó la cara y los brazos, y sentí que el olor a moho y aislamiento que se me había incrustado en la nariz desaparecía lentamente y mi cabeza se iba liberando. Por primera vez en dos años sentía un suelo blando bajo los pies. Cada hierba que se doblaba bajo mis suelas me parecía un ser vivo único y valioso. Alcé la cabeza y miré al cielo. La infinita inmensidad que se abrió ante mí me dejó sin

respiración. La luna colgaba en la oscuridad, y muy arriba brillaban un par de estrellas. ¡Estaba fuera! Por primera vez desde que
el 2 de marzo de 1998 había sido introducida a la fuerza en una
furgoneta. Eché la cabeza hacia atrás e intenté ahogar un sollozo.

El secuestrador me condujo por el jardín hasta el seto de
aligustre. Allí estiré la mano y toqué con cuidado las hojas oscuras.
Desprendían un olor fuerte y brillaban a la luz de la luna. Me pareció un milagro tocar algo vivo con la mano. Arranqué un par de
hojas y me las guardé. Un recuerdo de la vida del mundo exterior.

Tras unos breves instantes junto al seto me llevó de nuevo
hacia la casa. Por primera vez pude verla, a la luz de la luna, por
fuera: una vivienda unifamiliar amarilla con el tejado achaflanado
y dos chimeneas. Los marcos de las ventanas eran blancos. El
césped por el que andábamos parecía bien cuidado.

De pronto me asaltaron las dudas. Veía hierba, árboles, hojas, un trozo de cielo, una casa, un jardín. ¿Pero era ese mundo
como yo lo recordaba? Todo me parecía muy plano, muy artificial.
La hierba era verde y el cielo estaba arriba, ¡pero se veía que era
un decorado! El secuestrador había colocado allí el seto, la casa,
para engañarme. Estaba en un escenario, en unos decorados donde se rodaban escenas exteriores para una serie de televisión. No
había vecinos, ni una ciudad con mi familia a sólo 25 minutos en
coche, sino cómplices del secuestrador que me hacían creer que
estaba en el exterior mientras me observaban en grandes monito-
res y se reían de mi ingenuidad. Apreté las hojas que llevaba en el
bolsillo con fuerza, como si me pudieran demostrar algo: que eso
era real, que *yo* era real. Pero no sentí nada. Sólo un gran vacío
que me intentaba agarrar como una mano fría y despiadada.

6

Malos tratos y hambre. La lucha diaria por la supervivencia

Sentí entonces que el secuestrador no podría dominarme con violencia física. Cuando me arrastraba por las escaleras hacia el sótano, golpeaba mi cabeza en cada escalón y mis costillas salían golpeadas de allí, no era a mí a quien tiraba al suelo en la oscuridad. Cuando me apretaba contra la pared y me ahogaba hasta que se me nublaba la vista, no era yo la que intentaba coger aire con desesperación. Yo estaba muy lejos, en un lugar en el que no me afectaban sus peores patadas y golpes.

Mi infancia se acabó cuando fui secuestrada a los 10 años. Mi vida como niña en mi cárcel terminó en el año 2000. Una mañana me desperté con fuertes dolores en el estómago y descubrí manchas de sangre en el pijama. Enseguida supe lo que ocurría. Llevaba años esperando la regla. Ya conocía, gracias a la publicidad que el secuestrador había dejado grabada en algunas cintas de video, una determinada marca de compresas que me gustaba. Cuando el secuestrador bajó al escondite le pedí, con la mayor suavidad posible, que me comprara algunos paquetes.

Este hecho le hizo sentirse más inseguro, su manía persecutoria alcanzó un nuevo nivel. Si hasta entonces había quitado con meticulosidad cada hilo que encontraba y borrado a toda prisa cualquier huella dactilar para no dejar ningún rastro de mi existencia, a partir de entonces vigiló casi histérico que no me sentara en ningún sitio de la casa. Y si alguna vez me dejaba sentar, tenía que hacerlo sobre un montón de periódicos, en un absurdo intento de evitar la más mínima mancha de sangre en la casa. Aún pensaba que la policía podía aparecer en cualquier momento para buscar rastros de ADN por la casa.

Yo me sentí muy molesta por su actitud, me trataba como si fuera una apestada. Fue una época confusa en la que habría necesitado con urgencia a mi madre o a una de mis hermanas mayores para hablar sobre esos cambios corporales a los que de pronto me veía sometida. Pero mi único interlocutor era un hombre al que el tema le superaba y que me trataba como si fuera algo sucio y repugnante. Era evidente que no había convivido nunca con una mujer.

Su actitud hacia mí cambió claramente con la llegada de la pubertad. Mientras era una niña «podía» quedarme en el sótano y ocuparme de mí en el estrecho margen que sus normas me permitían. Pero ahora, como una mujer adulta, debía estar a su servicio y hacerme cargo de los trabajos de la casa, siempre bajo su estricta vigilancia.

Arriba, en la casa, me sentía como en un acuario. Como un pez en una pequeña pecera que mira con añoranza hacia el exterior, pero no salta fuera del agua mientras pueda sobrevivir en su prisión. Pues traspasar el límite significa la muerte segura.

El límite con el exterior era tan absoluto que me parecía imposible de superar. Como si la casa tuviera una composición distinta a la del mundo que se abría más allá de sus paredes amarillas. Como si la casa, el jardín, el garaje con mi prisión, se encontraran en otra dimensión. A veces se colaba un soplo de primavera por una ventana entreabierta. De vez en cuando se oía a lo lejos un coche que pasaba por la calle siempre tranquila. No había ninguna otra señal del mundo exterior. Las persianas permanecían siempre cerradas, y toda la casa, sumida en la penumbra. Las alarmas de las ventanas estaban activadas, al menos eso creía yo. Había momentos en que seguía pensando en huir. Pero ya no tramaba planes concretos. El pez no salta por encima del cristal, afuera sólo le espera la muerte.

El ansia de libertad seguía viva.

* * *

Yo estaba bajo continua observación. No podía dar un solo paso sin que se me hubiera ordenado previamente. Tenía que sentarme o andar como el secuestrador quisiera. Debía preguntar si me podía levantar o sentar, si podía girar la cabeza o extender una mano. Me imponía hacia dónde podía dirigir la mirada y me acompañaba incluso al cuarto de baño. No sé qué fue peor: el tiempo que pasé sola en el sótano o en el que no estuve sola ni un segundo.

La observación permanente aumentó mi sensación de formar parte de un experimento diabólico. La atmósfera de la casa hacía aún más intensa esta impresión. Tras su fachada burguesa, parecía estar fuera del tiempo y el espacio. Sin vida, sin habitar, como un decorado de una película siniestra. Por fuera, en cambio, se integraba en su entorno a la perfección: sencilla, muy bien cuidada, con un denso seto en torno al gran jardín que la separaba de los vecinos. A salvo de miradas indiscretas.

Strasshof es una localidad sin carácter y sin historia. Sin un centro ni el ambiente urbano que se podría esperar de una localidad con una población que hoy ronda los 9 000 habitantes. Situada en la llanura del Morava, las casas se alinean a lo largo de la calle principal y de las vías del ferrocarril, interrumpidas aquí y allí por zonas industriales como las que se encuentran en los alrededores de cualquier gran ciudad. Ya el nombre completo de la localidad —Strasshof am Nordbahn— deja claro que se trata de un pueblo que vive de la conexión con Viena. Se sale de aquí, se pasa por aquí, pero no se viene aquí si no es por un motivo concreto. Las únicas atracciones de la localidad son un «monumento a la locomotora» y un museo del ferrocarril llamado Heizhaus. Hace cien años ni siquiera vivían cincuenta personas en el pueblo; los habitantes actuales trabajan en Viena y sólo regresan a sus casas unifamiliares alineadas de forma monótona para dormir. Durante el fin de semana se oyen las máquinas cortacésped, se lavan los coches y el interior de las casas queda oculto en la penumbra tras persianas y cortinas. Aquí cuenta la fachada, no la vista del interior. Un lugar perfecto para llevar una doble vida. Un lugar perfecto para ocultar un delito.

La casa tenía la estructura típica de una construcción de comienzos de los años setenta. En la planta baja un largo pasillo, del que salía la escalera al piso superior; a la izquierda un aseo, a la derecha el cuarto de estar, al final del pasillo la cocina. Un espacio alargado, a la izquierda los armarios con el frente rústico, de imitación de madera oscura, en el suelo baldosas con dibujos de flores en tono marrón y naranja. Una mesa, cuatro sillas con asiento de tela, diseños de flores en los azulejos de la pared, junto al fregadero.

Lo más llamativo era una gran foto que cubría la pared derecha. Un bosque de abedules, verde, con árboles delgados que se estiraban hacia arriba como si quisieran escapar del agobiante ambiente de la habitación. Cuando lo vi por primera vez me pareció grotesco que alguien que podía salir en cualquier momento a la naturaleza, que podía sentir la vida cuando quisiera, se rodeara de naturaleza artificial, muerta. Mientras tanto yo intentaba con desesperación poner algo de vida en mi prisión. Aunque sólo fuera en forma de un par de hojas arrancadas del seto.

No sé cuántas veces fregué y pulí el suelo y los azulejos hasta que brillaron impolutos. Ni la más mínima mancha ni la miga más diminuta debían alterar el brillo de las superficies. Cuando creía haber terminado, tenía que tirarme al suelo para controlar bien cada rincón desde esa perspectiva. El secuestrador estaba siempre a mi lado, dándome instrucciones. Para él nada estaba nunca lo bastante limpio. Infinidad de veces me quitó el trapo de las manos para demostrarme cómo se limpia «de verdad». Perdía los estribos cada vez que yo dejaba la huella de mis dedos grasientos en una superficie limpia. Y destruía con ella la fachada de lo intacto, lo puro.

Pero lo peor era limpiar el cuarto de estar. Una gran habitación que presentaba un aspecto sombrío que no se debía sólo a las persianas cerradas. Un techo de casetones oscuro, casi negro; paneles oscuros en la pared, tresillo de cuero verde, suelo de moqueta marrón claro. Un librero oscuro en el que había títulos como *El proceso* o *Nur Puppen haben keine Tränen*. Una chimenea que no se usaba, con un juego de atizadores; encima, una repisa con una vela en un portavelas de hierro forjado, un reloj, una miniatura del yelmo de una armadura. En la pared, encima de la chimenea, dos retratos medievales.

Si me quedaba mucho tiempo en esa habitación me parecía que la tenebrosidad se iba a colar, a través de mis vestidos, en cada poro de mi cuerpo. El cuarto de estar era para mí como el perfecto reflejo de la «otra» cara del secuestrador. Sencillo y normal en la superficie, debajo el lado oscuro, oculto a duras penas.

* * *

Hoy sé que durante años Wolfgang Priklopil apenas había cambiado nada en aquella casa que habían construido sus padres en los años setenta. Sólo quería renovar totalmente el piso superior, en el que había tres habitaciones, y cambiar el desván según sus propias ideas. Quería abrir una buhardilla para que entrara más luz, cubrir el polvoriento suelo con madera y el techo inclinado con paneles, transformar el espacio en un cuarto de estar.

Los meses y años siguientes sería la obra del piso superior el sitio donde yo pasaría la mayor parte de mi tiempo. En aquel entonces Priklopil ya no tenía un trabajo fijo, sólo desaparecía a veces para dedicarse a algún «negocio» con su amigo Holzapfel. Más tarde me enteré de que reformaban viviendas para luego alquilarlas. Pero no debían de tener mucho trabajo, pues el secuestrador pasaba casi todo el tiempo reformando su propia casa. Yo era su única obrera. Una obrera a la que él podía sacar del sótano cuando quisiera, que tenía que hacer el trabajo duro para el que normalmente se emplea personal cualificado y que «al salir del trabajo» tenía que cocinar y limpiar antes de ser encerrada de nuevo en mi cárcel.

Por aquel entonces era demasiado pequeña para todos los trabajos que él me obligaba a hacer. Hoy no puedo dejar de sonreír cuando veo a los niños de 12 años cómo se quejan y se resisten cuando se les encargan pequeñas tareas. Me alegro de que disfruten de ese pequeño acto de rebeldía. Yo nunca tuve esa oportunidad: yo tenía que obedecer.

El secuestrador, que no quería tener trabajadores desconocidos en casa, se ocupó de toda la obra y me obligó a hacer cosas para las que yo no tenía fuerzas suficientes. Le ayudé a cargar planchas de mármol y puertas pesadas, arrastré por el suelo sacos de cemento, taladré hormigón con pesadas herramientas. Hicimos la buhardilla, aislamos y revestimos las paredes, pusimos el suelo. Instalamos tubos para la calefacción y cables eléctricos, hicimos una abertura desde el primer piso hasta el nuevo desván y construimos una escalera con baldosas de mármol.

Luego le llegó el turno al primer piso. Quitamos el suelo viejo e instalamos el nuevo. Retiramos las puertas, lijamos los marcos y los pintamos. Hubo que arrancar todo el revestimiento marrón de las paredes, poner uno nuevo y pintarlo. En el desván hicimos un cuarto de baño con azulejos de mármol. Yo era ayudante y esclava a la vez: tenía que ayudar a arrastrar, alcanzar herramientas, taladrar, lijar, pintar, o sujetar durante horas el cubo con el emplaste mientras él alisaba las paredes. Cuando él hacía una pausa y se sentaba, yo tenía que llevarle una bebida.

El trabajo tenía su lado bueno. Tras dos años en los que apenas me había podido mover en mi diminuto refugio, ahora disfrutaba de la agotadora actividad física. Vi aumentar el volumen de los músculos de mis brazos, me sentía fuerte y útil. Al principio me gustaba el hecho de pasar entre semana varias horas al día fuera del sótano. No es que el muro que me rodeaba allí arriba fuera menos infranqueable, la cuerda invisible era más fuerte que antes. Pero al menos tenía algún cambio.

Aunque allí arriba me veía más expuesta al lado oscuro, malo, del secuestrador. Con el incidente del taladro me había quedado claro que si yo no era «buena», le daban ataques incontrolados de rabia. En mi prisión apenas había tenido oportunidad para ello. Pero ahora, mientras trabajaba, yo podía cometer un error en cualquier momento. Y al secuestrador no le gustaban los errores.

※ ※ ※

«Dame la espátula», dijo uno de los primeros días en el desván. Yo le pasé la herramienta equivocada. «¡Eres demasiado tonta hasta para cagar!», me soltó. Sus ojos se oscurecieron de golpe, como si una nube hubiera cubierto su iris. Tenía el rostro desencajado. Cogió un saco de cemento que estaba a su lado, lo elevó por los aires y lo lanzó contra mí con un grito. El saco me golpeó sin que me diera tiempo a reaccionar, con tanta fuerza que me tambaleé.

Me quedé petrificada. Pero no a causa del dolor. El saco era pesado y me dolía el golpe, pero eso podía soportarlo. Fue la desmedida agresividad del secuestrador lo que me dejó sin respiración. Era la única persona en mi vida, yo dependía totalmente de él. Ese ataque de furia era una amenaza existencial. Me sentí como un perro apaleado que no puede morder la mano que le golpea porque es la misma que le da de comer. La única salida que me quedaba era refugiarme en mi interior. Cerré los ojos, olvidé todo y me quedé quieta sin moverme.

La agresividad del secuestrador desapareció tan deprisa como había aparecido. Se acercó a mí, me sacudió, intentó alzarme los brazos y me habló con suavidad. «Escucha, lo siento», me dijo, «tampoco era para tanto». Yo seguí sin moverme, con los ojos cerrados. Me dio un pellizco en la mejilla y me rozó los labios con los dedos, alzándome las comisuras. Una sonrisa forzada en el más estricto sentido de la palabra. «Vuelve a ser normal. Lo siento. ¿Qué puedo hacer para que seas normal otra vez?»

No sé cuánto tiempo estuve allí sin moverme, en silencio, con los ojos cerrados. En un momento dado venció el pragmatismo infantil. «¡Quiero helado y ositos de goma!»

Por un lado aproveché la situación para conseguir golosinas. Por otro quería, con mi petición, darle al ataque menor importancia de la que tenía. Me dio el helado al momento, por la noche me trajo los ositos de goma. Insistió de nuevo en que lo sentía mucho y en que no volvería a pasar nada así... como hace todo maltratador con su mujer, con sus hijos.

Pero algo cambió tras esta salida de tono. Empezó a maltratarme con regularidad. No sé cuál fue el detonante o si es que, en su omnipotencia, sencillamente creía permitirse cualquier cosa. El cautiverio duraba ya más de dos años. No le habían descubierto, y me tenía tan controlada que sabía que no iba a escapar. ¿Quién iba a castigar su comportamiento? En su opinión, tenía derecho a pedirme lo que fuera y a infligirme castigos físicos si no cumplía sus deseos al momento.

A partir de entonces reaccionó con fuertes ataques de furia al más mínimo descuido por mi parte. Un par de días después del incidente con el saco de cemento me pidió que le pasara una placa de yeso. Le pareció que yo era demasiado lenta: me cogió la mano, me la retorció y la frotó con fuerza contra la placa hasta que se me hizo en el dorso de la mano una herida que tardó años en curarse. Me frotaba con tanta furia el dorso de la mano contra la pared, contra las placas de yeso, incluso contra la superficie lisa del lavabo, que acababa sangrando. Todavía hoy tengo esa parte de la mano rugosa.

Cuando en otra ocasión reaccioné demasiado despacio a su petición, me lanzó un cúter. La afilada cuchilla con la que cortaba la moqueta como si fuera mantequilla se clavó en mi rodilla. El dolor fue tan brutal que me mareé. Sentí la sangre corriendo por mi pierna. Cuando lo vio, empezó a gritar fuera de sí: «¡Déjalo, vas a dejar manchas!» Luego me agarró, me arrastró hasta el cuarto de baño para cortar la hemorragia y tapar la herida. Yo estaba en estado de shock y apenas podía respirar. Me mojó la cara con agua fría mientras me decía: «¡Deja de llorar!»

Más tarde me dio un helado.

Luego empezó a cargarme también con el trabajo de la casa. Él se sentaba en su sillón de cuero y me observaba mientras yo fregaba el suelo de rodillas, comentando con observaciones despectivas cada movimiento que hacía.

«¡Eres demasiado tonta hasta para fregar!»

«¡Ni siquiera sabes quitar una mancha!»

Yo miraba fijamente el suelo, hirviendo por dentro, y seguía limpiando con doble energía. Pero eso no bastaba. De pronto recibía, sin previo aviso, una patada en el costado o en la pierna. Hasta que todo brillaba.

Una vez cuando tenía 13 años no había limpiado la encimera de la cocina lo bastante deprisa y me dio tal patada en el coxis que me golpeé contra un borde y se me levantó la piel en la cadera. Aunque sangraba bastante, me mandó al sótano sin curarme la herida, enfadado por el fastidio que suponía una herida abierta. Tardó semanas en curarse, en parte también porque él no paraba de empujarme contra el borde de la encimera en la cocina. Sin previo aviso, como de pasada, a propósito. Cada poco se volvía a levantar la fina piel que se iba formando sobre la herida de la cadera.

Lo que menos soportaba era que yo llorara de dolor. Entonces me agarraba del brazo y me limpiaba las lágrimas con el dorso de la mano con tal brutalidad que el miedo me hacía dejar de llorar. Si eso no servía de nada, me cogía del cuello, me arrastraba hasta el fregadero y me metía la cabeza dentro. Me tapaba la nariz y me echaba agua fría por la cara hasta que yo casi perdía el sentido. Odiaba tener que enfrentarse a las consecuencias de su maltrato. No quería ver lágrimas, hematomas ni heridas con sangre. Lo que no se ve no existe.

No eran golpes sistemáticos que en cierto modo pudiera prever, sino ataques repentinos cada vez más violentos. Tal vez porque veía que cuando traspasaba un cierto límite no había consecuencia alguna. Tal vez porque no podía hacer otra cosa que acelerar la espiral de violencia cada vez un poco más.

Creo que resistí todo ese tiempo porque aparté esas experiencias de mí. No por una decisión consciente propia de un adulto, sino por un instinto infantil de supervivencia. Cuando el secuestrador me maltrataba, yo abandonaba mi cuerpo y miraba desde lejos a la niña de 12 años que estaba tirada en el suelo recibiendo patadas.

Todavía hoy veo esos ataques desde la distancia, como si no estuvieran dirigidos contra mí, sino contra otra persona. Recuerdo el dolor que sentía mientras me golpeaba y el dolor que me acompañaba en los días siguientes. Recuerdo que tenía tantos hematomas que ya no había ninguna postura en la que pudiera estar tumbada sin sentir dolor. Recuerdo el suplicio que esto me suponía muchos días, y lo mucho que me dolió el hueso del pubis después de una patada. Los arañazos, las contusiones. Y el crujido de mi cuello cuando una vez me golpeó con furia con el puño en la cabeza.

Pero no sentía nada en el plano emocional.

La única sensación de la que no conseguí apartarme fue el miedo mortal que me invadía en esos momentos. Se metía en mi cabeza, me nublaba la vista, me pitaba en los oídos, hacía correr la adrenalina por mis venas y me ordenaba: ¡Huye! Pero yo no podía huir. La prisión que al principio era sólo exterior se había convertido también en una cárcel interna.

Pronto bastaron las primeras señales de que el secuestrador podía golpearme en cualquier momento para que el corazón empezara a latirme con fuerza, me faltara la respiración y me quedara paralizada. Incluso cuando estaba en mi encierro, en comparación más seguro, me invadía un miedo mortal en cuanto oía a lo lejos que el secuestrador desatornillaba la caja fuerte que tapaba el pasadizo. La sensación de pánico que el cuerpo ha experimentado tras una experiencia con miedo mortal y que revive a la más mínima señal de una amenaza similar ya no es controlable. Me atenazaba con fuerza.

* * *

Al cabo de dos años, cuando tenía 14 años, empecé a defenderme. Al principio fue una especie de resistencia pasiva. Cuando él me gritaba y me levantaba la mano, yo me pegaba en la cara hasta que me pedía que parara. Quería obligarle a mirar. Quería que viera cómo me trataba, que aguantara los golpes que yo había tenido que soportar. No hubo más helados ni ositos de goma.

A los 15 años le devolví el golpe por primera vez. Me miró sorprendido y algo confuso cuando le di un puñetazo en el estómago. Me sentía como sin fuerzas, mi brazo se movió demasiado despacio y no fue muy firme. Pero me había defendido. Y volví a golpearle. Me agarró y me hizo una llave hasta que paré.

Es evidente que físicamente yo no tenía muchas posibilidades frente a él. Él era más alto, más fuerte, me agarraba sin esfuerzo y me mantenía a la distancia suficiente para que mis puñetazos y patadas se quedaran casi siempre en el aire. Pero, para mí, el hecho de defenderme era muy importante. De este modo me demostraba a mí misma que era fuerte y no me había perdido el respeto. Y a él le hacía ver que no iba a permitir que siguiera traspasando ciertos límites. Fue un momento decisivo para mi relación con el secuestrador, con la única persona que había en mi vida, la única persona que se ocupaba de mí. ¡Quién sabe de lo que él habría sido capaz si yo no me hubiera defendido!

* * *

Con la pubertad llegó también el terror a la comida. El secuestrador me bajaba una báscula al sótano una o dos veces por semana. Yo pesaba entonces 45 kilos y era una niña rellenita. En los años siguientes crecí, y fui adelgazando.

Tras una fase de relativa libertad a la hora de «pedir» la comida, en el primer año de cautiverio el secuestrador había ido asumiendo el control y exigiéndome que repartiera bien las raciones. La privación de alimentos había sido, junto a la prohibición de ver la televisión, una de sus estrategias más efectivas para mantenerme a raya. Pero cuando cumplí 12 años y mi cuerpo se desarrolló, empezó a añadir al racionamiento de la comida comentarios ofensivos y continuos reproches.

«¡Mírate! ¡Eres gorda y fea!»

«¡Eres tan glotona que te vas a comer hasta los pelos de la cabeza!»

«¡Quien no trabaja no necesita comer!»

Sus palabras eran como dardos. Antes del secuestro yo ya estaba muy insatisfecha con mi figura, que me parecía el mayor obstáculo para llevar una infancia feliz. El convencimiento de estar gorda me hacía odiarme a mí misma. El secuestrador sabía perfectamente qué tecla tocar para dañar mi autoestima. Y lo hacía sin piedad.

Pero al mismo tiempo actuaba de un modo tan hábil que durante las primeras semanas y meses casi me sentí agradecida por ese control. Al fin y al cabo, me ayudaba a alcanzar uno de mis objetivos más importantes: estar delgada. «¡Mírame a mí! Yo apenas necesito comer», me decía una y otra vez. «Debes verlo como una cura.» Yo veía, de hecho, cómo perdía grasa y adelgazaba. Hasta que el control de la comida, supuestamente beneficioso, se convirtió en un terror que casi me lleva a morir de hambre a los 16 años.

Hoy creo que el propio secuestrador, que era extremadamente delgado, padecía una anorexia que me transmitió a mí. Desconfiaba de los alimentos de todo tipo. Consideraba a la industria alimentaria capaz de cometer un asesinato colectivo con comida envenenada. No utilizaba especias porque había leído que la mayoría procedían de India y que habían sufrido radiaciones. A ello se unía su tacañería, que se fue haciendo cada vez más enfermiza a lo largo de mi cautiverio. ¡Hasta llegó a parecerle cara la leche!

Mis raciones de comida se redujeron de forma drástica. Por la mañana tomaba una taza de té y dos cucharadas de cereales con un vaso de leche o un trozo de bizcocho que a veces era tan fino que se podría haber leído el periódico a través de él. Las golosinas sólo las probaba después de haber sufrido un grave maltrato. A mediodía y por la noche recibía la cuarta parte de una «ración adulta». Siempre que el secuestrador aparecía en mi cárcel con comida preparada por su madre o una pizza regía la misma norma: tres cuartas partes para él, una para mí. Si me preparaba yo misma la comida, él me indicaba previamente lo que podía tomar: 200 gramos de verdura congelada cocida o medio plato preparado. Además, un plátano o un kiwi al día. Si me saltaba la norma o comía más de lo permitido, tenía que contar con un ataque de furia.

Me obligaba a pesarme a diario y controlaba escrupulosamente las anotaciones sobre la evolución de mi peso.

«Tómame a mí como ejemplo.»

Sí, toma su ejemplo. ¡Soy tan glotona! ¡Estoy tan gorda! La permanente y profunda sensación de hambre se mantenía.

En ese momento todavía no me dejaba largas temporadas sin comer, eso vino después. Pero enseguida pudieron apreciarse las consecuencias de la desnutrición. El hambre afecta al cerebro. Cuando se come demasiado poco no se puede pensar en otra cosa que: ¿dónde puedo conseguir el siguiente bocado? ¿Cómo puedo conseguir un trocito de pan? ¿Cómo puedo manipularle para que me dé un poco de su triple ración? Yo sólo pensaba en la comida, pero al mismo tiempo me reprochaba a mí misma ser una glotona.

Le pedía que me llevara folletos de los supermercados, y los hojeaba con ansia cuando estaba sola. Me inventé un juego que llamé «Sabores»: imaginaba, por ejemplo, que tenía un trozo de mantequilla encima de la lengua. Fría y dura, derritiéndose lentamente, hasta que el sabor inundaba toda la boca. Luego pensaba en unas albóndigas de cerdo: las mordía en mi mente, sentía la masa entre los dientes, el relleno con tocino. O en fresas: el jugo dulce en los labios, el roce de los pequeños granitos en el paladar, el sabor ácido en la lengua.

Podía pasar horas con este juego, y me metía tanto en él que casi podía sentir que comía de verdad. Pero las calorías imaginarias no le servían de nada a mi cuerpo. Empezaron a darme mareos cuando me ponía de pie mientras trabajaba, o tenía que sentarme porque estaba tan débil que las piernas ya apenas me sujetaban. El estómago me crujía todo el rato, y a veces estaba tan vacío que me tenía que meter en la cama con espasmos y trataba de aliviarlos tomando agua.

Tardé un tiempo en darme cuenta de que al secuestrador no le importaba mi figura, sino mantenerme débil y sumisa gracias al hambre. Sabía muy bien lo que hacía. Ocultaba sus verdaderos motivos lo mejor que podía. A veces se le escapaban frases que le delataban: «Ya estás otra vez muy respondona, tengo que darte menos de comer.» Quien no tiene suficiente comida no piensa bien. Y mucho menos se le ocurre rebelarse o escapar.

* * *

Uno de los libros que había en la estantería y que el secuestrador valoraba de forma especial era *Mi lucha,* de Adolf Hitler. Hablaba de Hitler a menudo y con admiración, y no dudaba en expresar su opinión: «Hizo bien gaseando a los judíos.» Su ídolo político contemporáneo era Jörg Haider, líder del partido de extrema derecha Freiheitliche Partei Österreichs. Priklopil arremetía con frecuencia contra los inmigrantes, a los que llamaba, en la jerga de la ciudad del Danubio, «*tschibesen*», una palabra que me sonaba de los discursos racistas de los clientes de las tiendas de mi madre. Cuando el 11 de septiembre de 2001 se estrellaron los aviones contra el World Trade Center se alegró muchísimo. Vio quebrado el dominio de «la costa este americana» y de «los judíos del mundo».

Aunque nunca me creí del todo su postura nacionalsocialista —parecían palabras aprendidas y repetidas de forma maquinal—, había algo de lo que él estaba firmemente convencido. Para él yo era alguien con quien podía hacer lo que quisiera. Se sentía superior. Yo era un ser de segunda clase.

Y en eso me convertí al menos en cuanto al aspecto externo. Desde el principio tuve que ocultar mi pelo bajo una bolsa cada vez que me sacaba del escondite. Su manía por la limpieza se mezclaba con su manía persecutoria. Cualquier pelo era una amenaza para él; si aparecía la policía podía seguir mi rastro y llevarle a prisión. Así que tenía que recogerme el pelo con pinzas y horquillas, ponerme la bolsa de plástico en la cabeza y sujetarla con una gruesa cinta elástica. Si mientras trabajaba se soltaba un mechón de pelo y me caía por la frente, él me lo metía enseguida debajo de la bolsa. Cualquier pelo mío que se encontrara lo quemaba con el soplete o con un mechero. Tras la ducha retiraba con sumo cuidado todos los pelos del desagüe y luego vaciaba media botella de desatascador para eliminar cualquier resto de las tuberías.

Sudaba debajo del plástico, me picaba todo. Los dibujos impresos en las bolsas dejaban rayas amarillas y rojas en mi frente, las horquillas se me clavaban en la cabeza, tenía zonas rojas por todas partes. Si me quejaba, él me decía musitando: «¡Si fueras calva, no tendrías esos problemas!»

Me negué durante mucho tiempo. El pelo era una parte importante de mi personalidad. Creía que si me lo cortaba sacrificaría una gran parte de mí. Pero un día ya no aguanté más. Entonces el secuestrador ya me dejaba tener tijeras. Así que las cogí y fui cortando mechón a mechón. Tardé más de una hora en dejarme el pelo tan corto que al final mi cabeza estaba cubierta sólo por unos restos desgreñados.

Él completó la obra al día siguiente. Me afeitó hasta el último pelo de la cabeza con una maquinilla. Estaba calva. El proceso se repitió con regularidad durante los años siguientes, cuando él me duchaba en la bañera. No podía quedar ni el más mínimo pelo. Nada.

Yo debía tener un aspecto penoso. Se me marcaban las costillas, tenía los brazos y las piernas llenas de hematomas y las mejillas hundidas.

Al hombre que me había hecho todo aquello pareció gustarle el resultado. Pues a partir de entonces me obligó a trabajar semidesnuda en la casa. Por lo general yo llevaba una gorra y unos calzoncillos. A veces también una camiseta o leggins. Pero nunca estaba vestida del todo. Probablemente le gustara humillarme de esa forma. Pero seguro que era también una de sus pérfidas medidas para evitar que me escapara. Estaba convencido de que no me atrevería a salir a la calle medio desnuda. Y tenía razón.

* * *

En aquella época mi refugio adquirió una doble función. Yo todavía lo temía como prisión, y las muchas puertas tras las que estaba encerrada me producían una claustrofobia que me llevaba a buscar como loca pequeñas aberturas por las que encontrar una salida secreta al exterior. No había ninguna. Al mismo tiempo, mi pequeña celda era el único sitio donde estaba más o menos a salvo del secuestrador. Cuando al final de la semana me llevaba abajo, bien abastecida de libros, videos y comida, sabía que durante tres días me libraría del trabajo y el maltrato. Recogía, limpiaba y me preparaba para pasar una tarde tranquila delante del televisor. A veces me comía ya el viernes por la noche todas las provisiones que tenía para el fin de semana. Tener el estómago lleno por una vez me hacía olvidar que de esa forma luego pasaría más hambre.

A comienzos de 2000 el secuestrador me permitió tener una radio con la que podía oír emisoras austriacas. Él sabía que, dos años después de mi desaparición, se había abandonado la búsqueda y mi caso había perdido interés para los medios de comunicación. Se podía permitir dejarme escuchar las noticias. La radio se convirtió en mi cordón umbilical con el mundo; los locutores, en mis amigos. Sabía perfectamente cuándo estaba cada uno de vacaciones o quién se jubilaba. Intenté obtener una imagen del mundo exterior a través de los programas de la emisora de corte cultural Ö1. Con FM4 aprendí algo de inglés. Cuando estaba a punto de perder el contacto con la realidad, me salvaban los programas de entretenimiento de Ö3-Wecker, en los que la gente llamaba desde el trabajo y hacía peticiones de música. A veces tenía la impresión de que también la radio era parte de una puesta en escena que el secuestrador había organizado a mi alrededor y en la que todos participaban: los presentadores, los oyentes que llamaban, los locutores de las noticias. Pero en cuanto salía algo inesperado por los altavoces, volvía a la realidad.

La radio fue tal vez mi mejor acompañante en esos años. Me transmitía la seguridad de que más allá del martirio de aquel sótano existía un mundo que seguía girando... y al que valía la pena regresar algún día.

Mi segunda gran pasión era la ciencia ficción. Leí cientos de libros de Perry Rhodan y Orion, en los que los héroes viajaban por lejanas galaxias. Me fascinaba la posibilidad de viajar en el tiempo y de cambiar en un segundo de sitio y dimensión. Cuando a los 12 años recibí una impresora térmica, empecé a escribir mi propia novela de ciencia ficción. Los personajes estaban basados en el equipo de *Star Trek: la nueva generación,* pero pasé muchas horas y me costó mucho esfuerzo desarrollar protagonistas femeninas fuertes, independientes y seguras de sí mismas. La creación de tramas alrededor de mis personajes, a los que equipé con las más audaces innovaciones técnicas, me salvó de muchas noches oscuras en el sótano. Las palabras se convertían durante unas horas en una cápsula protectora que me envolvía y que nada ni nadie podía tocar. De mis novelas sólo quedan hoy hojas vacías. Las letras fueron palideciendo en el papel térmico hasta desaparecer.

* * *

Debieron de ser las series y los libros llenos de viajes en el tiempo los que me llevaron a planear mi propio viaje a través del tiempo. Un fin de semana, cuando tenía ya 12 años, me invadió tal sensación de soledad que me dio miedo volverme loca. Me había despertado empapada en sudor y había descendido con cuidado por la estrecha escalerilla de mi cama en la más completa oscuridad. En el suelo de mi cárcel sólo quedaba libre una superficie de dos o tres metros cuadrados. Di varias vueltas en círculo, chocando todo el rato con la mesa y la estantería. *Out of space*. Sola. Una niña débil, hambrienta y asustada. Necesitaba a un adulto, una persona que me rescatara. Pero nadie sabía dónde estaba. La única posibilidad era convertirme yo misma en ese adulto.

Antes siempre me consolaba imaginando a mi madre dándome ánimos. Me metía en su papel e intentaba obtener un poco de su fortaleza. Ahora me imaginaba a una Natascha adulta que me ayudaba. Mi propia vida se abrió ante mí como un rayo que atravesaba el tiempo y llegaba hasta el futuro. Yo estaba en la cifra 12. A lo lejos veía a mi propio yo con 18 años. Grande y fuerte, segura de sí misma e independiente como las mujeres de mi novela. Mi yo de 12 años avanzó despacio por el rayo, mi yo adulto se acercó hacia mí. Al llegar al centro nos dimos la mano. Noté un tacto suave y cálido, y al mismo tiempo sentí que la fuerza de mi yo grande se transmitía al pequeño. La Natascha grande abrazó a la pequeña, a la que no le quedaba ni su nombre, y la consoló. «¡Te sacaré de aquí, te lo prometo! Ahora no puedes huir, eres todavía muy pequeña. Pero cuando tengas 18 años venceré al secuestrador y te sacaré de esta prisión. No te dejaré sola.»

Esa noche cerré un trato con mi propio yo futuro. Y he cumplido mi palabra.

7

Entre la locura y el mundo real. Las dos caras del secuestrador

Esta sociedad necesita criminales como Wolfgang Priklopil para ponerle rostro a la maldad que vive en ella y apartarla de sí misma. Necesita las imágenes de prisiones escondidas en sótanos para no tener que mirar en las numerosas casas y jardines en los que la violencia muestra su cara más burguesa. Utiliza a las víctimas de casos espectaculares, como yo, para librarse de la responsabilidad de las muchas víctimas sin nombre a las que no se ayuda... aunque ellas pidan ayuda.

Hay pesadillas de las que se despierta y se sabe que sólo han sido un sueño. Durante mis primeros tiempos en el encierro me aferré a esta posibilidad de despertar y pasé muchas horas planificando cómo serían mis primeros días en el exterior. En esa época todavía era real el mundo del que había sido arrancada. Estaba habitado por personas reales de las que sabía que en todo momento se preocupaban por mí y que harían hasta lo imposible por encontrarme. Podía describir cada detalle de ese mundo: mi madre, mi dormitorio, mis vestidos, nuestra casa. El mundo en el que había aterrizado, en cambio, tenía los colores y el olor de lo irreal.

El espacio era demasiado reducido y el olor demasiado mohoso para ser reales. El hombre que me había secuestrado se mostraba sordo a mis argumentos, que procedían del mundo exterior: que me iban a encontrar; que lo que hacía era un grave delito por el que sería castigado. Pero con el paso de los días empecé a ser consciente de que estaba atrapada en ese infierno y de que hacía tiempo que no tenía en mi mano la llave de mi vida. Me resistía a acostumbrarme a ese siniestro entorno surgido de la fantasía de un delincuente que había cuidado cada detalle y me había puesto allí como un elemento decorativo.

Pero no se puede vivir eternamente en una pesadilla. El hombre tiene la capacidad de crear un viso de normalidad incluso en las situaciones más anormales para no perderse. Para sobrevivir. Muchas veces los niños lo consiguen mejor que los adultos. A ellos puede bastarles el junco más fino para no ahogarse. Esos juncos rituales eran las comidas compartidas con el secuestrador, la fiesta de Navidad o mis pequeñas huidas al mundo de los libros, los videos y las series de televisión. Fueron momentos menos duros, aunque hoy sé que mi sensación se debía a un mecanismo psíquico. Uno se volvería loco si durante años sólo viera cosas horribles. Los pequeños momentos de supuesta normalidad son a los que uno se aferra para asegurarse la supervivencia. En mis anotaciones hay un fragmento que refleja con claridad este deseo de normalidad:

«Querido diario:

Hace mucho que no escribo porque he pasado una dura fase de depresión. Así que te contaré brevemente lo que ha pasado hasta ahora. En diciembre pusimos los azulejos, pero la cisterna y el retrete no lo montamos hasta enero. La Nochevieja la pasé así: dormí arriba del 30 al 31-12, luego estuve todo el día sola. Pero él llegó antes de medianoche. Se duchó, fundimos plomo como manda la tradición. A medianoche pusimos la televisión, escuchamos las campanadas de Pummerin y *El Danubio Azul*. Mientras tanto brindamos y miramos por la ventana para admirar los fuegos artificiales. Pero enseguida se me fue la alegría. Cuando un cohete cayó en nuestro pino se oyó de pronto el trino de un pájaro, y estoy segura de que era un pájaro que se había dado un susto de muerte. A mí me pasó lo mismo cuando oí al pequeño gorrión. Yo le entregué el deshollinador que le había hecho y él me dio una moneda de chocolate, galletas de chocolate, un pequeño deshollinador de chocolate. Un día antes ya me había regalado un pastel de un deshollinador. Tenía encima Smarties, no, M&Ms que le regalé a Wolfgang.»

Nada es blanco o negro. Y nadie es bueno o malo. Lo mismo le pasaba al secuestrador. Estas frases que no son gratas de oír en boca de la víctima de un secuestro. Pues rompen el esquema claramente definido del bien y el mal que los hombres mantienen para no perder la orientación en un mundo lleno de matices grises. Cuando digo estas cosas, puedo ver irritación y rechazo en los rostros de los profanos en la materia. Desaparece la empatía que sentían hacia mí y se transforma en rechazo. Personas que ni siquiera han visto el interior de mi prisión juzgan con un solo término mis propias vivencias: síndrome de Estocolmo.

«Se entiende por síndrome de Estocolmo el fenómeno psicológico en el que la víctima de un secuestro desarrolla una relación emocional positiva hacia su secuestrador. Esto puede llevar a que la víctima simpatice con el secuestrador y coopere con él.» Esto es lo que dice el diccionario. Un diagnóstico que me niego a aceptar. Pues por muy compasivas que sean las miradas con las que se habla de este concepto, el efecto es siniestro: convierte a la víctima por segunda vez en víctima al retirarle la capacidad de interpretar su propia historia y convertir sus vivencias más importantes en resultado de un síndrome. Deja al borde del descrédito precisamente a esa actitud que contribuye de forma decisiva a la supervivencia.

El acercamiento al secuestrador no es una enfermedad. Crearse un mundo de normalidad en el marco de un secuestro no es un síndrome. Es una estrategia de supervivencia en una situación sin solución, y está más próxima a la realidad que esa simple categorización de los secuestradores como bestias sanguinarias y de las víctimas como ovejas desvalidas que la sociedad prefiere mantener.

* * *

Wolfgang Priklopil era para el mundo exterior un hombre tímido, amable, que con su impecable forma de vestir aparentaba menor edad de la que tenía. Llevaba pantalones de tela bien cuidados y camisas o polos bien planchados. Su cabello estaba siempre limpio y bien peinado, con un estilo algo pasado de moda para el comienzo del nuevo siglo. Supongo que llamaba poco la atención entre las personas con las que se relacionaba. No era fácil mirar detrás de su fachada, pues él lo impedía totalmente. Priklopil no se preocupaba por las convenciones sociales, era un esclavo de la fachada.

No sólo le gustaba el orden, era básico para su supervivencia. Le sacaban de quicio el desorden, el caos y la suciedad. Pasaba gran parte de su tiempo cuidando y limpiando a fondo sus coches —además de la furgoneta tenía un BMW rojo—, su jardín y su casa. No le bastaba con fregar después de cocinar. Mientras se estaba haciendo la comida en el fuego había que limpiar la encimera, cada tabla, cada cuchillo que se hubiera utilizado.

Tan importantes como el orden eran las reglas. Priklopil estudiaba durante horas las instrucciones de uso de todos los productos y luego las seguía a rajatabla. Si en un plato preparado ponía «calentar cuatro minutos», él lo sacaba del horno justo a los cuatro minutos, independientemente de que estuviera caliente o no. Debió de sentirse muy abatido por el hecho de que no controlaba su vida a pesar de atenerse siempre a todas las reglas; tanto que un día decidió romper una regla importante y secuestrarme. Pero a pesar de haberse convertido así en un delincuente, siguió creyendo en reglas, normas e instrucciones de un modo casi religioso. A veces me miraba y decía: «¡Qué pena que tú no tengas instrucciones de uso!» Debió de desconcertarle totalmente que su nueva adquisición —una niña— no funcionara según lo previsto y algunos días no supiera ponerla de nuevo en marcha.

Al principio de mi cautiverio pensé que el secuestrador era un huérfano al que la falta de cariño durante su infancia había convertido en delincuente. Luego, cuando le conocí mejor, comprobé que tenía una imagen equivocada de él. Había vivido una infancia feliz en una familia normal. Padre, madre, hijo. Su padre, Karl, trabajaba como representante de una gran alcoholera y viajaba mucho; más tarde me enteré de que muchas veces engañaba a su mujer con estos viajes de trabajo. Pero la fachada estaba perfecta. Los padres seguían juntos. Priklopil hablaba de excursiones de fin de semana al lago Neusiedl, de viajes a esquiar y paseos todos juntos. Su madre se ocupaba de su hijo con cariño. Tal vez con demasiado cariño.

Cuanto más tiempo pasaba yo arriba, en la casa, más extraña me resultaba la presencia de la madre en todos los aspectos de la vida del secuestrador. Tardé algún tiempo en darme cuenta de quién era la molesta persona que ocupaba la casa durante los fines de semana y me condenaba a pasar dos o tres días sin salir de mi prisión. Veía el nombre de «Waltraud Priklopil» en las cartas depositadas en la mesa de la entrada. Me comía la comida que ella dejaba preparada. Un plato distinto para cada día de la semana para su hijo que estaba solo. Y cuando el lunes se me permitía subir de nuevo a la casa, notaba su rastro: todo estaba impoluto. Ni una sola mota de polvo, dejaba ver que allí vivía alguien. Fregaba los suelos y quitaba el polvo cada fin de semana para que todo estuviera bien limpio para su hijo... que el resto de la semana me hacía limpiar a mí. Todos los jueves me hacía recorrer la casa con el trapo del polvo. Tenía que estar resplandeciente antes de que llegara su madre. Era una absurda carrera limpiadora entre madre e hijo en la que yo tenía que participar. No obstante, después de los solitarios fines de semana me gustaba descubrir pequeñas huellas de la presencia de la madre: la ropa planchada, un pastel en la cocina. No vi ni una sola vez a Waltraud Priklopil en todos esos años, pero a través de esos indicios se fue convirtiendo en parte de mi mundo. Me gustaba imaginar que era una amiga mayor con la que algún día podría sentarme a la mesa de la cocina a tomar una taza de té. Pero eso no ocurrió nunca.

El padre murió cuando Wolfgang tenía 24 años. Debió de dejar un gran hueco en su vida. Hablaba poco de él, pero se notaba que no había asimilado la pérdida. En la planta baja de la casa había una habitación en la que no había cambiado nada, al parecer en memoria de su padre. Se trataba de un cuarto de estilo rústico, con un banco de esquina y lámparas de hierro forjado. Una «bodeguilla» en la que en otros tiempos, cuando el padre aún vivía, se jugaba a las cartas y se bebía. Las botellitas de muestra de la destilería para la que trabajaba seguían en las estanterías. Cuando el secuestrador renovó toda la casa años más tarde dejó esta habitación sin tocar.

Waltraud Priklopil también debió de quedar muy afectada por la muerte de su marido. No me gustaría juzgar aquí su vida ni hacer interpretaciones que tal vez no sean correctas. Al fin y al cabo, nunca me encontré con ella. Pero desde mi perspectiva parecía como si tras el fallecimiento de su marido se hubiera aferrado más a su hijo y le hubiera convertido en un sustituto de su pareja. Priklopil, que entonces ya se había independizado, volvió a la casa de Strasshof, donde no podía escapar a la influencia de su madre. Sabía que ella revisaría sus armarios y su ropa sucia, y ponía gran empeño en que no quedara una sola huella de mi presencia en la casa. Y establecía el ritmo semanal y sus contactos conmigo en función de su madre. La atención excesiva de ella y la conformidad del hijo tenían algo poco natural. Ella no le trataba como a un adulto y tampoco él se comportaba como tal. Vivía en la casa de su madre, que se había trasladado a la vivienda de su hijo en Viena, y dejaba que ella se ocupara de todo.

No sé si incluso vivía de su dinero. Antes de mi secuestro ya había perdido su trabajo como técnico en Siemens, donde había entrado como aprendiz. Luego estuvo muchos años en paro. A veces me contaba que para tener contentos a los de la oficina de trabajo iba de vez en cuando a alguna entrevista, pero que se hacía el tonto para que no le contrataran, y así tampoco perdía la prestación. Más tarde se dedicó a la reforma de viviendas con su amigo y socio Ernst Holzapfel, como ya he mencionado en otro capítulo. También Holzapfel, al que he visitado después de mi autoliberación, describe a Priklopil como correcto, ordenado, formal. Tal vez poco sociable, nunca vio a ningún otro amigo, mucho menos alguna novia. En cualquier caso, discreto.

Así pues, este hombre joven y siempre bien arreglado, incapaz de ponerle límites a su madre, amable con los vecinos y formal hasta la pedantería, cuidaba mucho la fachada hacia el exterior. Los sentimientos reprimidos los guardaba en el sótano y los dejaba salir de vez en cuando a la cocina en penumbra. Donde yo estaba.

Conocí las dos caras de Wolfgang Priklopil que nadie más conoció. Una buscaba el poder y la represión. La otra tenía una necesidad insaciable de amor y reconocimiento. Para disfrutar de estas dos vidas tan contradictorias me había secuestrado y me había «formado» a mí.

* * *

Tuve conocimiento de quién se escondía tras esa fachada, al menos sobre el papel, en el año 2000. «Puedes llamarme Wolfgang», me dijo un día de forma lapidaria durante el trabajo. «¿Cuál es tu nombre entero?», le pregunté. «Wolfgang Priklopil», me contestó. Era el nombre que yo había visto en una tarjeta de visita durante mi primera semana de secuestro. El nombre que había visto, en mis visitas a la casa, en los folletos llegados por correo y que él dejaba en un montón sobre la mesa de la cocina. Ya tenía la confirmación. Pero al mismo tiempo supe en ese momento que el secuestrador partía de la idea de que yo no abandonaría nunca la casa con vida. De lo contrario no me habría revelado su nombre completo.

A partir de entonces le llamaba a veces Wolfgang o «Wolfi», una forma que dejaba ver una cierta cercanía, mientras que al mismo tiempo su actitud hacia mí alcanzaba un nuevo nivel de violencia. Echando la vista atrás me parece como si yo intentara alcanzar a la persona que estaba detrás, mientras la persona que tenía ante mí me torturaba y maltrataba de forma sistemática.

Priklopil padecía una grave enfermedad mental. Su paranoia era peor que la que se le supone a una persona que mantiene a una niña encerrada en su sótano. Sus fantasías de ser todopoderoso se mezclaban con sus delirios. En alguno de ellos desempeñó el papel de amo y señor con poderes ilimitados.

Así, un día me dijo que era uno de los dioses egipcios de la serie de ciencia ficción *Stargate* que a mí tanto me gustaba. Los extraterrestres «malos» habían asumido el papel de antiguas divinidades egipcias, buscándose para ello hombres jóvenes en los que alojarse. Se introducían en sus cuerpos a través de la boca o el cuello, vivían allí como parásitos y acababan haciéndose con ellos. Los dioses tenían una joya con la que podían someter y humillar a las personas. «Yo soy un dios egipcio», me dijo un día Priklopil en mi cárcel, «tienes que obedecerme en todo».

En un primer momento no pude discernir si se trataba de una broma extraña o si quería utilizar mi serie favorita para humillarme aún más. Pero creo que entretanto él se consideraba ya un dios en cuyo demente mundo de fantasía a mí me quedaba reservado el papel de sometida, para así elevarse él un poco más.

Sus alusiones a los dioses egipcios me daban miedo. Al fin y al cabo yo estaba encerrada bajo tierra, como en un sarcófago: enterrada viva en un habitáculo que podría convertirse en mi cámara funeraria. Vivía en el enfermo mundo ilusorio de un psicópata. Si no quería desaparecer en él tenía que participar, en la medida de lo posible, en su configuración. Cuando me obligó a llamarle «maestro» noté ya en su reacción que yo no era sólo un juguete de su voluntad, sino que también tenía ciertas posibilidades de fijar unos límites. Igual que el secuestrador me había provocado una herida en la que me estuvo echando durante años el veneno de que mis padres me habían abandonado, ahora sentía que tenía en mis manos algunos granos de sal que también podían resultar muy dolorosos. «¡Llámame "mi señor"!» Era absurdo que Priklopil, cuya posición superior era tan evidente, exigiera esa muestra verbal de humillación.

Cuando me negaba a llamarle «mi señor» se ponía furioso y me gritaba, más de una vez me pegó por ello. Pero con mi actitud no sólo mantuve un poco de mi dignidad, sino que también encontré una palanca que podía mover. Aunque tuviera que pagar con un sufrimiento infinito.

Viví la misma situación cuando me exigió por primera vez que me arrodillara ante él. Estaba sentado en el sofá, esperando a que le sirviera la comida, cuando de pronto me ordenó: «¡Arrodíllate!» Yo le contesté con toda tranquilidad: «No. No lo haré.» Se levantó furioso y me tiró al suelo. Yo hice un rápido movimiento para al menos caer sentada, no de rodillas. No debía disfrutar ni un segundo de la satisfacción de verme de rodillas ante él. Me agarró, me puso de lado y me dobló las piernas como si fuera una muñeca de goma. Luego me levantó del suelo como a un paquete e intentó que me quedara de rodillas. Yo me puse tiesa, rígida, tratando de deshacerme de él. Él me daba golpes y patadas. Pero al final gané la partida. No le llamé ni una sola vez «señor» en todos los años que me lo estuvo exigiendo con vehemencia. Nunca me arrodillé ante él.

Muchas veces habría sido más fácil ceder; me habría ahorrado muchos golpes y patadas. Pero en esa situación de sometimiento y total dependencia del secuestrador tenía que preservar un mínimo espacio de acción. Los papeles estaban claramente repartidos; estaba claro que yo, como prisionera, era la víctima. Pero esta lucha en torno al hecho de llamarle «señor» y arrodillarme se había convertido en un escenario secundario en el que luchábamos por el poder como en una guerra subsidiaria. Yo era inferior a él cuando me humillaba y me maltrataba a su antojo. Yo era inferior a él cuando me encerraba, me apagaba la luz y abusaba de mí haciéndome trabajar como una esclava. Pero en este punto le planté cara. Le llamé «delincuente» cuando me pedía que le llamara «señor». Decía «cariño» o «cielo» en vez de «mi señor» para hacerle ver lo grotesco de la situación en la que nos había metido a los dos. Siempre me castigaba por ello.

Me costó un gran esfuerzo mantener frente a él una postura consecuente durante todo el cautiverio. Oponerme siempre. Decir siempre no. Defenderme de sus abusos y explicarle con toda tranquilidad que había ido demasiado lejos y que no tenía derecho a tratarme así. Ni siquiera podía permitirme ser débil los días en que ya me había rendido y sentía que no valía nada. Esos días me decía, con mi visión infantil de las cosas, que lo hacía por él. Para que no se convirtiera en un hombre aún peor. Como si me correspondiera a mí salvarle del hundimiento moral.

Cuando le daban los ataques de furia y me pegaba y me daba patadas, yo no podía hacer absolutamente nada. También estaba impotente frente a los trabajos forzados, el encierro, el hambre y las humillaciones durante las tareas domésticas. Esas formas de sometimiento eran el marco en el que yo me movía, eran parte integrante de mi vida. Lo único que podía hacer era perdonarle por sus acciones. Le perdoné el secuestro y cada vez que me golpeaba y maltrataba. El hecho de perdonarle me devolvía el poder sobre lo vivido y me permitía vivir con ello. Si no hubiera adoptado de forma instintiva esta postura desde el principio, la rabia y el odio habrían acabado conmigo. O habría sucumbido ante las humillaciones a las que era sometida a diario. Habría sido darle más importancia a todo eso que a mi vieja identidad, mi pasado, mi nombre. A través del perdón alejaba sus acciones de mí. Ya no me podían afectar ni destruir, yo las había perdonado ya. Se trataba sólo de actos malvados que él había cometido y que recaían sobre él, no sobre mí.

Y yo tenía mis pequeñas victorias: al negarme a llamarle «mi amo», «maestro» o «mi señor». Al negarme a arrodillarme. Al apelar a su conciencia, lo que a veces surtió efecto. Todas estas victorias eran muy importantes para mí. Me hacían sentir la ilusión de que, dentro de ciertos parámetros, estaba en igualdad de condiciones en mi relación con él. Pues me daban un cierto poder sobre él. Y eso me indicaba algo muy importante: que yo existía todavía como persona y no había sido degradada al nivel de un objeto inerte.

* * *

De forma paralela a sus fantasías, Priklopil ansiaba un mundo normal. También en él debía estar yo, su prisionera, a su disposición. Intentaba hacer de mí la compañera que no había encontrado nunca. Las mujeres «de verdad» no entraban en consideración. Sentía un profundo e implacable odio hacia las mujeres que reflejaba continuamente en pequeñas observaciones. No sé si antes había tenido contacto con mujeres, tal vez incluso tuviera alguna novia en la época en que vivió en Viena. Durante mi cautiverio la única «mujer de su vida» era su madre: una relación de dependencia con una figura sobreidealizada. La posición dominante que no conseguía alcanzar en la realidad debía lograrla en el mundo de mi prisión invirtiendo los papeles, obligándome a adoptar el rol de la mujer sumisa que se adapta a él y le mira con respeto.

Su imagen de una vida familiar normal parecía salida de los años cincuenta. Quería una mujercita hacendosa que le esperara en casa con la comida preparada, que no le llevara la contraria y realizara las tareas domésticas a la perfección. Soñaba con «fiestas familiares» y excursiones, disfrutaba de nuestras comidas en común y celebraba los santos, los cumpleaños y las fechas navideñas como si no existiera esa prisión ni yo estuviera cautiva. Era como si intentara llevar una vida que no conseguía tener fuera de su casa. Como si yo fuera un palo que había recogido al borde del camino para apoyarse en él en un momento en que su vida no funcionaba. Pero yo había perdido así el derecho a tener una vida propia. «Yo soy tu rey», decía, «y tú eres mi esclava. Tú obedeces». O me explicaba: «En tu familia son todos plebeyos. No tienes derecho a una vida propia. Estás aquí para servirme.»

Necesitaba esa absurda situación delictiva para hacer realidad su idea de un mundo normal, pequeño, perfecto. Al fin y al cabo lo que quería de mí era sobre todo una cosa: reconocimiento y afecto. Como si tras tanta crueldad se escondiera su verdadero objetivo de obtener como fuera el amor absoluto de una persona.

* * *

Cuando ya tenía 14 años pasé por primera vez en cuatro años una noche arriba, sobre la tierra. No tuve sensación de liberación.

Estaba muerta de miedo, rígida, en la cama del secuestrador. Cerró la puerta y depositó la llave encima del armario, que era tan alto que incluso él se tuvo que poner de puntillas para dejarla allí. Así que para mí era inalcanzable. Luego se echó a mi lado y me ató a él por la muñeca con una brida de plástico.

Uno de los titulares que apareció en la prensa después de mi autoliberación llamaba al secuestrador «bestia sexual». Yo no voy a escribir sobre esta parte de mi secuestro, es el último resto de privacidad que me gustaría preservar después de que mi vida durante ese tiempo haya sido ya analizada en innumerables informes, entrevistas, fotos. Pero hay algo que quiero decir: la prensa sensacionalista se equivoca. El secuestrador era en muchos aspectos una bestia y más cruel de lo que se pueda imaginar, pero no lo era en ese sentido. Es cierto que sufrí pequeños abusos sexuales, formaban parte de las vejaciones diarias, igual que los puñetazos, los golpes, las patadas en las espinillas al pasar por delante de mí. Pero cuando me ataba a él en las noches que tenía que pasar arriba no se trataba de sexo. El hombre que me pegaba, que me encerraba en el sótano y me hacía pasar hambre, quería tenerme a su lado. Controlada, atada con bridas, un apoyo en la noche.

Podría haber gritado, tan dolorosa era, paradójicamente, mi situación. Pero no me salió un solo tono. Estaba echada de lado junto a él, intentando moverme lo menos posible. Como casi siempre, tenía la espalda verde y azul a causa de los golpes, me dolía tanto que no me podía tumbar boca arriba, la brida se me clavaba en la carne. Notaba su respiración en mi nuca y estaba estremecida.

Estuve atada al secuestrador hasta la mañana siguiente. Si quería ir al baño tenía que despertarle, y él me acompañaba, siempre unidos por la muñeca. Mientras él dormía a mi lado y yo estaba despierta con el corazón latiendo con fuerza, pensaba cómo podría romper la brida, pero enseguida desistí: si giraba la muñeca y tensaba los músculos, el plástico se clavaba no sólo en mi brazo, sino también en el suyo. Se habría despertado y se habría percatado de mi intento de fuga. Hoy sé que también la policía utiliza bridas en sus detenciones. Desde luego resultan imposibles de romper para una niña de 14 años muerta de hambre.

Así pasé la primera de muchas noches en aquella cama, atada a él. A la mañana siguiente tuve que desayunar con el secuestrador. Aunque de niña me gustaba mucho ese ritual, ahora me ponía mala por la falsedad con que me pidió que me sentara a la mesa y me bebiera la leche, con dos cucharadas de cereales, nada más. Un mundo normal, como si no hubiera ocurrido nada.

Aquel verano intenté por primera vez quitarme la vida.

* * *

En aquella fase de mi cautiverio ya no pensaba en escapar. A los 15 años ya estaba terminada la prisión psicológica. La puerta de la casa podría haber estado abierta todo el día: yo no habría podido dar un solo paso para salir de allí. La fuga equivalía a la muerte. Para mí, para él, para todos los que pudieran verme.

No resulta fácil explicar lo que los golpes y las humillaciones pueden hacer en una persona. Que tras tantos abusos, el simple ruido de una puerta puede provocar tal pánico que ya no se puede ni respirar, y mucho menos correr. Que el corazón empieza a latir con fuerza, la sangre zumba en los oídos, y de pronto salta una alarma en el cerebro y se siente una total paralización. No se puede actuar, la mente se bloquea. El miedo es ya imborrable, todos los detalles de la situación en que se ha sentido pánico —olores, ruidos, voces— quedan grabados en el subconsciente. Cuando aparece uno de ellos, una mano levantada, el miedo vuelve otra vez. Se siente la asfixia sin que la mano llegue a apretar el cuello.

Igual que los supervivientes de un ataque con bombas pueden llegar a sentir pánico con los cohetes de Nochevieja, lo mismo me ocurría a mí con mil pequeños detalles. El ruido que oía cuando se abrían las pesadas puertas que daban acceso a mi escondrijo. El zumbido del ventilador. La oscuridad. La luz deslumbrante. El olor de la casa. La leve corriente de aire antes de que su mano se posara sobre mí. Sus dedos alrededor de mi cuello, su respiración en mi nuca. El cuerpo está preparado para sobrevivir y reacciona paralizándose. En un momento dado el trauma es tan fuerte que el mundo exterior ya no promete salvación alguna, sino que se convierte en un terreno hostil y amenazante.

Es posible que el secuestrador supiera lo que me pasaba. Que sintiera que yo no iba a escapar si ese verano me dejaba por primera vez estar en el jardín durante el día. Poco antes ya me había permitido tomar el sol durante un rato: en la planta baja de la casa había una habitación con ventanas que llegaban hasta el suelo y que, con cerrar una sola contraventana, quedaba oculta a las miradas indiscretas. Me había dejado tomar allí el sol tumbada en una hamaca. Para el secuestrador pudo ser una especie de «medida higiénica»: sabía que una persona no puede sobrevivir mucho tiempo sin recibir la luz solar, y por eso se encargaba de que me diera un poco el sol de vez en cuando. Para mí fue una revelación.

La sensación de notar los rayos cálidos sobre mi piel fue indescriptible. Cerré los ojos. El sol dibujaba círculos rojos tras mis párpados. Me fui adormeciendo y empecé a soñar con una piscina al aire libre, pude oír las alegres voces de los niños y sentir el frescor del agua cuando se salta en ella después de tomar el sol. ¡Lo que habría dado por ir a nadar! Como el secuestrador, que a veces aparecía en mi cárcel en bañador. Los vecinos, parientes lejanos de Priklopil, tenían en el jardín una piscina igual a la suya, pero siempre limpia y lista para ser utilizada. Cuando no estaban y el secuestrador echaba un vistazo a su casa y les regaba las plantas, a veces nadaba un rato. Yo sentía una gran envidia.

Un día de ese verano me sorprendió con la noticia de que podía ir con él a nadar. Los vecinos no estaban y, como los jardines de ambas casas estaban unidos por un camino, se podía llegar hasta la piscina sin ser visto desde la calle.

Sentí la hierba acariciándome los pies descalzos, el rocío de la mañana resplandecía como minúsculos brillantes entre los pequeños tallos. Le seguí por el estrecho camino hasta el jardín de los vecinos, me desvestí y me tiré al agua.

Fue como volver a nacer. Mientras me sumergía se alejaron de mí el sótano, el cautiverio, la opresión. El estrés se disolvió en el agua fría y azul. Salí de nuevo a la superficie y me mantuve un rato flotando. Las pequeñas olas azul turquesa lanzaban destellos bajo el sol. Por encima de mí se extendía un inmenso cielo azul claro. Tenía los oídos debajo del agua, me rodeaba un apagado chapoteo.

Cuando el secuestrador me pidió muy nervioso que saliera del agua, tardé un rato en reaccionar. Fue como si tuviera que regresar de un lugar muy lejano. Seguí a Priklopil hasta la casa, por la cocina y el pasillo, de allí al garaje y luego a mi cárcel. Me encerró de nuevo. Durante mucho tiempo no volví a tener otra fuente de luz que una bombilla regulada por un programador. Ésa fue la primera vez; pasó mucho tiempo antes de que volviera a dejarme ir a la piscina. Pero esa primera vez bastó para hacerme recordar que, a pesar de la desesperación y la falta de fuerzas, yo quería una vida. El recuerdo de aquellas sensaciones me hacía ver que merecía la pena aguantar hasta que pudiera liberarme a mí misma.

* * *

En aquel momento yo le estaba muy agradecida al secuestrador por aquellos pequeños favores, por permitirme tomar el sol y bañarme en la piscina. Y todavía hoy lo estoy. Tengo que reconocer —aunque resulte sorprendente— que a pesar del martirio que supuso, también hubo pequeños momentos humanos durante mi cautiverio. El secuestrador no pudo escapar del todo al influjo de la niña y la joven con la que pasó tanto tiempo. Yo me aferraba entonces a cualquier pequeño rasgo de humanidad porque necesitaba ver lo bueno de un mundo que no podía cambiar. De un secuestrador con el que tenía que convivir porque no podía escapar. Se dieron esos momentos y yo los valoraba. Momentos en los que me ayudaba mientras yo dibujaba o hacía manualidades y me animaba a empezar otra vez desde el principio si algo no me salía bien. Momentos en los que me repasaba asignaturas del colegio o me ponía deberes de cálculo, aunque luego le gustara sacar el lápiz rojo y en las redacciones sólo se fijara en la gramática y la ortografía. Pero él estaba allí. Se tomaba un tiempo que a mí me sobraba.

Conseguí sobrevivir gracias a que me alejé de forma inconsciente de la crueldad. Y las horribles experiencias que viví durante mi cautiverio me han enseñado a ser fuerte. Sí, tal vez incluso a desarrollar una fortaleza de la que jamás habría sido capaz viviendo en libertad.

Hoy, años después de mi autoliberación, me he vuelto más prudente con estas frases. Que en la maldad es posible que se den breves momentos de normalidad, incluso de entendimiento mutuo. Eso es lo que quiero decir cuando hablo de ello: que ni en la realidad ni en las situaciones extremas existen sólo el blanco o el negro, sino que hay sutiles matices que marcan la diferencia. Estos matices fueron decisivos para mí. Quizá me libré de algún abuso al detectar a tiempo un cambio de estado de ánimo. O por apelar reiteradamente a la conciencia del secuestrador. Al verle como una persona, con una cara muy oscura y otra algo más clara, pude seguir siendo yo misma persona. Pues así él no podía quebrarme.

Es posible que por eso me oponga de forma tan vehemente a quedar encasillada en el síndrome de Estocolmo. El término surgió tras el atraco a un banco en Estocolmo en el año 1973. Los atracadores tuvieron retenidos a cuatro empleados durante cinco días. Para sorpresa de los medios de comunicación, al ser liberados se vio que los rehenes tenían más miedo a la policía que a los atracadores y que incluso los defendían. Algunas de las víctimas pidieron clemencia para los atracadores y les visitaron en la cárcel. La opinión pública no comprendió esa «simpatía» con los delincuentes, y consideró el comportamiento de las víctimas patológico. Entender al secuestrador es una enfermedad, ése fue el diagnóstico. La enfermedad recién descubierta se conoce desde entonces como «síndrome de Estocolmo».

Hoy observo a veces la reacción alegre de los niños pequeños al reunirse con unos padres a los que no han visto en todo el día y que les hablan mal y a veces incluso tienen algún golpe reservado para ellos. Se podría decir que esos niños sufren un síndrome de Estocolmo. Aman a las personas con las que conviven y de las que dependen, aunque no reciban un buen trato de ellas.

Yo también era niña cuando comenzó mi cautiverio. El secuestrador me arrancó de mi mundo y me introdujo en el suyo. El hombre que me había secuestrado, que me había robado mi familia y mi identidad, se convirtió en mi familia. Yo no tenía otra salida que aceptarle como tal, y aprendí a alegrarme de lo positivo y dejar a un lado lo negativo. Como todo niño que crece en unas circunstancias familiares difíciles.

Al principio estaba sorprendida de que yo, como víctima, era capaz de hacer esa diferenciación, pero la sociedad en que había aterrizado después de mi secuestro no podía aceptar una mínima matización. No me permite ni reflexionar sobre una persona que durante ocho años y medio ha sido la única en mi vida. Hasta la insinuación de que echo de menos la oportunidad de superar el pasado provoca incomprensión.

Entretanto he aprendido que había idealizado un poco esta sociedad. Vivimos en un mundo en el que las mujeres son golpeadas y no pueden escapar de los hombres maltratadores aunque en teoría tengan las puertas abiertas. Una de cada cuatro mujeres es víctima de grave violencia. Una de cada dos sufre experiencias de abuso sexual a lo largo de su vida. Estos delitos están en todas partes, pueden tener lugar tras la puerta de cualquier casa de este país, todos los días, y casi nadie hace otra cosa que lamentarse encogiéndose de hombros.

Esta sociedad necesita criminales como Wolfgang Priklopil para ponerle rostro a la maldad que habita en ella y apartarla de sí. Necesita las imágenes de prisiones escondidas en sótanos para no tener que mirar en las muchas casas y jardines en los que la violencia muestra su cara más burguesa. Utiliza a las víctimas de los casos más espectaculares, como yo, para librarse de la responsabilidad de las numerosas víctimas sin nombre, a las que no se ayuda... aunque ellas pidan ayuda.

Delitos como el que se cometió contra mí forman la estructura en blanco y negro de las categorías del bien y el mal en que se sustenta la sociedad. El secuestrador tiene que ser una bestia para que uno mismo pueda estar en el lado bueno. Hay que adornar su delito con fantasías sadomasoquistas y orgías salvajes hasta que no tenga nada que ver con la vida propia.

Y la víctima tiene que estar rota y seguir así para que funcione la externalización de la maldad. Una víctima que no asume ese papel personifica la contradicción en la sociedad. No se quiere ver eso. Habría que ocuparse de uno mismo.

Por eso provoco sin querer reacciones negativas en algunas personas. Quizá porque el secuestro y todo lo que me ha ocurrido causan efectos negativos. Como soy la única persona que queda a mano tras el suicidio del secuestrador, me atacan a mí. Sobre todo cuando quiero mover a la sociedad a reflexionar. A que piense que el criminal que me secuestró era también un ser humano. Una persona que vivía entre ellos. Los que escriben de forma anónima en internet descargan su odio directamente sobre mí. Es el odio de una sociedad a sí misma, una sociedad que debe preguntarse por qué permite algo así. Por qué algunas personas pueden llegar a hacer algo así sin que nadie se dé cuenta. Durante ocho años. Los que me entrevistan actúan de un modo más sutil: me convierten —a mí, la única persona que ha vivido ese cautiverio— por segunda vez en víctima con una pequeña expresión. Se limitan a decir: «Síndrome de Estocolmo.»

8

Tocar fondo.
Cuando el dolor físico mitiga
las torturas psicológicas

Ese agradecimiento hacia la persona que primero te raciona la comida y luego te provee de ella supuestamente de forma generosa es una de las experiencias más decisivas en secuestros y tomas de rehenes.
¡Es tan fácil ganarse el apego de una persona a la que se deja pasar hambre!

La escalera era estrecha, empinada y resbaladiza. Yo me balanceaba por ella con un pesado frutero que había lavado arriba y bajaba conmigo a mi prisión. No podía ver mis pies y avanzaba con sumo cuidado. Entonces ocurrió: me escurrí y me caí. Me golpeé la cabeza contra los escalones y pude oír cómo el frutero se rompía con gran estrépito. Perdí el conocimiento durante un instante. Cuando volví en mí y levanté la cabeza me sentí mareada. De mi cabeza calva goteaba sangre sobre los escalones. Wolfgang Priklopil iba, como siempre, detrás de mí. Bajó de un salto, me cogió y me llevó al cuarto de baño para lavarme la sangre. Mientras iba regañándome: que si cómo se podía ser tan torpe, que si le iba a causar más problemas, que si era tonta hasta para andar. Luego me puso una venda para cortar la hemorragia y me encerró en el sótano. «¡Ahora tendré que pintar la escalera!», dijo antes de cerrar la puerta con llave. Y al día siguiente apareció con un bote de pintura y pintó los escalones de cemento gris, en los que se veían unas horribles manchas oscuras.

Notaba el pulso en la cabeza. Al levantarla, un dolor penetrante me recorrió todo el cuerpo y se me nubló la vista. Pasé varios días en la cama y apenas me podía mover. Debí de sufrir una conmoción cerebral. En las largas noches en que el dolor me impedía dormir tenía miedo de haberme roto el cráneo. Pero no me atreví a decirle que me viera un médico. El secuestrador nunca había querido saber nada de mis dolores y también esta vez me castigó por haberme lesionado. En las semanas siguientes cada vez que me maltrataba me golpeaba con el puño sobre todo en ese sitio.

Tras esa caída tuve claro que el secuestrador preferiría dejarme morir que buscar ayuda en caso de emergencia. Hasta entonces había tenido suerte: no tenía contacto alguno con el exterior y no podía contagiarme de ninguna enfermedad; el propio Priklopil era tan histérico a la hora de protegerse de cualquier germen que, aunque estuviera en contacto con él, yo no tenía ningún riesgo de contagio. En todos los años de cautiverio no tuve más que leves resfriados con algo de fiebre. Pero podía haber ocurrido un accidente en cualquier momento cuando trabajábamos en la casa, y a veces me parece un milagro que su brutalidad sólo me provocara hematomas y heridas, pero nunca me rompiera ningún hueso. Ahora tenía claro que cualquier enfermedad grave, cualquier accidente que precisara atención médica significaría mi muerte segura.

A ello se unió el hecho de que nuestra «convivencia» no se ajustaba del todo a sus ideas. La caída por la escalera y su actitud posterior fueron sintomáticas de una fase de lucha tenaz que abarcaría los dos años siguientes de cautiverio. Una fase en la que oscilé entre las depresiones y las ideas de suicidio, por un lado, y el convencimiento de que quería vivir y que todo acabaría bien, por otro. Una fase en la que él luchaba por hacer compatibles sus violentos ataques diarios con el sueño de una convivencia «normal». Lo que cada vez hacía peor y le torturaba.

Cuando cumplí 16 años llegó a su fin la reforma de la casa, a la que él había dedicado toda su energía y yo mi trabajo. La tarea que había dado una estructura a su vida diaria durante meses y años amenazaba con desaparecer sin que otra viniera a ocupar su lugar. La niña que él había secuestrado se había convertido en una mujer y, con ello, en la esencia de aquello que él más odiaba. Yo no quería ser la marioneta sumisa que él tal vez había soñado para no sentirse humillado. Era respondona, pero al mismo tiempo me sentía cada vez más deprimida e intentaba escabullirme siempre que podía. A veces tuvo incluso que obligarme a salir del encierro. Me pasaba horas llorando y no tenía fuerzas ni para levantarme. Él odiaba la rebeldía y las lágrimas, y mi pasividad le ponía furioso. No podía hacer nada contra ella. En ese momento debió de quedarle claro de una vez que no sólo había encadenado mi vida a la suya, sino también la suya a la mía. Y que cualquier intento de romper esas cadenas acabaría en la muerte de uno de los dos.

Wolfgang Priklopil estaba cada vez más inquieto, su paranoia aumentaba. Me observaba con desconfianza, siempre preparado por si le atacaba o intentaba escapar. Por las noches le daban auténticos ataques de pánico; me llevaba a su cama, me ataba a él e intentaba tranquilizarse con el calor corporal. Pero sus desvaríos continuaban y yo era la que tenía que sufrir las consecuencias de sus cambios de humor. Por un lado empezó a hablar de una «vida en común». Me comunicaba sus decisiones con mayor frecuencia que en años anteriores y hablaba conmigo de sus problemas. En su ansia de alcanzar una vida normal apenas parecía darse cuenta de que yo era su prisionera y él controlaba cada uno de mis movimientos. Cuando un día le perteneciera por completo —cuando pudiera estar seguro de que yo no me iba a escapar—, entonces podríamos llevar los dos una vida mejor, me decía con cierto brillo en la mirada.

Tenía una idea difusa de cómo sería esa vida mejor. Aunque su papel estaba claramente definido: él se veía como una versión del amo y señor de la casa. A mí me tenía reservados varios papeles: el de ama de casa y esclava que hacía por él todas las tareas del hogar, desde cocinar hasta limpiar; el de compañera en la que él se pudiera apoyar; el de suplente de su madre, paño de lágrimas de sus problemas mentales, saco de boxeo donde descargar su rabia por su debilidad en la vida real... Lo que nunca cambió fue su idea de que yo tenía que estar siempre a su entera disposición. En el guion de esa nueva «vida en común» no aparecían ni mi propia personalidad ni mis necesidades o cualquier pequeña libertad.

Yo no tenía una reacción clara ante esos sueños. Por un lado me parecían totalmente descabellados; nadie puede imaginarse una vida en común con una persona que te ha secuestrado y encerrado y lleva años maltratándote. Pero al mismo tiempo empezó a grabarse en mi subconsciente la idea de ese bonito y lejano mundo que él me describía. Tenía grandes ansias de normalidad. Quería ver gente, abandonar la casa, salir de compras, ir a nadar. Ver el sol cuando quisiera. Charlar con alguien, daba igual de qué. Esa vida en común que había imaginado el secuestrador, en la que me permitía cierta libertad de movimientos, en la que podría abandonar la casa bajo su vigilancia, empezó a parecerme algunos días lo máximo que me podría permitir en la vida. Después de tantos años ya no podía pensar en la libertad, en la verdadera libertad. Tenía miedo de traspasar el marco. Dentro de ese marco había aprendido a tocar en todo el teclado y con cualquier tonalidad. Pero había olvidado el sonido de la libertad.

Me sentía como un soldado al que se le dice que después de la guerra irá todo bien. No importa que haya perdido una pierna, eso no viene al caso. Con el tiempo yo tenía muy claro que debía sufrir antes de que comenzara una «vida mejor». Una vida mejor en cautiverio. «Puedes estar contenta de que yo te haya encontrado, afuera no habrías podido vivir.» «¡Quién te iba a querer!» «Tienes que estarme agradecido por haberme ocupado de ti.» La lucha se libraba en mi cerebro. Y éste había absorbido esas frases como una esponja.

Pero incluso esta forma más «libre» de cautiverio que el secuestrador había imaginado estaba la mayoría de los días muy lejos. Él me culpaba a mí de ello. Una tarde me dijo en la cocina, lamentándose: «Nos iría mucho mejor si no fueras tan rebelde. Si pudiera estar seguro de que no vas a salir corriendo, no tendría que encerrarte y atarte.» Cuanto mayor me hacía, más me responsabilizaba él de la situación de cautiverio. Yo era la culpable de que tuviera que pegarme y encerrarme. Si colaborara y fuera más sumisa y humilde, podría vivir con él arriba, en la casa. Yo le respondía: «¡Eres tú el que me ha encerrado! ¡Tú me tienes cautiva!» Pero era como si hiciera mucho tiempo que no lo veía así. Y algo de eso me había contagiado a mí.

Los días buenos parecía factible esa imagen, una imagen que debía ser también mía. Pero en los días malos él se mostraba más veleidoso que antes. Cada vez me utilizaba más para descargar su mal humor. Lo peor eran las noches en que él no podía dormir debido a una sinusitis crónica que padecía. Si él no dormía, yo tampoco podía hacerlo. Cuando pasaba las noches en el encierro, su voz atronaba durante horas por el altavoz. Me contaba con todo detalle lo que había hecho durante el día y me pedía información sobre cada paso, cada frase leída, cada movimiento: «¿Has recogido?» «¿Cómo has dividido las raciones de comida?» «¿Qué has oído en la radio?» Yo debía darle respuestas detalladas, y si no tenía nada que contarle me inventaba algo para que se tranquilizara. Otras noches se limitaba a torturarme: «¡Obedece! ¡Obedece! ¡Obedece!», gritaba de forma monótona por el interfono. La voz atronaba en el pequeño habitáculo e invadía hasta el último rincón: «¡Obedece! ¡Obedece! ¡Obedece!». Yo lo oía aunque escondiera la cabeza debajo de la almohada. Estaba siempre ahí. Y me sacaba de quicio. No podía escapar a esa voz. Me indicaba día y noche que me tenía bajo su poder. Me indicaba día y noche que no me debía rendir. En los momentos buenos el deseo de sobrevivir y escapar algún día era increíblemente fuerte. En la vida diaria apenas tenía fuerzas para pensar en ello.

* * *

La receta de su madre estaba encima de la mesa de la cocina, yo la había leído mil veces para no cometer ningún fallo: separar las claras de las yemas. Tamizar la harina con la levadura. Montar las claras a punto de nieve. Él estaba detrás de mí y me observaba nervioso.

«¡Mi madre bate los huevos de otra forma!»

«¡Mi madre lo hace mucho mejor!»

«¡Eres muy torpe, ten cuidado!»

Había caído un poco de harina en la mesa. Me gritó y me reprochó que iba todo demasiado despacio. Su madre habría... Yo me estaba esforzando, pero hiciera lo que hiciera, a él no le bastaba. «Si tu madre lo hace tan bien, ¿por qué no le dices que te haga ella el bizcocho?» Simplemente se me escapó. Y fue demasiado.

Se puso a dar patadas como un niño malcriado, tiró el cuenco con la masa al suelo y me empujó contra la mesa de la cocina. Luego me arrastró hasta el sótano y me encerró. Era un día luminoso, pero él me privó de la luz. Sabía cómo torturarme.

Me eché en la cama y me balanceé suavemente de un lado para otro. No podía llorar ni sumergirme en mis sueños. Al más mínimo movimiento volvía el dolor de los golpes y hematomas. Pero me quedé allí, sin decir nada, tumbada en la más absoluta oscuridad, como si estuviera al margen del tiempo y el espacio.

El secuestrador no regresó. El despertador, con su tictac, me aseguraba que el tiempo no se había detenido. Debí quedarme dormida, aunque no podía recordarlo. Todo se mezclaba, los sueños se convirtieron en delirios en los que me veía corriendo por la playa con unos chicos de mi edad. En mi sueño la luz era muy brillante; el agua, muy azul. Yo volaba con una cometa por encima del agua, el viento jugueteaba en mi pelo, el sol me quemaba en los brazos. Era una sensación de total libertad, una sensación de vivir. Yo actuaba sobre un escenario, mis padres estaban sentados entre el público y yo cantaba con todas mis fuerzas una canción. Mi madre aplaudía, luego se ponía de pie y me abrazaba. Yo llevaba un precioso vestido de tela brillante, suave y delicada. Me sentía guapa, fuerte, sana.

Cuando me desperté, todo seguía oscuro. El despertador continuaba con su monótono tictac. Era la única señal de que el tiempo no se había detenido. Permanecí sin luz todo el día.

El secuestrador no vino esa tarde y tampoco al día siguiente. Tenía hambre, me sonaban las tripas, empezaba a sentir calambres. Tenía un poco de agua en mi prisión, eso era todo. Pero beber no servía de mucho. Sólo podía pensar en la comida. ¡Habría hecho cualquier cosa por un trozo de pan!

A lo largo del día fui perdiendo el control sobre mi cuerpo, sobre mi mente. Los dolores de estómago, la debilidad, la certeza de que me había pasado de la raya y él me iba a dejar morir allí, sola. Me sentía como si estuviera a bordo del *Titanic* en pleno hundimiento. Se había ido la luz, el barco se inclinaba lenta, pero inevitablemente, hacia un lado. No había escapatoria, sentí el agua fría, oscura, subiendo. La sentí en las piernas, en la espalda, me rodeó los brazos y el tronco. Subía, subía cada vez más... ¡Ya! Un rayo de luz deslumbrante iluminó mi cara, oí que algo caía al suelo con un golpe sordo. Luego una voz: «¡Ahí tienes!» Después se cerró la puerta. Todo quedó otra vez a oscuras.

Alcé la cabeza. Estaba bañada en sudor y no sabía dónde me encontraba. El agua que me arrastraba a las profundidades había desaparecido. Pero todo se balanceaba. Yo me balanceaba. Y debajo de mí no había nada, una nada negra en la que mi mano sólo encontraba el vacío. No sé cuánto tiempo estuve atrapada en esa idea antes de darme cuenta de que me encontraba en mi cama alta del encierro. El tiempo que tardé en reunir fuerzas suficientes para acercarme a la escalerilla y descender por ella de espaldas, peldaño a peldaño me pareció una eternidad. Cuando llegué al suelo, avancé a cuatro patas. Mi mano se topó con una bolsa de plástico.

La rasgué con dedos temblorosos, con tal torpeza que el contenido cayó al suelo. Palpé muerta de pánico a mi alrededor, hasta que noté algo alargado, fresco, bajo los dedos. ¿Una zanahoria? Limpié ese algo con la mano y le di un mordisco. Me había lanzado una bolsa de zanahorias dentro de mi prisión. Avancé de rodillas por el suelo hasta que creí haber recogido todas. Luego me las llevé a la cama. Cada vez que subía a la litera me parecía que estaba escalando una gran montaña, pero me hacía circular la sangre. Devoré las zanahorias, una tras otra. Mi estómago hizo un ruido y se encogió. Los dolores eran terribles.

Al cabo de dos días el secuestrador volvió a dejarme subir a la casa. En la escalera del garaje tuve que cerrar los ojos, pues hasta la penumbra me cegaba. Respiré hondo, sabía que de nuevo había conseguido sobrevivir.

* * *

«¿Vas a ser buena?», me preguntó cuando llegamos arriba. «Tendrás que portarte mejor, si no tendré que volver a encerrarte.» Yo estaba demasiado débil para contestarle. Al día siguiente vi que tenía amarilla la piel de la parte interior de los muslos y el vientre. La betacarotina de las zanahorias se había acumulado en la última capa de grasa que me quedaba bajo la piel blanca y transparente. Entonces pesaba 38 kilos, tenía 16 años y medía 1.57 metros.

Pesarme a diario se convirtió en una costumbre, y veía cómo la aguja de la báscula bajaba día a día. El secuestrador había perdido toda referencia y seguía manteniendo que estaba demasiado gorda. Y yo le creía. Hoy sé que mi índice de masa corporal era entonces de 14.8. La Organización Mundial de la Salud ha establecido el valor de 15 como umbral de una amenaza de muerte por inanición. Yo estaba entonces por debajo.

El hambre es una experiencia límite. Al principio uno se encuentra bien todavía: cuando se corta el suministro de alimento, el cuerpo se estimula a sí mismo. Bombea adrenalina al sistema. Uno se siente de pronto muy bien, lleno de energía. Es un mecanismo por el que el cuerpo manda una señal: todavía tengo reservas, puedes emplearlas en la búsqueda de alimento. Si uno está encerrado bajo tierra no puede buscar alimento, las señales de la adrenalina no sirven de nada. A ello se unen luego el ruido de tripas y las fantasías en torno a la comida. Sólo se puede pensar en comer. Más tarde se pierde el contacto con la realidad, se cae en el delirio. Ya no se sueña, sino que simplemente se cambia de mundo. Se ven al alcance de la mano un gran bufet, enormes platos de espaguetis, tartas y bollos. Un espejismo. Calambres que sacuden todo el cuerpo, que hacen que parezca que el estómago se va a romper. Los dolores que el hambre puede provocar son insoportables. Eso no se sabe cuando se entiende por hambre un simple ruido de tripas. Me gustaría no haber conocido esos calambres. Al final viene la debilidad. Apenas se pueden levantar los brazos, la sangre deja de circular, y cuando uno se pone de pie, se le nubla la vista y se cae.

Mi cuerpo mostraba evidentes secuelas de la falta de luz y comida. Sólo tenía huesos y piel, y me aparecieron unas manchas de un tono negro azulado en las pantorrillas. No sé si se debían al hambre o a los largos periodos sin luz, pero resultaban inquietantes: parecían manchas cadavéricas.

Cuando el secuestrador me dejaba largas temporadas sin comer, luego me alimentaba poco a poco hasta que tenía otra vez fuerzas para trabajar. Tardaba mucho, porque tras una larga fase de hambre sólo podía recibir alimento a cucharadas. Me daba asco hasta el olor de la comida, aunque ésta hubiera sido objeto de mis fantasías durante días. Cuando ya estaba otra vez «fuerte», de nuevo volvía a racionarme la comida. Lo hacía con un objetivo claro: «¡Estás muy respondona, tienes demasiada energía!», decía a veces antes de retirarme el último bocado de mi escasa comida. Al mismo tiempo empeoraba su propio trastorno alimentario, que me trasladó a mí. Sus forzados intentos de comer sano tomaban formas absurdas. «Todos los días vamos a beber un vaso de vino para prevenir el infarto», me anunció un día. A partir de entonces tuve que beber vino tinto todos los días. Eran sólo un par de tragos, pero el sabor me daba asco, me tragaba el vino como si fuera una medicina. A él tampoco le gustaba, pero se obligaba a beber un vasito con las comidas. No era nunca una cuestión de placer, sino de establecer una nueva regla que él —y yo también— debía seguir de forma estricta.

Lo siguiente fue considerar como enemigos a los hidratos de carbono: «Ahora vamos a seguir una dieta cetogénica.» A partir de entonces quedaron prohibidos el azúcar, el pan, incluso la fruta. Sólo podía tomar alimentos ricos en grasas y proteínas. Aunque fueran raciones diminutas, mi consumido cuerpo asimilaba cada vez peor ese tratamiento. Sobre todo cuando pasaba días encerrada sin alimento en mi prisión y luego arriba comía carne grasa y huevos. Cuando me sentaba a comer con el secuestrador, engullía mi ración lo más deprisa posible. Si terminaba antes que él podía confiar en que me dejara comer más, pues se sentía incómodo si yo le miraba mientras comía.

Lo peor era cuando, estando muerta de hambre, tenía que cocinar. Un día me dejó una receta de su madre y un paquete de trozos de bacalao en la encimera de la cocina. Yo pelé patatas, enhariné el bacalao, separé las yemas de las claras y pasé los trozos de pescado por las yemas batidas. Luego calenté un poco de aceite en una sartén, pasé el pescado por pan rallado y lo freí. Él estaba, como siempre, sentado en la cocina comentando cada uno de mis movimientos:

«Mi madre lo hace diez veces más deprisa.»

«¡Mira, el aceite está demasiado caliente, vaca estúpida!»

«¡No quites tanto al pelar las patatas, es un gran derroche!»

El olor del pescado frito inundó la cocina y casi me vuelve loca. Saqué los trozos de pescado de la sartén y los puse a escurrir en papel absorbente. La boca se me hacía agua: había pescado suficiente para darse un auténtico festín. ¿Podría comerme dos trozos? ¿Y algunas patatas?

Ya no sé lo que hice mal en ese momento. Sólo recuerdo que Priklopil dio de pronto un salto, me arrancó de las manos la fuente que yo iba a poner sobre la mesa y me gritó: «¡Hoy no vas a comer!»

En ese momento perdí el control. Estaba tan hambrienta que habría asesinado por un trozo de pescado. Cogí uno e intenté metérmelo en la boca a toda prisa. Sin embargo él fue más rápido y me dio un golpe en la mano que hizo caer el pescado. Intenté atrapar un segundo trozo, entonces me agarró la muñeca y me apretó hasta que lo dejé caer. Me tiré al suelo para recoger los restos que habían caído durante nuestra pelea. Conseguí meterme un trozo diminuto en la boca. Pero enseguida me agarró por el cuello, me levantó, me arrastró hasta el fregadero y me metió la cabeza en él. Con la otra mano me separó los dientes y apretó hasta que el bocado prohibido subió por mi garganta. «¡Así aprenderás!» Luego cogió la fuente con toda tranquilidad y se fue al comedor. Yo me quedé en la cocina temblando, me sentía desvalida y humillada.

Con esos métodos el secuestrador conseguía mantenerme débil y atrapada en una mezcla de dependencia y agradecimiento. Un perro nunca muerde la mano que le da de comer. Para mí sólo existía una mano que me podía salvar de la muerte por inanición. Era la mano del mismo hombre que me llevaba hacia ella. Así, las diminutas raciones me parecían a veces regalos generosos. Tengo un recuerdo tan vivo de la ensalada de salchichas que su madre preparaba a veces los fines de semana que todavía hoy me parece una exquisitez. A veces me daba un pequeño plato cuando podía subir a la casa después de dos o tres días en el encierro. Por lo general ya sólo flotaban la cebolla y un par de trozos de tomate en el caldo, la salchicha y los huevos cocidos los había pescado él antes. Pero esos restos me parecían un manjar. Si además me daba un poco de su plato y luego un trozo de tarta, me sentía feliz. ¡Es tan fácil ganarse el afecto de una persona a la que se deja pasar hambre!

* * *

El día 1 de marzo comenzó en Bélgica el juicio contra el asesino en serie Marc Dutroux. Recordaba su caso perfectamente. Yo tenía 8 años cuando en agosto de 1996 la policía entró en su casa y liberó a dos niñas: Sabine Dardenne, de 12 años, y Laetitia Delhez, de 14. Encontraron los cadáveres de otras cuatro.

Durante meses seguí las noticias sobre el juicio en radio y televisión. Tuve conocimiento del martirio de Sabine Dardenne y sufrí cuando tuvo que enfrentarse al secuestrador en la sala. Ella también había sido raptada en una furgoneta cuando iba al colegio. La prisión en la que estuvo encerrada era aún más pequeña que la mía, y su historia durante el cautiverio también era diferente. Ella sí vivió la pesadilla con que el secuestrador me amenazaba a mí. A pesar de que existiera una gran diferencia, los crímenes descubiertos dos años antes de mi secuestro podrían haber servido de inspiración al enfermo Wolfgang Priklopil. Pero no hay pruebas que así lo indiquen.

El juicio me impresionó mucho, a pesar de que no me veía reflejada en Sabine Dardenne. Ella fue liberada tras ochenta días de secuestro. Estaba furiosa y sabía que tenía razón. Llamaba al secuestrador «monstruo» y «cerdo asqueroso», y exigió una disculpa que no recibió delante del tribunal. El secuestro había sido lo suficientemente corto para que ella no se perdiera a sí misma. Yo, en cambio, llevaba en ese momento 2 200 días y noches encerrada, mi modo de ver las cosas había cambiado hacía tiempo. Yo sabía que era la víctima de un delito. Pero el largo contacto con el secuestrador, al que necesitaba para sobrevivir, me había hecho interiorizar sus fantasías psicóticas. Ellas eran mi realidad.

Aprendí dos cosas de aquel juicio: en primer lugar, que no siempre se cree a las víctimas de delitos con violencia. Toda la sociedad belga parecía convencida de que tras Marc Dutroux se escondía toda una red que llegaba hasta las más altas esferas. Escuché en la radio numerosas críticas a Sabine Dardenne porque no apoyaba esa teoría, sino que insistía en que ella no había visto a nadie aparte de Dutroux. Y en segundo lugar, que no se puede mostrar compasión y empatía ilimitadas con las víctimas. Pueden convertirse enseguida en agresividad y rechazo.

Más o menos por aquella época oí por primera vez mi nombre en la radio. Estaba escuchando un programa de libros en la emisora cultural Ö1, cuando de pronto me estremecí: «Natascha Kampusch». Hacía seis años que no oía a nadie pronunciar mi nombre. La única persona que podía hacerlo me había prohibido usarlo. El locutor de la radio lo mencionó en relación con un nuevo libro de Kurt Totzer y Günther Kallinger. El título era: *Sin rastro. Los casos de desaparición más espectaculares de la Interpol.* Los autores hablaban sobre sus investigaciones... y sobre mí. Un caso misterioso en el que no había ningún rastro fiable ni ningún cadáver. Yo estaba sentada delante de la radio queriendo gritar: ¡Estoy aquí! ¡Estoy viva! Pero no podía oírme nadie.

* * *

Después de oír aquel programa, mi situación me pareció más desesperada que nunca. Me senté en la cama y de pronto lo vi todo muy claro. No podía pasarme así la vida entera, eso lo sabía. También sabía que no iba a ser liberada nunca. Y una huida me parecía imposible. No había salida.

El de aquel día no fue mi primer intento de suicidio. Escapar a una nada lejana en la que no existen los sentimientos ni el dolor ya me parecía entonces una forma de tomar el control de mi vida. Apenas disponía de mi vida, de mi cuerpo, de mis actos. Quitarme la vida me parecía el último triunfo.

Con 14 años intenté varias veces estrangularme con la ayuda de algunas ropas. A los 15 quise cortarme las venas. Me arañé la piel con una aguja de coser y seguí hurgando hasta que no aguanté más. El brazo me quemaba de forma insoportable, pero al mismo tiempo calmaba el dolor interno que sentía. A veces todo resulta más fácil cuando el dolor físico eclipsa el sufrimiento psíquico por un momento.

Esta vez quería elegir otro método. Esa tarde el secuestrador me había encerrado pronto en el sótano y yo sabía que no regresaría hasta la mañana siguiente. Recogí la habitación, puse en un montón las pocas camisetas que tenía y lancé una última mirada al vestido de franela que llevaba puesto el día del secuestro y que ahora colgaba de un gancho debajo de la cama. Me despedí mentalmente de mi madre. «Perdóname por marcharme. Y por irme otra vez sin decir una sola palabra», susurré. ¿Qué va a pasar?

Luego fui lentamente hasta la placa de cocina y la encendí. Cuando se calentó, puse encima unos papeles y los cartones de unos rollos de papel higiénico vacíos. Pasó un rato hasta que empezó a salir humo, pero funcionó. Subí por la escalerilla hasta mi cama y me tumbé. Mi prisión se llenaría de humo y yo me iría desvaneciendo poco a poco, por decisión propia, abandonando una vida que hacía tiempo que no era mía.

No sé cuánto tiempo estuve echada esperando la muerte. Me pareció como la eternidad hacia la que me dirigía, aunque todo debió de suceder muy deprisa. Al principio, cuando el humo llegó a mis pulmones, seguí respirando con normalidad. Pero luego surgió con toda fuerza el instinto de supervivencia que creía apagado. Cada fibra de mi cuerpo se preparó para escapar. Empecé a toser, me puse la almohada delante de la boca y bajé la escalerilla. Abrí el grifo, puse unos trapos debajo del agua y los lancé sobre los tubos de cartón que rodaban por la placa. El agua borboteó, el humo se hizo más denso. Tosiendo y con los ojos llenos de lágrimas, moví una toalla en el aire para dispersar el humo. Pensé con pavor cómo podría ocultarle al secuestrador mi intento de asfixiarme con fuego. Suicidio, la mayor desobediencia, la peor conducta imaginable.

A la mañana siguiente mi cárcel olía como una cámara de ahumado. Cuando Priklopil bajó, inspiró el aire irritado. Me sacó de la cama, me zarandeó y me gritó. ¡Cómo podía haber intentado escapar de él! ¡Cómo me había atrevido a abusar así de su confianza! En su rostro se reflejaba una mezcla de rabia infinita y miedo. Miedo a que yo pudiera echar todo a perder.

9

Miedo a la vida.
La prisión interna perdura

Puñetazos y patadas, ahogar, arañar, apretar las muñecas, aplastarlas, empujar contra el marco de la puerta. Golpear con los puños y con un martillo (martillo pesado) en la zona del estómago. Tenía hematomas por todas partes: en la cadera derecha, en el brazo (5 de 1 centímetro) y el antebrazo derechos (de unos 3.5 centímetros de diámetro), en la parte exterior de ambos muslos (en el izquierdo, de unos 9 ó 10 centímetros de largo, de un tono negro violáceo, unos 4 centímetros de ancho), así como en ambos hombros. Rasponazos y arañazos en los muslos, en la pantorrilla izquierda.

> «I want once more in my life some happiness
> And survive in the ecstasy of living
> I want once more see a smile and a laughing for a while
> I want once more the taste of someone's love»
> *Anotación en el diario, enero de 2006*

Cuando tenía 17 años el secuestrador llevó a mi prisión una cinta de la película *Pleasentville.* Trataba de dos hermanos que viven en los años noventa en Estados Unidos. En la escuela los profesores les hablan de oscuras perspectivas laborales, el sida y la amenaza del cambio climático. En casa los padres, divorciados, discuten por teléfono por ver quién se queda el fin de semana con los niños, y también surgen problemas con los amigos. El chico se refugia en el mundo de una serie de televisión de los años cincuenta: «¡Bienvenidos a Pleasentville! Moral y decoro. Saludos amables: "¡Cariño, ya estoy en casa!" Correcta alimentación: "¿Queréis galletas?" Bienvenidos al mundo perfecto de Pleasentville. Sólo en televisión.» En Pleasentville la madre siempre sirve la comida justo en el momento en que el padre llega a casa después del trabajo. Los niños siempre van bien vestidos y en el baloncesto siempre meten el balón en la canasta. El mundo se compone sólo de dos calles, y los bomberos tienen una única misión: bajar gatos de los árboles. Pues en Pleasentville no existe el fuego.

Después de una pelea por el mando a distancia ambos hermanos aterrizan de pronto en Pleasentville. Quedan atrapados en ese extraño lugar en el que no existen los colores y los habitantes viven según unas reglas que no siempre pueden cumplir. Cuando se adaptan, cuando se integran en esa sociedad, las cosas pueden ser muy bonitas en Pleasentville. Pero si no cumplen las reglas, los amables habitantes se convierten en una turba furibunda.

La película me pareció una parábola de la vida que yo llevaba. Para el secuestrador el mundo exterior era comparable a Sodoma y Gomorra, por todos lados acechaban peligros, suciedad y vicio. Un mundo al que culpaba de su fracaso y del que se quería mantener —y también me mantenía a mí—alejado. Nuestro mundo tras las paredes amarillas debía ser como el de Pleasentville: «¿Más galletas?» «Gracias, cariño.» Una ilusión que siempre repetía: ¡Podía ser todo tan bonito para nosotros! En esa casa, con todo tan limpio que brillaba demasiado, con esos muebles que tanto agobiaban. Pero él seguía trabajando en la fachada, invertía en su nueva vida, en nuestra nueva vida, que un instante después golpeaba con los puños. En una escena de Pleasentville dicen: «Sólo lo que conozco es mi realidad». Cuando hoy hojeo mi diario, a veces me estremezco de lo bien que me adapté al guion de Priklopil con todas sus contradicciones:

«Querido diario: ha llegado el momento de que te abra mi corazón del todo y sin reservas, con todo el dolor que ha sufrido. Empecemos en octubre. Ya no sé bien cómo ocurrió todo, pero no estuvo bien lo que pasó. Él había plantado unas tuyas. Crecen muy bien. Él no estaba demasiado bien, y cuando no está bien convierte mi vida en un infierno. Cuando le duele la cabeza y se toma unos polvos siempre le da una reacción alérgica que le provoca una fuerte rinitis. Pero el médico le ha mandado unas gotas. En cualquier caso, fue muy difícil. Se produjeron escenas desagradables. A finales de octubre llegó la nueva decoración del dormitorio con el sonoro nombre de Esmeralda. Mantas, almohadones y colchón llegaron algo antes. Naturalmente, todo antialérgico y esterilizado. Cuando llegó la cama nueva tuve que ayudarle a desmontar la mesilla. Tardamos casi tres días. Tuvimos que desmontar las piezas, subir al cuarto de trabajo las pesadas puertas de espejo, bajar la estructura y el tambor de la cama. Luego fuimos al garaje y desembalamos todas las cajas y una parte de la cama. El mobiliario se compone de dos mesillas con dos cajones cada una y tiradores de latón dorados, dos cómodas, una alta con...» (Se interrumpe.)

Tiradores de latón dorados pulidos por el ama de casa perfecta, que pone sobre la mesa comida preparada según las recetas de su madre aún más perfecta. Si yo lo hacía todo bien y me mantenía en mi papel entre bastidores, la ilusión funcionaba un momento. Pero cada vez que me apartaba de ese guion que nadie me había dado a leer era castigada de forma brutal. La imposibilidad de preverlo se convirtió en mi peor enemigo. Aunque estuviera convencida de haberlo hecho todo bien, aunque creyera saber qué requisitos se necesitaban en un momento dado, ante él nunca estaba segura. Una mirada mantenida demasiado tiempo, un plato sobre la mesa que ayer estaba en la posición correcta, y perdía los estribos.

Algo más tarde aparece entre mis anotaciones:

«Puñetazos brutales en la cabeza, el hombro derecho, el estómago, la espalda y la cara, así como en los ojos y los oídos. Ataques de rabia incontrolados, imprevisibles, repentinos. Gritos, humillaciones. Empujones por la escalera. Intentos de estrangularme, sentarse encima de mí y taparme la boca y la nariz, ahogarme. Sentarse en mi codo, apretarme con la rodilla en la muñeca, apretarme los brazos con las manos. Tengo en los antebrazos hematomas con la forma de sus dedos, y arañazos y rasponazos en el antebrazo izquierdo. Se sentaba sobre mi cabeza o me golpeaba, arrodillado sobre mi espalda, la cabeza contra el suelo. Esto varias veces y con todas sus fuerzas, hasta que yo sentía dolor de cabeza y mareos. Luego una lluvia incontrolada de puñetazos, lanzamiento de objetos, golpes brutales contra la mesilla (...)»

La mesilla con los tiradores de latón.

Luego me permitía hacer cosas que me transmitían la ilusión de que lo importante era yo. Me permitió, por ejemplo, dejarme crecer el pelo, aunque también eso era parte de la puesta en escena. Pues me lo debía teñir con agua oxigenada para responder a su ideal de una mujer: sumisa, trabajadora, rubia.

Cada vez pasaba más tiempo arriba, en la casa. Dedicaba horas a quitar el polvo, recoger y cocinar. Él, como siempre, no me dejaba sola ni un segundo. Su deseo de controlarme totalmente llegó a tal extremo que retiró las puertas de los cuartos de baño de la casa: no podía escapar a su mirada ni siquiera durante dos minutos. Su continua presencia me llevó a la desesperación.

Pero también él era prisionero de su propio guion. Cuando me encerraba en mi cárcel, tenía que abastecerme. Cuando me subía a la casa, estaba cada minuto controlándome. Los medios eran siempre los mismos. Pero la presión fue aumentando sobre él. ¿Y si ni siquiera cien golpes bastaban para dejarme en el suelo? Entonces él también fracasaría en su Pleasentville. Y ya no habría marcha atrás.

* * *

Priklopil era consciente de ese riesgo. Por eso hacía todo lo posible por dejarme bien claro lo que me esperaba si me atrevía a abandonar su mundo. Recuerdo una escena en la que me humilló tanto que tuve que meterme despavorida en casa.

Una tarde estaba yo trabajando arriba y le pedí que abriera una ventana; simplemente quería un poco de aire, oír el canto de los pájaros. El secuestrador me reprochó: «¡Lo único que quieres es empezar a gritar y salir corriendo!»

Yo le pedí que me creyera, que no iba a huir: «Me quedaré, lo prometo. Jamás saldré corriendo.»

Me miró dubitativo, luego me agarró del brazo y me arrastró hasta la puerta de la casa. Era un día resplandeciente, la calle estaba vacía, pero no obstante su maniobra resultaba muy arriesgada. Abrió la puerta y me empujó fuera sin dejar de agarrarme el brazo. «¡Venga, sal corriendo! ¡Márchate! ¡Mira lo lejos que llegas con esa pinta!»

Me quedé tiesa de miedo y vergüenza. Apenas llevaba ropa e intenté taparme el cuerpo con la mano que me quedaba libre. La vergüenza de que me viera algún desconocido en mi absoluta delgadez, llena de hematomas y con el pelo cortado a cepillo fue mayor que la esperanza de que alguien pudiera observar la escena y sentirse extrañado.

Eso lo hizo un par de veces, lo de empujarme desnuda por la puerta y gritar: «¡Corre, mira lo lejos que llegas!» Y cada vez me parecía más amenazante el mundo exterior. Me vi en un gran conflicto entre mis ganas de conocer ese mundo y el miedo a dar ese paso. Le pedí durante meses que me dejara salir un rato al aire libre, y siempre recibía la misma respuesta: «¿Qué quieres? No te pierdes nada, ahí afuera es todo exactamente igual que aquí dentro. Además, seguro que gritas, y entonces tendré que matarte.»

Él también oscilaba entre la paranoia patológica, el temor a que se descubriera su delito y la idea de una vida normal, en la que era inevitable que hubiera salidas al mundo exterior. Era como un círculo vicioso, y cuanto más arrinconado se sentía por sus propias ideas, más agresivo se mostraba conmigo. Se trataba, como antes, de una mezcla de violencia física y psicológica. Se recreaba sin piedad en los últimos restos de mi conciencia individual y me repetía las mismas frases sin cesar: «No vales nada, debes agradecerme por haberme hecho cargo de ti. Nadie habría querido ocuparse de ti.» Me contó que mis padres estaban en la cárcel y que ya no vivía nadie en mi antigua casa. «¿Adónde vas a ir si te escapas? Nadie te quiere ahí afuera. Volverías a mí arrepentida.» Y me recordaba con insistencia que mataría a cualquiera que fuera testigo casual de un intento de fuga. Lo más probable es que las primeras víctimas fueran los vecinos, me decía. Y yo no querría ser responsable de algo así, ¿verdad?

Se refería a sus parientes de la casa de al lado. Yo me sentía ligada en cierto modo a ellos desde que iba a nadar en su piscina de vez en cuando. Como si fueran ellos los que habían hecho posible esa pequeña huida de la rutina diaria de la casa. No los vi nunca, pero a veces, cuando estaba en la casa por la noche, oía cómo llamaban a sus gatos. Sus voces parecían agradables. Sonaban a personas que se ocupan con cariño de aquellos que dependen de ellas. Priklopil intentó minimizar el contacto con ellos. Ellos, por su parte, a veces le traían una tarta o un pequeño recuerdo de algún viaje. En cierta ocasión llamaron al timbre cuando yo estaba arriba, en la casa, y tuve que esconderme corriendo en el garaje. Oí sus voces mientras hablaban con el secuestrador en la puerta y le entregaban algo que habían preparado ellos mismos. Él siempre tiraba esas cosas a la basura; era tal su manía por la higiene que jamás habría probado un solo bocado, le daba mucho asco.

* * *

Cuando me llevó por primera vez con él al exterior, no sentí ninguna liberación. ¡Me había alegrado tanto de al fin abandonar mi prisión! Pero ahí estaba yo, sentada en su coche, muerta de miedo. El secuestrador me había aleccionado bien de lo que debía decir si alguien me reconocía: «Primero tienes que hacer como si no supieras de qué te están hablando. Si eso no sirve de nada, dices: "No, es una equivocación." Y si alguien te pregunta quién eres, dices que eres mi sobrina.» Natascha no existía desde hacía mucho tiempo. Luego arrancó el motor y salió del garaje.

Recorrimos la calle Heinestrasse de Strasshof: jardines, setos, viviendas unifamiliares. La calle estaba desierta. El corazón me latía con tanta fuerza que parecía que se me iba a salir del pecho. Era la primera vez en siete años que abandonaba la casa del secuestrador. Estaba en un mundo que sólo conocía por mis recuerdos y por algunos breves videos que el secuestrador había grabado para mí unos años antes. Pequeñas tomas de Strasshof con apenas un par de personas. Cuando entró en la calle principal y el tráfico se hizo más denso, miré por el rabillo del ojo a un hombre que andaba por la acera. Avanzaba de un modo extrañamente monótono, sin detenerse, sin hacer ningún movimiento inesperado, como si fuera un muñeco con una llave en la espalda para darle cuerda.

Todo lo que vi parecía falso. Y como me ocurrió por primera vez a los 12 años, cuando estaba una noche en el jardín, me asaltaron las dudas sobre la existencia de todas aquellas personas que se movían de forma tan natural y maquinal por un entorno que, aunque yo conocía bien, me resultaba totalmente extraño. La clara luz que bañaba todo parecía proceder de un foco gigantesco. En ese momento estaba segura de que el secuestrador había preparado toda la escena. Se trataba de un plató, su gran show de Truman, las personas eran figurantes, todo era una representación para hacerme creer que estaba en el mundo exterior. Mientras que, en realidad, seguía encerrada en una celda más grande. Que estaba encerrada en mi propia cárcel mental es algo que comprendí algo más tarde.

Abandonamos Strasshof, avanzamos un tramo por el campo y nos detuvimos en un pequeño bosque. El secuestrador me permitió bajar un rato del coche. El aire olía a madera, en el suelo el sol jugueteaba con las agujas de pino secas. Yo me arrodillé y puse una mano en el suelo con cuidado. Las agujas de pino me pincharon y me dejaron unos puntitos rojos en la palma de la mano. Avancé unos pasos hasta un árbol y apoyé la frente en su tronco.

El sol había calentado la gruesa corteza, que desprendía un fuerte olor a resina. Como los árboles de mi infancia.

Ninguno de los dos pronunció una sola palabra en el viaje de regreso. Cuando, ya en el garaje, el secuestrador me hizo bajar del coche y me encerró en el sótano, sentí que me invadía una profunda tristeza. ¡Llevaba tanto tiempo añorando el mundo exterior, sus bonitos colores! Y ahora me movía por él como si no fuera real. Mi realidad era la foto de abedules de la cocina, ése era el entorno en el que sabía cómo debía moverme. En el exterior iba a trompicones como en una falsa película.

* * *

Esa impresión se mantuvo en la siguiente salida al exterior. El secuestrador se sentía más seguro después de ver mi actitud dócil, miedosa, en mis primeros pasos. Así que unos días más tarde me llevó con él a la droguería del pueblo. Me había prometido que podría escoger algo bonito. Aparcó delante de la tienda y me susurró otra vez más: «Ni una palabra. O morirán todos ahí dentro.» Luego se bajó, rodeó el coche y me abrió la puerta.

Yo entré en la tienda delante de él. Le oía respirar a mi espalda e imaginé cómo sujetaba en su mano la pistola dentro del bolsillo, preparado para disparar si yo hacía el más mínimo movimiento extraño. Pero iba a ser buena. No iba a poner en peligro a nadie, no iba a huir, sólo quería hacer algo que era muy normal para el resto de las chicas de mi edad: dar una vuelta por la sección de cosméticos de una tienda. No me dejaba maquillarme —el secuestrador ni siquiera me permitía llevar ropa normal—, pero había conseguido que me dejara elegir dos artículos que formaran parte de la vida de cualquier adolescente. El rímel era, en mi opinión, indispensable. Lo había leído en las revistas para chicas que el secuestrador me llevaba de vez en cuando a mi encierro. Había repasado una y otra vez las páginas donde se incluían consejos para maquillarse, imaginando cómo me arreglaría para mi primera salida a una discoteca. Riendo con mis amigas delante del espejo, probándome primero una blusa, luego otra, ¿qué tal mi pelo? ¡Venga, nos tenemos que ir!

Y ahí estaba yo, ante largos estantes repletos de frasquitos y envases de todo tipo que no conocía, que me atraían de un modo mágico, pero también me hacían sentir insegura. ¡Eran tantas impresiones de golpe! Yo no sabía bien qué hacer, y tenía miedo de tirar algo al suelo.

«¡Venga! Date prisa», oí a mi espalda. Cogí a toda prisa un tubo de rímel, luego me dirigí a un pequeño mueble de madera con aceites aromáticos y escogí un frasquito de aceite de menta. Quería dejarlo abierto en mi prisión con la esperanza de que disimulara el nauseabundo olor del sótano. El secuestrador se mantuvo todo el tiempo justo detrás de mí. Me ponía nerviosa, me sentía como una delincuente que todavía no ha sido reconocida, pero puede ser descubierta en cualquier momento. Intenté dirigirme a la caja de la forma más natural posible. La cajera era una mujer gruesa, en torno a los 50 años, con el pelo canoso y recogido. Cuando me saludó con un amable «¡Buenos días!», me estremecí. Eran las primeras palabras que un desconocido me dirigía en más de siete años. La última vez que había hablado con alguien que no fuera yo misma o el secuestrador era una niña pequeña y gordita. Ahora la cajera me saludaba como a una clienta adulta. Me llamó de «usted» y sonrió mientras yo dejaba los dos artículos sobre la cinta. ¡Me sentí tan agradecida hacia esa mujer por hacerme sentir que era verdad que yo existía! Podría haberme quedado horas en la caja sólo para sentir la cercanía de otra persona. Ni se me pasó por la cabeza pedirle ayuda. El secuestrador estaba a sólo unos centímetros de mí, y yo creía que iba armado. Jamás habría puesto en peligro a esa mujer que por un breve instante me había hecho sentir que estaba viva.

* * *

En los días siguientes aumentaron los malos tratos. El secuestrador volvió a encerrarme, otra vez estaba tumbada en la cama, llena de hematomas, luchando conmigo misma. No debía dejarme vencer por el dolor. No podía rendirme. No debía pensar que ese cautiverio era lo mejor que me había pasado en la vida. Tenía que repetirme una y otra vez que no era ninguna suerte vivir con el secuestrador, tal como él me había hecho creer. Sus frases me tenían atrapada como si fueran grilletes. Cuando estaba tumbada en la oscuridad, doblada de dolor, sabía que no tenía razón en lo que me decía. Pero el cerebro humano aparta enseguida lo malo. Y al día siguiente ya estaba convencida otra vez de que todo eso no estaba tan mal, y me creía sus palabras.

Pero si quería salir alguna vez de mi cárcel tenía que deshacerme de los grilletes.

«I want once more in my life some happiness
And survive in the ecstasy of living
I want once more see a smile and a laughing for a while
I want once more the taste of someone's love.»

Entonces empecé a escribirme pequeños mensajes a mí misma. Cuando se ve algo negro sobre blanco resulta más evidente. Está en un nivel que difícilmente escapa a la mente, se hace realidad. A partir de entonces anoté cada agresión, de forma escueta y sin emociones. Todavía conservo esas anotaciones. Algunas están hechas en un sencillo cuaderno escolar de formato A5, con una cuidada caligrafía. Otras las escribí en hojas A4 de color verde, con los renglones muy juntos. Estas anotaciones tenían entonces el mismo objetivo que hoy. Pues incluso ahora tengo más presentes las pequeñas vivencias positivas durante mi cautiverio que la increíble crueldad a la que estuve sometida durante años.

20-8-2005 Wolfgang me ha pegado al menos tres veces en la cara, me ha golpeado con la rodilla unas cuatro veces en el coxis y una vez en el pubis. Me ha obligado a arrodillarme ante él y me ha clavado un manojo de llaves en el codo izquierdo, lo que me ha provocado un hematoma y una herida con una secreción amarillenta. A esto hay que añadir los gritos y humillaciones. Seis puñetazos en la cabeza.

21-8-2005. Gritos por la mañana. Regañina sin motivo. Luego golpes y rodillazos. Patadas y empujones. Siete golpes en la cara, un puñetazo en la cabeza. Insultos y golpes en la cara, un puñetazo en la cabeza. Insultos y golpes, desayuno sin cereales. Luego encierro a oscuras abajo, sin explicaciones, estúpidas disculpas. Y una vez arañazos con el dedo en las encías. Me aprieta la barbilla y el cuello.

22-8-2005. Puñetazos en la cabeza.

23-8-2005. Al menos 60 golpes en la cara; 10-15 golpes con el puño en la cabeza que me provocan un grave mareo, un puñetazo con rabia en la oreja y la mandíbula derechas. La oreja se me pone de un color negruzco. Me aprieta el cuello, fuerte gancho a la cara que me hace crujir la mandíbula, rodillazos unos 70, sobre todo en el coxis y en el culo. Puñetazos en los riñones y en la columna vertebral, las costillas y entre los pechos. Golpes con la escoba en el codo y el brazo izquierdos (hematoma de color negruzco), así como en la muñeca izquierda. Cuatro golpes en el ojo, vi rayos azules. Y más.

24-8-2005. Golpes brutales con la rodilla en el estómago y zona genital (quería que me arrodillara). También en la parte baja de la columna. Golpes con la palma de la mano en la cara, un puñetazo brutal en la oreja derecha (tono negro azulado). Luego encierro a oscuras sin aire ni comida.

25-8-2005. Puñetazos en la cadera y el esternón. Luego humillaciones totalmente indecentes. Encierro a oscuras. En todo el día solo he recibido siete zanahorias crudas y un vaso de leche.

26-8-2005. Golpes brutales con el puño en la parte anterior del muslo y el culo (nudillos). Golpes que me dejaron dolorosas marcas rojas en el culo, la espalda, parte lateral de los muslos, hombro derecho y pecho.

El horror de una sola semana, igual a otras muchas. A veces lo pasaba tan mal y temblaba tanto que no podía ni sujetar el lápiz. Me metía en la cama llorando, con miedo a que las imágenes del día se repitieran también de noche. Entonces hablaba con mi segundo yo, que me esperaba, me cogía de la mano pasara lo que pasara. Me imaginaba que ese otro yo podía verme en el espejo dividido en tres partes que ya entonces colgaba en mi prisión encima del fregadero. Si lo observaba el tiempo suficiente se reflejaría mi yo fuerte en mi rostro.

*** * *

La próxima vez, eso me lo había propuesto firmemente, no soltaría la mano extendida. Tendría la fuerza suficiente para pedir ayuda a alguien.

Una mañana el secuestrador me dio unos pantalones vaqueros y una camiseta. Quería que le acompañara a un almacén de material de construcción. En cuanto tomamos la carretera hacia Viena se me cayó el alma a los pies. Si seguía por ella llegaríamos hasta mi antiguo barrio. Era el mismo camino que había hecho el día 2 de marzo de 1998 en sentido inverso, sentada en el suelo de la parte trasera de una furgoneta. Entonces tenía miedo a morir. Ahora, con 17 años, iba sentada en el asiento delantero y tenía miedo a la vida.

Atravesamos Süssenbrunn, y pasamos a un par de calles de la casa de mi abuela. Sentí una fuerte nostalgia de la niña que había pasado allí los fines de semana con su abuela. Me pareció que se había perdido, que era irrecuperable, como si perteneciera a un siglo lejano. Vi las callejas conocidas, las casas, los adoquines en los que tanto había jugado. Pero yo ya no formaba parte de todo aquello.

«Baja la mirada», me ordenó Priklopil. Yo le obedecí al instante. Al ver de nuevo los lugares de mi infancia se me hizo un nudo en la garganta, intenté contener las lágrimas. Por una de aquellas calles, a la derecha, se llegaba hasta Rennbahnweg. Y allí, en la gran urbanización, es posible que estuviera mi madre sentada a la mesa de la cocina. Seguro que pensaba que yo estaba muerta, pero yo estaba pasando a unos cientos de metros de ella. Me sentí abatida y mucho más alejada de ella que las pocas calles que nos separaban.

La impresión fue aún más fuerte cuando el secuestrador giró para entrar en el aparcamiento de la tienda. Mi madre había esperado cientos de veces en esa esquina, con el semáforo en rojo, para girar a la derecha, pues allí estaba la casa de mi hermana. Hoy sé que Waltraud Priklopil, la madre del secuestrador, vivía unos metros más allá.

El aparcamiento estaba lleno de gente. Algunas personas hacían cola en un puesto de comida que había junto a la entrada. Otras empujaban sus carros cargados hasta el coche. Unos obreros con pantalones azules llenos de manchas cargaban unas tablas de madera. Yo tenía los nervios a punto de estallar. Miré por la ventanilla. Alguna de aquellas personas tenía que verme, tenía que notar que algo no encajaba. El secuestrador pareció leerme la mente. «¡Quédate sentada! Bajarás cuando yo te lo diga. Y entonces te dirigirás hacia la entrada, delante de mí, despacio, sin separarte. ¡Y no quiero oír nada!»

Entré en la tienda delante de él, que llevaba una mano en mi hombro y me iba dirigiendo. Yo notaba su nerviosismo, sus dedos temblaban.

Lancé una mirada al largo pasillo que tenía ante mí. Varios hombres con traje de faena, solos o en grupo, con listas en la mano, examinaban los estantes buscando lo que necesitaban. ¿A quién me iba a dirigir? ¿Y qué iba a decir? Observé por el rabillo del ojo a los que tenía más cerca. Pero cuanto más los observaba, más extrañas me resultaban sus caras. De pronto todos me parecían enemigos, tipos poco amigables. Hombres rudos ocupados de sí mismos y sin ojos para su entorno. Se me cruzaron mil ideas por la cabeza. De pronto me pareció absurdo pedir ayuda a alguien. ¿Quién me iba a creer, a mí, una adolescente escuálida y desorientada que apenas podía utilizar su propia voz? Qué pasaría si me dirigía a uno de esos hombres diciendo: ¿me puede ayudar, por favor?

«Es mi sobrina, la pobre, lo hace a menudo, está trastornada, por desgracia. Necesita sus medicinas», diría Priklopil, y todos asentirían mientras él me agarraría del brazo y me arrastraría fuera de la tienda. Podía echarme a reír como una loca. ¡El secuestrador no tendría que matar a nadie para encubrir su delito! Todo le saldría perfecto. Nadie se interesaría por mí. Nadie pensaría que era verdad si yo decía: «¡Ayúdenme, estoy secuestrada!» Cámaras ocultas, jaja, enseguida sale el presentador con nariz de cartón por detrás de una estantería y lo aclara todo. O pensarían realmente que era un tío cuidando de su sobrina. Oí sus voces en mi cabeza: ¡Ay, dios mío, qué pena, una cruz...! Pero ¡qué bien se ocupa de ella!

«¿Puedo ayudarles?» La voz sonó como una burla en mis oídos. Tardé un rato en darme cuenta de que no procedía del lío de voces que retumbaba dentro de mi cabeza. Un dependiente de la sección de sanitarios estaba ante nosotros. «¿Puedo ayudarles?» Su mirada se deslizó un instante por mí para detenerse después en el secuestrador. ¡Qué ingenuo era ese amable dependiente! ¡Sí, puede ayudarme! ¡Por favor! Empecé a sudar, enseguida aparecieron manchas de humedad en mi camiseta. Me sentía mal, el cerebro no me obedecía. ¿Qué quería decir?

«Gracias, no necesitamos nada», oí una voz a mi espalda. Luego una mano me sujetó el brazo. «Gracias, no necesitamos nada. Y por si no nos volvemos a ver: Buenos días. Buenas tardes. Buenas noches.» Como en el show de Truman.

Me arrastré por el almacén como en trance. Adelante, adelante. Había desaprovechado mi oportunidad, aunque tal vez nunca tuve ninguna. Me sentía como atrapada en una burbuja transparente, mis brazos y piernas se movían en una masa gelatinosa pero no llegaban a romper la piel. Fui dando traspiés por los pasillos y vi gente por todas partes: pero hacía tiempo que no formaba parte de ellos. Yo ya no tenía derechos. Era invisible.

* * *

Después de esa experiencia tuve claro que no podía pedir ayuda. ¿Qué sabían las personas del exterior del abstruso mundo en el que yo estaba atrapada? ¿Y quién era yo para arrastrarles hasta él? ¿Qué culpa tenía ese amable vendedor de que yo hubiera aparecido justo en su tienda? ¿Qué derecho tenía yo a exponerle al peligro que suponía Priklopil? Su voz había sonado neutral y no revelaba su nerviosismo. Aunque yo casi había podido oír su corazón latiendo con fuerza en su pecho. Luego su mano agarrando mi brazo, su mirada taladrándome la espalda mientras avanzábamos por el almacén. La amenaza de matar poseído por una locura homicida. A lo que se unía mi debilidad, mi impotencia, mi fracaso.

Esa noche estuve mucho tiempo despierta. Tenía que pensar en el acuerdo al que había llegado con mi segundo yo. Tenía 17 años, el momento en el que quería poner en práctica ese acuerdo se acercaba cada vez más. El incidente en el almacén me había hecho ver que tenía que hacerlo yo sola. Pero al mismo tiempo sentía que mi fuerza iba disminuyendo y que cada vez me hundía más en el mundo paranoide y extraño que el secuestrador había levantado para mí. ¿Pero cómo debía transformarse mi yo acobardado y angustiado en el yo fuerte que debía tomarme de la mano y sacarme de aquella prisión? Lo ignoraba. Lo único que sabía era que iba a necesitar una fuerza y una autodisciplina infinitas. Y tenía que sacarlas de alguna parte.

* * *

En aquel momento me sirvieron de gran ayuda las conversaciones con mi segundo yo y las anotaciones. Había empezado una segunda serie de hojas: ahora ya no sólo registraba los malos tratos a los que era sometida, sino que intentaba darme ánimos por escrito. Palabras de aliento que buscaba cuando estaba en lo más bajo y que luego me leía a mí misma en voz alta. A veces eran como un silbido en el bosque oscuro, pero funcionaban.

«Mantenerse firme cuando dice que eres demasiado tonta para todo.

Mantenerse firme cuando te golpea.

No hacer caso cuando dice que eres una inútil.

No hacer caso cuando dice que tú no puedes vivir sin él.

No reaccionar cuando apaga la luz.

Perdonarle todo y no seguir enfadada.

Ser más fuerte.

No rendirse.

No rendirse nunca, nunca.»

Mantenerse firme, no rendirse nunca. Pero era más fácil decirlo que hacerlo. Hasta entonces mis pensamientos siempre se habían concentrado en torno a la idea de salir del sótano, de aquella casa. Ya lo había conseguido. Y no había cambiado nada. En el exterior seguía tan atrapada como en el interior. Los muros externos parecían haberse hecho más permeables, mis muros internos estaban más reforzados que nunca. A ello se sumaba el hecho de que nuestras «excursiones» al exterior ponían a Wolfgang Priklopil al borde del pánico. Atrapado entre su sueño de llevar una vida normal y el temor a que yo lo desbaratara todo con un intento de fuga o con mi comportamiento, cada vez se mostraba más inquieto y descontrolado. Aunque supiera que me tenía encerrada en la casa. Sus ataques de ira fueron cada vez más frecuentes, de lo que, naturalmente, me culpaba a mí, y sufría ilusiones paranoides. No parecía tranquilizarle mi actitud temerosa, acobardada, en el exterior. No sé si en realidad pensaba que fingía. Mi incapacidad para hacer una representación así fue evidente en una salida a Viena que tenía que haber puesto fin a mi cautiverio.

Íbamos por la Brünnerstrasse cuando de pronto se formó un atasco. Un control de policía. Ya de lejos vi el coche parado y los policías de uniforme que hacían señas a los automóviles. Priklopil tomó aire con fuerza. Apenas cambió su postura unos milímetros, pero observé que sus manos apretaban el volante con tanta fuerza que se le pusieron blancos los nudillos. Aparentemente estaba muy tranquilo cuando paró el coche junto a la acera y abrió la ventanilla. «¡Permiso de conducción y documentación del coche, por favor!» Yo alcé la cabeza con cautela. El policía era sorprendentemente joven, su voz sonaba firme, pero amable. Priklopil buscó los papeles mientras el agente le observaba con atención. Su mirada sólo me rozó levemente. En mi cabeza surgió una palabra que vi flotar en el aire dentro de un gran globo, como en los cómics: ¡SOCORRO! Lo veía tan claro que no podía creer que el policía no reaccionara al instante. Pero él cogió los papeles sin inmutarse lo más mínimo y los examinó.

¡Socorro! ¡Sáqueme de aquí! ¡Está ante un delincuente! Yo guiñaba y movía los ojos como si fueran señales en Morse. Debía parecer que me había dado un ataque de cualquier cosa. Aunque sólo era un SOS desesperado, lanzado por los párpados de una esquelética adolescente sentada junto al conductor de una furgoneta blanca.

Las ideas se mezclaron en mi cabeza. ¿Tal vez podía saltar del coche y echar a correr? Podía ir hasta el coche patrulla, estaba justo delante de mí. ¿Pero qué debía decir? ¿Me harían caso? ¿Y si no me creían? Priklopil iría por mí, pediría disculpas por las molestias y porque su sobrina trastornada hubiera causado tal alboroto. Y, además, un intento de fuga era el peor tabú que yo podía romper. No quería ni imaginar lo que me esperaba si fallaba. Pero ¿y si funcionaba? Vi cómo Priklopil pisaba el acelerador y el coche arrancaba con las ruedas chirriando. Luego perdía el control y se iba al carril contrario. Ruido de frenos, cristales rotos, sangre, muerte. Priklopil está inconsciente encima del volante, las sirenas se acercan desde lejos.

«¡Todo en orden, gracias! ¡Buen viaje!» El policía lanzó una leve sonrisa, luego le entregó a Priklopil los papeles por la ventanilla. No tenía ni idea de que había parado al vehículo en el que casi ocho años antes había sido secuestrada una pequeña niña. No tenía ni idea de que esa pequeña niña llevaba ocho años atrapada en el sótano de su secuestrador. No sabía lo cerca que estaba de encubrir un delito y convertirse en testigo de una conducción suicida. Habría bastado una sola palabra mía, un paso valiente para salir del coche. Pero en vez de eso, me quedé sentada y cerré los ojos mientras el secuestrador arrancaba.

Había dejado pasar la mejor oportunidad para escapar de aquella pesadilla. Después me he dado cuenta de que en aquel momento no tuve en cuenta una opción: hablar con el policía. Mi temor a que Priklopil le hiciera algo a quien entrara en contacto conmigo era demasiado grande.

Era una esclava, dependía de él. Valía menos que un animal doméstico. Ya no tenía ni siquiera voz.

* * *

Durante mi cautiverio siempre estaba soñando con ir a esquiar en invierno. El cielo azul, el sol sobre la nieve resplandeciente que cubre el paisaje con un suave manto impoluto. El crujido bajo los zapatos, el frío que enrojece las mejillas. Y luego un chocolate caliente, como antes, cuando iba a patinar sobre hielo.

Priklopil era un buen esquiador que en los últimos años de mi cautiverio hacía frecuentes salidas de un día a la montaña. Mientras yo preparaba sus cosas y repasaba sus listas elaboradas con minuciosidad, él ya se mostraba inquieto. La cera para los esquís. Los guantes. Las barritas de cereales. La crema solar. El bálsamo para los labios. El gorro. A mí me ahogaba la nostalgia cada vez que me encerraba en el sótano y se marchaba a la montaña para deslizarse por la nieve. No podía imaginar nada más bonito.

Poco antes de que cumpliera 18 años empezó a mencionar la posibilidad de llevarme un día con él a esquiar. Para él suponía un gran paso hacia la ansiada normalidad. Puede ser que también quisiera ver cumplido un deseo. Pero ante todo se trataba de la confirmación de que su secuestro estaba por fin coronado con el éxito. Si yo tampoco me escapaba en las montañas, sentiría que lo había hecho todo bien.

Los preparativos duraron varios días. El secuestrador repasó toda su ropa vieja de esquiar y me dio algunas cosas para que me las probara. Me servía una de las chamarras, un modelo de los años setenta. Pero no tenía pantalones de esquí. «Te compraré unos», me prometió el secuestrador. «Iremos un día de compras.» Parecía entusiasmado y, por un instante, feliz.

El día que fuimos al Donauzentrum yo tenía la tensión por los suelos. Estaba muy desnutrida y apenas podía sostenerme sobre las piernas cuando subí al coche. Fue una extraña sensación visitar el centro comercial por el que había paseado tantas veces con mis padres. Hoy se encuentra a tan sólo dos estaciones de metro de Rennbahnweg, entonces eran un par de paradas de autobús. El secuestrador se mostraba muy, muy seguro.

El Donauzentrum es el típico centro comercial de las afueras de una ciudad. Las tiendas se alinean una junto a otra en dos plantas, huele a palomitas y patatas fritas, la música está demasiado alta y apenas deja oír las voces de los numerosos jóvenes que, a falta de otros sitios donde quedar, se reúnen ante las tiendas. Hasta las personas que están acostumbradas a tales masas de gente suelen sentirse enseguida agobiadas y están deseando tener un momento de tranquilidad y aire fresco. El ruido, la luz y el gentío se convirtieron para mí en un muro, en una espesura impenetrable en la que no me podía orientar. Con gran esfuerzo, intenté recordar. ¿No era esa la tienda donde mi madre...? Por un breve instante me vi como una niña pequeña buscando unos leotardos. Pero las imágenes del presente eran más fuertes. Había gente por todas partes: jóvenes, adultos con grandes bolsas de colores, madres con sillitas de bebé, un auténtico lío. El secuestrador me dirigió hacia una tienda de ropa muy grande. Un laberinto lleno de percheros, mesas y maniquíes que presentaban la moda de invierno con una inexpresiva sonrisa en la cara.

Los pantalones de la sección de adultos no me quedaban bien. Mientras Priklopil me traía uno tras otro al probador, una figura triste me miraba desde el espejo. Yo estaba blanca como una pared, con el pelo todo alborotado, y tan delgada que incluso la talla XS me quedaba grande. Me resultaba tal tortura andar poniéndome y quitándome ropa que me negué a repetir toda la operación en la sección infantil. El secuestrador tuvo que ponerme los pantalones de esquiar delante del cuerpo para comprobar el tamaño. Cuando por fin quedó satisfecho, apenas podía mantenerme de pie.

Me alegré de volver a sentarme por fin en el coche. Durante el viaje de vuelta a Strasshof tenía la cabeza a punto de estallar. Después de casi ocho años de aislamiento era incapaz de asimilar tantas impresiones.

Los posteriores preparativos del viaje también apagaron mi alegría. Una atmósfera de extraña tensión lo envolvía todo. El secuestrador estaba intranquilo e inquieto, me hacía reproches por lo mucho que yo le estaba costando. Me hizo calcular, con la ayuda de un mapa, la distancia exacta hasta la estación de esquí y la cantidad de gasolina que íbamos a necesitar. A lo que había que sumar los remontes, el alquiler del material, algo de comida... para su avaricia enfermiza eran grandes sumas de dinero desperdiciado. ¿Y todo para qué? Para que yo en cualquier momento le traicionara y abusara de su confianza.

Cuando su puño golpeó la mesa con fuerza, se me cayó el lápiz de la mano. «¡Te aprovechas de mi benevolencia! ¡Sin mí no eres nada, nada!»

Yo resolví no hacer caso cuando dijera: "tú no puedes vivir sin mí". Alcé la cabeza y le miré. Y me sorprendió ver un atisbo de miedo en su rostro descompuesto. Ese viaje a esquiar era un auténtico riesgo. Un riesgo que no asumía para concederme un viejo deseo. Para él era una puesta en escena que hacía posible que sus fantasías cobraran vida. Cómo su «compañera» se desliza por la nieve junto a él, cómo le admira porque esquía tan bien. La fachada perfecta, una imagen de sí mismo alimentada por el sometimiento y la humillación, por la destrucción de mi yo.

Yo no tenía ganas de participar en esa absurda obra de teatro. De camino al garaje le dije que quería quedarme en casa. Vi cómo se oscurecían sus ojos, luego explotó: «¡Que te lo has creído!», me gritó. Luego levantó el brazo. Tenía en la mano la barra de hierro con la que conseguía acceder a mi cárcel. Tomé aire, cerré los ojos e intenté encogerme interiormente. La barra me golpeó con toda furia en el muslo. La piel se rompió al instante.

* * *

Cuando al día siguiente íbamos por la autopista, él estaba muy animado. Yo, en cambio, me sentía vacía. Para disciplinarme, me había privado de nuevo de luz y comida. Me ardía la pierna. Pero todo estaba bien, íbamos a las montañas. Las voces se entremezclaban en mi cabeza.

¡Tenía que coger como fuera las barritas de cereales que llevaba en el abrigo de esquiar!

¡En el bolsillo hay algo de comida!

Entretanto una pequeña voz me decía muy bajito: tienes que escapar. Esta vez lo tienes que conseguir.

Dejamos la autopista en Ybbs. Las montañas fueron emergiendo de la niebla ante nosotros. Nos detuvimos en Göstling para alquilar los esquís. El secuestrador tenía un miedo especial a este momento. Tenía que entrar conmigo en una tienda en la que era inevitable el contacto con los empleados. Me preguntarían si se me ajustaban bien las botas y yo tendría que responderles.

Antes de bajarnos del coche me advirtió con especial insistencia que mataría a cualquiera a quien yo pidiera ayuda... y a mí también.

Cuando abrí la puerta del coche tuve una sensación extraña. El aire estaba frío y olía a nieve. Las casas se alineaban a lo largo del río y, con la nieve en los tejados, parecían galletas con un glaseado de azúcar. Las montañas se alzaban a derecha e izquierda. No me habría sorprendido que el cielo fuera verde, tan irreal me resultaba todo.

Cuando Priklopil me condujo por la puerta de la tienda de alquiler sentí el aire caliente y húmedo en la cara. Algunas sudorosas personas con chamarras esperaban ante la caja, rostros expectantes, risas, entremedias el sonido de los cierres de las botas de esquiar. Un empleado se acercó a nosotros. Muy bronceado y jovial, el típico monitor de esquí con voz fuerte y firme, que gasta bromas de forma casi rutinaria. Me trajo unas botas del número 37 y se puso de rodillas delante de mí para ajustármelas bien. Priklopil no me quitaba la vista de encima cuando le dije al vendedor que las botas me quedaban bien. No podía imaginar un lugar más inapropiado que esa tienda para mencionar un delito. Todo era relajado y alegre, eficiencia y rutina para disfrutar del tiempo libre. No dije nada.

«No podemos coger el teleférico, es demasiado peligroso. Podrías hablar con alguien», dijo el secuestrador cuando, después de recorrer una carretera de curvas, llegamos al aparcamiento de la estación de esquí de Hochkar. «Iremos directamente a las pistas.»

Aparcamos a un lado. A derecha e izquierda se alzaban las laderas cubiertas de nieve. Algo más adelante se veía un telesilla. A lo lejos se oía la música del bar de la estación del valle. Hochkar es una de las pocas estaciones de esquí que tienen fácil acceso desde Viena. Es pequeña, seis telesillas y algunos pequeños telesquís suben a los esquiadores hasta tres picos. Las pistas son estrechas, cuatro de ellas están consideradas como «negras», la categoría más difícil.

Yo intenté acordarme. Con 4 años había estado allí con mi madre y una familia amiga. Pero nada recordaba ya a la pequeña niña vestida con un mono de esquiar rosa que entonces se hundía en la nieve.

Priklopil me ayudó a ponerme las botas de esquiar y a ajustarme los esquís. Me deslicé insegura sobre las tablas por la nieve. Me subió al montón de nieve que se acumulaba al borde de la carretera y me empujó por una ladera. Me pareció terriblemente empinada, y me asusté de la velocidad a la que me deslizaba. Las botas y los esquís pesaban más que mis piernas. No tenía suficiente músculo para dirigirlos, y no recordaba lo que había que hacer. El único cursillo de esquí que había hecho en mi vida fue en mi etapa escolar. Durante una semana que pasamos en un albergue juvenil en Bad Aussee. Yo tenía miedo, no quería ir, todavía me acordaba de mi brazo roto. Pero la monitora de esquí era muy simpática y se alegraba de cada avance que yo hacía. Aprendí bastante, y el último día del curso incluso participé en una carrera en la pista de ejercicios. Al llegar a la meta alcé los brazos y grité de alegría. Luego me dejé caer de espaldas sobre la nieve. ¡Nunca me había sentido tan libre y orgullosa de mí misma!

Libre y orgullosa: una vida que estaba a años luz.

Desesperada, intenté frenar. Pero ya en el primer intento se me clavaron los cantos y me caí. «¿Qué haces?», me regañó Priklopil cuando se detuvo junto a mí y me ayudó a levantarme. «¡Tienes que ir girando! ¡Así!»

Tardé un buen rato en lograr mantenerme de pie sobre los esquís y avanzar un par de metros. Mi debilidad y mi falta de destreza parecieron tranquilizar al secuestrador, que decidió comprar un *forfait*. Nos pusimos en una larga cola de esquiadores sonrientes e impacientes por llegar cuanto antes al siguiente pico. En medio de todas aquellas personas con sus coloridos trajes de esquiar me sentía como un ser de otra galaxia. Me estremecía cada vez que alguien se acercaba demasiado y me rozaba. Me estremecía cada vez que los bastones y esquís se me enganchaban y de pronto me veía rodeada de extraños que aparentemente no me veían, pero cuyas miradas yo creía sentir. No formas parte de esto. Éste no es tu sitio. Priklopil me empujó. «¡No te duermas, sigue, sigue!»

Después de toda una eternidad cogimos por fin el telesilla. Me deslicé por un paisaje invernal, un momento de paz y tranquilidad del que intenté disfrutar. Pero todo mi cuerpo se rebelaba ante el inusual esfuerzo. Me temblaban las piernas y tenía mucho frío. Cuando el telesilla llegó arriba, me entró el pánico. No sabía cómo me tenía que bajar, y del susto se me enredaron los bastones. Priklopil me regañó y en el último momento me tiró del brazo y me bajó de la silla.

Tras algunas bajadas conseguí una cierta seguridad. Por fin podía mantenerme de pie el tiempo suficiente para disfrutar de unos breves recorridos antes de caer de nuevo sobre la nieve. Sentí que recuperaba el ánimo y que por primera vez en mucho tiempo me invadía algo parecido a la felicidad. Cuando podía me detenía para contemplar el paisaje. Wolfgang Priklopil, que se mostraba orgulloso de conocer el entorno, me enseñó las montañas de alrededor. Desde Hochkar se podía ver el imponente pico del Ötscher, detrás las alineaciones montañosas se difuminaban en la niebla. «Eso ya es Estiria», me explicó. «Y allí, al otro lado, se puede ver casi hasta Chequia.» La nieve brillaba con el sol, el cielo era de un azul profundo. Tomé aire, me habría gustado detener el tiempo. Pero el secuestrador me metió prisa: «¡Este día me ha costado un dineral, tenemos que aprovecharlo!»

* * *

«¡Tengo que ir al baño!» Priklopil me miró muy enfadado. «¡De verdad! ¡Tengo que ir!» No le quedaba más remedio que ir conmigo hasta las instalaciones más próximas. Se decidió por la estación del valle porque allí los cuartos de baño estaban en una construcción aparte y así no teníamos que cruzar la cafetería. Nos quitamos los esquís, el secuestrador me acompañó hasta la puerta y me dijo en voz baja que me diera prisa. Que me estaría esperando sin perder el reloj de vista. En un primer momento me sorprendió que no me acompañara. Siempre podía decir que se había equivocado de puerta. Pero se quedó fuera.

Los servicios estaban vacíos cuando entré. Pero cuando estaba en la cabina oí que se abría la puerta. Me asusté, estaba segura de que me había demorado demasiado y el secuestrador había entrado en los servicios de señoras a buscarme. Pero cuando salí a toda prisa vi a una mujer rubia delante del espejo. Era la primera vez desde el comienzo de mi cautiverio que estaba a solas con otra persona.

No sé exactamente lo que dije. Sólo sé que reuní todas mis fuerzas y me dirigí a ella. Pero todo lo que salió de mi boca fue un callado soplido.

La mujer rubia me sonrió con amabilidad, se giró... y se marchó. No me había entendido. Había hablado con alguien por primera vez y había ocurrido como en mis peores pesadillas: no se me oía. Era invisible. No podía esperar la ayuda de nadie.

Una vez libre he sabido que aquella mujer era una turista holandesa que no había entendido qué quería decirle. Pero en aquel momento su reacción fue un duro golpe para mí.

El resto del día en la nieve se ha desvanecido de mi memoria. Había desaprovechado otra oportunidad. Cuando el secuestrador volvió a encerrarme en mi prisión, estaba más desesperada que nunca.

* * *

Poco después llegó el día decisivo: el día que yo cumplía 18 años. Era la fecha que llevaba esperando con ansia desde hacía diez años, y estaba decidida a celebrarlo por todo lo alto... aunque siguiera secuestrada.

En años anteriores el secuestrador me había permitido preparar una tarta. Pero esta vez yo quería algo especial. Sabía que el socio de Priklopil organizaba fiestas en un local algo apartado. El secuestrador me había enseñado videos en los que se veían algunas bodas turcas y serbias. Quería hacer un video promocional para dar publicidad al local. Yo había observado con gran atención las imágenes de la gente bailando en círculo cogida de la mano. En una de las celebraciones había un tiburón entero en el bufet, en otra se veían fuentes con las más exóticas comidas. Pero lo que más me había fascinado eran las tartas. Verdaderas obras de arte de mazapán de varios pisos o la reproducción de un coche hecha con bizcocho y crema. Yo quería una tarta así, con la forma de un 18, el símbolo de mi mayoría de edad.

Cuando el 17 de febrero de 2006 subí a la casa por la mañana estaba allí, sobre la mesa de la cocina: un uno y un ocho de esponjoso bizcocho cubiertos con una dulce espuma rosa y decorados con velas. No sé qué otros regalos recibí, seguro que había alguno, pues a Priklopil le gustaba mucho celebrar este tipo de fiestas. Pero para mí ese 18 era el centro de mi pequeña celebración. Era el símbolo de mi libertad. Era la señal de que había llegado el momento de cumplir mi promesa.

10

Para unos sólo queda la muerte. Mi huida hacia la libertad

Yo había prendido la mecha de una bomba y ya no había forma de apagarla. Yo había elegido la vida. Al secuestrador sólo le quedaba la muerte.

El día comenzó como otro cualquiera... a la hora que ordenaba la computadora. Yo estaba en la cama cuando se encendió la luz en mi prisión y me despertó de un confuso sueño. Me quedé un rato tumbada intentando buscarle un sentido a lo que había soñado, pero no podía recordarlo bien, las imágenes se me escapaban cuando intentaba retenerlas. Sólo era evidente una vaga sensación que me embargaba: una gran determinación. Hacía mucho tiempo que no sentía algo así.

Al cabo de un rato el hambre me sacó de la cama. No había cenado y me sonaba el estómago. Movida por la idea de comer algo, bajé por la escalerilla. Pero antes de llegar abajo me di cuenta de que no tenía nada: la tarde anterior el secuestrador me había llevado un diminuto trozo de bizcocho para el desayuno, pero yo me lo había comido al momento. Frustrada, me lavé los dientes para eliminar el ácido sabor de estómago vacío que tenía en la boca. Luego miré indecisa a mi alrededor. Esa mañana mi cárcel estaba muy desordenada, había ropa por todas partes, en el escritorio se amontonaban los papeles. Cualquier otro día habría empezado enseguida a recoger y hacer mi diminuta habitación lo más acogedora posible. Pero esa mañana no tenía ganas. Me sentía más distanciada de esas cuatro paredes que se habían convertido en mi hogar.

Vestida con un vestido corto naranja que me gustaba mucho, esperé a que el secuestrador abriera la puerta. Aparte de eso sólo tenía mallones y camisetas con manchas de pintura, un jersey de cuello alto del secuestrador para los días más fríos y un par de cosas sencillas y limpias para las pocas salidas al exterior en las que me había llevado con él en los últimos meses. Con ese vestido podía sentirme como una chica normal. El secuestrador me lo había comprado como recompensa por mi trabajo en el jardín. Durante la primavera en que yo ya tenía 18 años me había permitido de nuevo trabajar bajo su custodia al aire libre. Se había vuelto más descuidado, existía el riesgo de que pudieran verme los vecinos. Su pariente de la casa vecina nos saludó en un par de ocasiones por encima de la valla mientras yo quitaba malas hierbas. «Una ayudante», se limitó a decir una vez el secuestrador cuando el vecino me saludó con la mano. Él se conformó con la explicación, y yo fui incapaz de decir nada.

Cuando por fin se abrió la puerta del encierro, vi a Priklopil desde abajo, subido en el escalón de 40 centímetros de la entrada del escondrijo. Una imagen que, a pesar del tiempo transcurrido, seguía dándome miedo. Priklopil parecía muy grande, una sombra prepotente, deformada por la bombilla del habitáculo anexo: era como un carcelero de una película de terror. Pero ese día no me resultó amenazante. Me sentía fuerte y segura de mí misma. «¿Puedo ponerme unas bragas?», le pregunté antes de saludarle.

El secuestrador me miró sorprendido. «Eso no viene al caso», respondió.

En la casa yo siempre tenía que trabajar medio desnuda, y en el jardín por lo general no podía llevar ropa interior. Era uno de sus métodos para tenerme sometida. «Por favor, es mucho más cómodo», añadí.

Sacudió la cabeza con energía. «¡Ni hablar! ¿Cómo se te ocurre algo así? ¡Vamos!»

Le seguí a la estancia anexa y esperé a que se deslizara por el pasadizo. La pesada puerta de hormigón que se había convertido en parte importante del escenario donde transcurría mi vida estaba abierta. Cada vez que veía ese coloso de hormigón ante mí se me hacía un nudo en la garganta. Había tenido mucha suerte durante todos esos años. Un accidente del secuestrador habría significado mi condena a muerte. La puerta no se podía abrir desde el interior y resultaba imposible encontrarla desde el exterior. Había visto la escena claramente ante mis ojos: cómo al cabo de un par de días me daba cuenta de que el secuestrador había desaparecido; cómo me volvía loca y me entraba una angustia mortal; cómo, haciendo uso de mis últimas fuerzas, conseguía superar las dos puertas de madera; pero esa puerta de hormigón decidiría entre la muerte y la vida. A sus pies me moriría de hambre y sed. Siempre era un alivio atravesarla siguiendo al secuestrador. Significaba que un día más abría esa puerta, no me dejaba abandonada. Un día más que yo salía de mi tumba subterránea. Cuando subí los peldaños que llevaban al garaje, tomé aire con fuerza. Estaba arriba.

En la cocina, el secuestrador me ordenó untar dos panes con mantequilla y mermelada. Con el estómago sonándome, observé cómo se los comía. Sus dientes dejaban pequeñas marcas en el pan. Pan crujiente, sabroso, con mantequilla y mermelada de albaricoque. A mí no me dio nada, yo tenía mi trozo de bizcocho. Jamás me habría atrevido a decirle que me lo había comido la tarde anterior.

Cuando Priklopil terminó de desayunar, lavé los platos y me dirigí hacia el calendario que había en la cocina. Como cada mañana, arranqué la hoja con el número impreso y la doblé con cuidado. Me quedé mirando fijamente la nueva fecha: 23 de agosto de 2006. Llevaba 3 096 días secuestrada.

* * *

Wolfgang Priklopil estaba de buen humor ese día. Debía ser el comienzo de una nueva era, de una época más fácil sin problemas de dinero. Dos pasos decisivos debían conducir a ella. En primer lugar, quería deshacerse de la vieja furgoneta en la que me había secuestrado ocho años y medio antes. Y, en segundo lugar, había puesto en internet un anuncio de la vivienda que habían reformado en los últimos meses. La había comprado seis meses antes con la esperanza de que los ingresos del alquiler redujeran la carga financiera que le suponía el delito cometido. El dinero invertido procedía, según me dijo, de su trabajo con su socio Holzapfel.

Poco antes del día en que cumplí 18 años, me contó una mañana, muy excitado: «Tenemos una obra nueva. Vamos a ir a la calle Hollergasse.» Su alegría era contagiosa, y yo necesitaba ese cambio. El día mágico de mi mayoría de edad estaba cerca y no había cambiado nada. Seguía tan sometida y controlada como en todos los años anteriores. Aunque en mi interior se había activado un interruptor. Poco a poco se fue desvaneciendo la idea de que el secuestrador tenía razón, de que estaba mejor bajo su custodia que en el exterior. Ya era adulta, mi segundo yo me agarraba con fuerza de la mano y ahora estaba segura: no quería seguir viviendo así. Había sobrevivido a mi época de juventud como esclava, saco de boxeo, mujer de la limpieza y compañera del secuestrador, y había aguantado en ese mundo mientras no podía ser de otro modo. Pero ese tiempo había pasado. Cuando estaba en mi prisión recordaba una y otra vez los planes que, siendo todavía una niña, tenía preparados para este momento. Quería ser independiente. Convertirme en actriz, escribir libros, hacer música, conocer a otras personas, ser libre. No quería aceptar por más tiempo que debía ser para siempre presa de su fantasía. Tan sólo debía esperar a que llegara el momento oportuno. Tal vez éste se presentara en la nueva obra. Después de tantos años atada a aquella casa, por fin podía trabajar por primera vez en otro sitio. Bajo la estrecha vigilancia del secuestrador, por supuesto, pero así y todo...

Recuerdo perfectamente nuestro primer viaje a la Holler-gasse. El secuestrador no tomó el camino más rápido, la autopista, pues era demasiado tacaño para pagar el peaje. Nos metimos en el atasco del Wiener Gürtel, el cinturón de Viena. Era pronto, por la mañana, a ambos lados de la furgoneta blanca se alineaban los últimos coches que se dirigían a toda prisa al trabajo, como cada mañana. Observé a los conductores detrás de los volantes. Desde un microbús me observaron los ojos cansados de algunos hombres. Iban apiñados en el vehículo que los transportaba, trabajadores del este de Europa a los que los constructores nacionales recogían por la mañana al borde de las carreteras principales y volvían a dejarlos allí por la tarde. De pronto me sentí como aquellos obreros: sin papeles, sin permiso de trabajo, víctima fácil de la explotación. Ésa era la realidad que esa mañana no quise aceptar. Me arrellané en el asiento y me abandoné a mi ensoñación. Yo iba con mi jefe de camino a un trabajo normal, legal, como todas las personas que se desplazaban a nuestro lado, como cada día, desde su domicilio a su lugar de trabajo. Soy una experta en mi área y mi jefe valora mucho mis consejos. Vivo en un mundo adulto en el que tengo una voz que se oye.

* * *

Casi habíamos cruzado toda la ciudad cuando en la Westbahnhof, la estación del oeste, Priklopil tomó la calle Mariahilferstrasse, avanzó a lo largo de un mercadillo en el que sólo estaban ocupados la mitad de los puestos, y finalmente giró por una calle estrecha. Allí aparcó la furgoneta.

La vivienda estaba en el primer piso de un edificio venido a menos. El secuestrador tardó un rato en dejarme bajar. Temía que alguien pudiera vernos y quería que cruzara la acera a toda velocidad cuando la calle estuviera completamente desierta. Eché un vistazo a la calle: pequeños talleres, fruterías turcas, locales de kebab y pequeños bares de dudosa categoría rompían la imagen gris de las viejas construcciones de los años de la especulación, viviendas que en el siglo XIX sirvieron como casas de alquiler para las masas de los trabajadores pobres procedentes de los países del imperio. También ahora estaba habitado el barrio por inmigrantes. Muchas de las viviendas todavía no tenían cuarto de baño, los servicios se encontraban en el descansillo y tenían que ser compartidos con los vecinos. El secuestrador había comprado una de estas viviendas.

Esperó a que la calle estuviera vacía, luego me hizo correr hasta la escalera. La pintura se caía de las paredes, la mayoría de los buzones estaban rotos. Cuando abrió la puerta de madera de la vivienda y me empujó dentro, apenas podía creer lo pequeña que era: 19 metros cuadrados. Cuatro veces más grande que mi cárcel. Una habitación con una ventana que daba a un patio interior. Olía a cerrado, a sudor humano, a moho y grasa. La alfombra, que alguna vez debió de ser de color verde oscuro, había adquirido una indescriptible tonalidad entre marrón y gris. En una pared había una enorme mancha de humedad en la que se revolvían algunas larvas. Respiré profundamente. ¡Allí había mucho trabajo!

A partir de aquel día me llevó varias veces por semana a la Hollergasse. Sólo cuando tenía muchas cosas que hacer me dejaba todo el día encerrada en el sótano. Lo primero que hicimos fue retirar todos los muebles viejos y sacarlos a la calle. Cuando salimos de la casa una hora más tarde, ya habían desaparecido: recogidos por los vecinos, que tenían tan poco que hasta aquellos muebles les servían. Luego empezamos con la reforma. Tardé dos días en retirar yo sola toda la alfombra. Bajo una gruesa capa de suciedad apareció, debajo de la primera, una segunda alfombra cuyo adhesivo se había integrado tanto en el suelo con el paso de los años que tuve que ir retirándolo centímetro a centímetro. Entonces pusimos un enlosado nuevo, encima un suelo laminado, el mismo que había en mi prisión. Arrancamos el viejo papel pintado de las paredes, alisamos las juntas y agujeros y pegamos un nuevo papel que luego pintamos de blanco. En la habitación incorporamos una pequeña cocina y un baño diminuto, apenas más grande que el plato de ducha y la alfombrilla que pusimos delante.

Trabajé como un animal. Levantar, cargar, arrastrar, emplastar, poner baldosas. Pintar el techo encima de una delgada tabla apoyada en dos escaleras. Mover muebles. El trabajo, el hambre y la lucha permanente con mi debilidad me dejaron tan exhausta que ya apenas pensaba en escapar. Al principio confiaba en que llegaría el momento en el que el secuestrador me dejaría sola. Pero no llegó. Estaba sometida a una continua vigilancia. Era increíble lo que hacía para impedirme la huida. Cuando iba al baño del descansillo, ponía unas pesadas tablas delante de la ventana para que no pudiera abrirla con facilidad para gritar. Incluso las atornillaba si sabía que iba a tardar más de cinco minutos en volver. También allí me construyó una cárcel. Cuando giraba la llave en la cerradura, me sentía interiormente de nuevo en mi prisión. También allí sentí miedo a que le pasara algo y yo tuviera que morir en aquella vivienda. Cada vez que regresaba, respiraba aliviada.

Hoy ese miedo me resulta extraño. Al fin y al cabo, estaba en una casa de vecinos y podía gritar o dar golpes en las paredes. A diferencia de lo que ocurría en el sótano, aquí me habrían encontrado enseguida. Pero mi miedo no era racional, brotaba de mi interior, desde el fondo, directamente desde mi cárcel.

* * *

Un día apareció de pronto un desconocido en la vivienda.

Acabábamos de subir el laminado para el suelo hasta el primer piso, la puerta estaba sólo entornada, cuando un hombre algo mayor y con el pelo canoso entró y saludó a voz en grito. Su alemán era tan malo que apenas pude entenderle. Nos dio la bienvenida a la casa y era evidente que quería iniciar una conversación sobre el tiempo y las obras de reforma. Priklopil me apartó a un lado y le echó con palabras secas. Noté que le invadía el pánico y me dejé contagiar de él. Aunque ese hombre podría haber sido mi salvación, en su presencia me sentía casi incómoda, hasta tal punto había interiorizado la perspectiva del secuestrador.

Por la noche, tumbada en mi cama del encierro, repasé una y otra vez la escena en mi cabeza. ¿Había actuado mal? ¿Debía haber gritado? ¿Había desaprovechado de nuevo la oportunidad decisiva? Tenía que intentar prepararme para actuar con más decisión la próxima vez. En mi mente veía el paso que podía haber dado hacia el desconocido como un salto sobre un inmenso abismo. Pude ver perfectamente cómo tomaba carrerilla, corría hasta el borde del precipicio y luego saltaba. Pero aunque lo intentaba, había una imagen que no conseguía visualizar. Nunca me veía aterrizando al otro lado. Incluso en mi fantasía el secuestrador me agarraba de la camiseta y me arrastraba hacia atrás. Las pocas ocasiones en que conseguía escapar me quedaba durante unos segundos suspendida en el aire sobre el abismo antes de caer al vacío. Era una imagen que me torturó toda la noche. Una señal de que estaba muy cerca, pero en el momento decisivo iba a volver a fallar.

El vecino tardó sólo unos días en volver. Esta vez con un montón de fotos en la mano. El secuestrador me apartó enseguida a un lado, pero conseguí verlas de reojo. Eran fotos familiares en las que aparecía él en su vieja patria, Yugoslavia, y una foto de grupo con su equipo de fútbol. El vecino no dejaba de hablar mientras sujetaba a Priklopil las fotos delante de la nariz. Yo sólo entendía algunas palabras. No, era imposible saltar por encima del abismo. ¿Cómo me iba a entender con ese hombre tan amable? ¿Cómo iba a entender lo que yo pudiera susurrarle en un momento de distracción, que por otro lado probablemente no se diera? ¿Natascha qué? ¿Quién ha sido secuestrado? Y aunque me entendiera, ¿qué pasaría después? ¿Llamaría a la policía? ¿Tendría teléfono? ¿Y luego? La policía no le creería. Aunque mandaran un coche patrulla a la calle Hollergasse, el secuestrador tendría tiempo suficiente para cogerme y llevarme al coche sin llamar la atención. No quería ni imaginar lo que podría pasar después.

No, esa casa no me brindaría la oportunidad de escapar. Pero ésta llegaría, de eso estaba más convencida que nunca. Sólo tenía que reconocerla a tiempo.

* * *

Durante aquella primavera del año 2006 el secuestrador se dio cuenta de que yo intentaba alejarme de él. Estaba descontrolado y colérico, la sinusitis crónica le atormentaba sobre todo por las noches. Durante el día incrementó sus esfuerzos por dominarme. Eran cada vez más absurdos. «¡No contestes!», gritaba en cuanto abría la boca aunque me hubiera hecho una pregunta. Me exigía obediencia absoluta». ¿Qué color es éste?», me preguntó en tono imperioso una vez, señalando un bote de pintura negra. «Negro», respondí. «No, es rojo. Es rojo porque lo digo yo. ¡Di que es rojo!» Si me negaba a decirlo, le daba un ataque de ira que no podía controlar y duraba más que nunca. Los golpes se repetían de forma continuada, a veces estaba tanto tiempo pegándome que me parecía que pasaban horas. Más de una vez estuve a punto de perder el sentido antes de que me arrastrara hasta el sótano y me encerrara a oscuras en mi cárcel.

Noté lo difícil que me resultaba de nuevo resistirme a un reflejo fatal. A olvidar los malos tratos en menos tiempo de lo que tardaban en curarse mis heridas. Habría sido mucho más fácil rendirse. Era como una fuerza que, cuando me atrapaba, me arrastraba sin remedio hasta lo más hondo mientras oía a mi propia voz susurrar: «Mundo feliz, mundo feliz. Todo está bien. No ha pasado nada.»

Tenía que enfrentarme a esa fuerza y crear pequeñas islas de salvación: mis anotaciones, en las que plasmaba de nuevo cada maltrato. Hoy me dan náuseas cada vez que tengo en las manos el cuaderno de rayas del colegio en el que, con buena letra y detallados dibujos de mis heridas, recogí todas las brutalidades a las que era sometida. Entonces las escribía desde una cierta distancia de mí misma, como si se tratara de una tarea escolar:

15 de abril de 2006

Me golpea una vez en la mano derecha tan fuerte y durante tanto tiempo que casi siento la sangre fluir. Todo el dorso de la mano se vuelve azul y rojizo, el derrame llega hasta la palma y cubre la mano entera. Luego me pone un ojo morado (también el derecho), al principio la mancha sólo ocupa el ángulo exterior y va cambiando entre el rojo, el azul y el verde, luego se extiende hacia arriba hasta el párpado.

Otras agresiones de los últimos tiempos, hasta donde puedo recordarlas y no las he olvidado: en el jardín, porque no me atreví a subir a la escalera, me atacó con unas tijeras de podar. Tuve un corte verdoso encima del tobillo derecho, se me rompió la piel. Otra vez me lanzó un pesado cubo con tierra y me dio en la pelvis, provocándome una horrible mancha de un tono marrón rojizo. Una vez me negué, por miedo, a subir con él. Entonces arrancó los enchufes de la pared y me lanzó todo lo que encontró en la pared. Me quedó un profundo rasguño con sangre en la rodilla derecha y en la pantorrilla. Tengo además un hematoma de unos ocho centímetros, de color negro violeta, en el brazo izquierdo, no sé de qué. Me ha pateado y pegado varias veces, también en la cabeza. Me ha hecho sangre en el labio dos veces, una vez me salió una hinchazón del tamaño de un guisante (ligeramente azulado) en el labio inferior. Una vez me salió un bulto debajo de la boca a causa de un golpe. Tengo también un corte (ya no sé de qué) en la mejilla derecha. Una vez me tiró una caja de herramientas a los pies, la consecuencia fueron unos hematomas verde pastel. Me ha golpeado a menudo con la llave inglesa u otra herramienta en la mano. Tengo dos hematomas negros simétricos debajo de ambos omóplatos y a lo largo de la columna.

Hoy me ha golpeado con el puño en el ojo derecho, he visto las estrellas, y en la oreja derecha, he sentido un dolor punzante y crujidos y pitidos. Luego ha seguido golpeándome en la cabeza.»

* * *

En los días mejores el secuestrador imaginaba de nuevo nuestro futuro en común. «Si al menos pudiera confiar en ti, en que no vas a escapar...», suspiró una noche en la mesa de la cocina. «Podría llevarte a todas partes. Iríamos al lago Neusiedlersee o al Wolf-gangsee y te compraría un vestido de verano. Podríamos ir a nadar, y en invierno, a esquiar. Para eso tengo que confiar en ti al cien por cien. Pero te vas a escapar.» En ese momento sentí una profunda pena por ese hombre que me había torturado durante más de ocho años. No quería hacerle daño y le deseaba el futuro feliz que tanto ansiaba tener: parecía tan desesperado y solo consigo mismo y con su delito, que a veces casi olvidaba que yo era su víctima... y no decidía su suerte. Pero no me dejé engañar por la ilusión de que todo iría bien si yo cooperaba. No se puede obligar a nadie a una eterna obediencia, y mucho menos al amor.

A pesar de todo, en aquellos momentos le prometía que me quedaría siempre a su lado y le consolaba: «No me voy a escapar, te lo prometo. Me quedaré siempre contigo.» Aunque él no me creía y a mí me partía el corazón mentirle. Ambos cambiábamos entre lo que éramos y lo que queríamos aparentar ser.

Yo estaba físicamente presente, pero mi mente hacía mucho tiempo que había huido. Aunque seguía sin conseguir imaginar mi aterrizaje al otro lado del abismo. La idea de aparecer de pronto otra vez en el mundo real me daba un miedo horrible. A veces incluso llegué a pensar que me iba a suicidar en cuanto abandonara al secuestrador. No podía soportar la idea de que mi libertad significara para él muchos años entre rejas. Naturalmente quería que los demás estuvieran a salvo de aquel hombre que era capaz de todo. En ese momento yo me encargaba de esa protección al concentrar toda su violenta energía en mí. Luego tendrían que ser la policía y los jueces los que se ocuparan de que no siguiera cometiendo delitos. Pero esa idea tampoco me tranquilizaba. Yo no albergaba ningún sentimiento de venganza, al contrario: me parecía que si le entregaba a la policía sólo iba a darle la vuelta al delito que él había cometido conmigo. Él me había encerrado primero, luego yo me iba a ocupar de que lo encerraran a él. En mi visión distorsionada del mundo no se ponía fin a un acto delictivo, sino que se acrecentaba. La maldad no disminuía en el mundo, sino que aumentaba.

Todas estas ideas pusieron en cierto modo el punto final lógico a la locura emocional a la que había estado expuesta durante años. Por las dos caras del secuestrador, por el rápido cambio de violencia a pseudonormalidad, por mi estrategia de supervivencia de eliminar todo lo que amenazaba con matarme. Hasta que el negro ya no es negro y el blanco ya no es blanco, sino que todo es una niebla gris en la que se pierde la orientación. Yo había interiorizado todo eso tanto que en algunos momentos me parecía peor traicionar al secuestrador que traicionar a mi propia vida. Tal vez debía conformarme con mi destino, pensé sólo una vez, cuando amenazaba con hundirme en las profundidades y perdí de vista mis islas de salvación.

Otros días me rompía la cabeza pensando cómo me iban a recibir en el exterior después de tantos años. Las imágenes del juicio contra Dutroux seguían vivas en mi mente. No quería comparecer en un juicio como la víctima de ese caso, de eso estaba segura. Había sido una víctima durante ocho años, no quería seguir siéndolo el resto de mi vida. Imaginé con todo detalle cómo quería tratar con los medios de comunicación. Naturalmente prefería que me dejaran tranquila. Pero si se informaba sobre mí, entonces que no fuera nunca sólo por mi nombre de pila. Quería aparecer en la vida como una mujer adulta. Y quería escoger con qué medios iba a hablar.

* * *

Fue una tarde a principios de agosto, cuando estaba sentada en la mesa de la cocina cenando con el secuestrador. Su madre había dejado el fin de semana una ensalada de salchichas en la nevera. Él me daba las verduras; las salchichas y el queso se amontonaban en su plato. Yo masticaba lentamente un trozo de pimiento, intentando extraer hasta el último resto de energía de cada fibra roja. Había engordado un poco y ya pesaba 42 kilos, pero el trabajo en la Hollergasse me había agotado y me sentía físicamente exhausta. Sin embargo, mi mente estaba muy despierta. Con la finalización de la reforma había superado una nueva fase de mi secuestro. ¿Qué sería lo siguiente? ¿La locura habitual de cada día? ¿Las vacaciones de verano en el Wolfgangsee, precedidas de malos tratos, acompañadas de humillaciones y, como premio, un vestido? No, no quería seguir llevando esa vida.

Al día siguiente trabajamos en el foso del taller. A lo lejos se oía a una madre llamar a sus hijos a gritos. De vez en cuando una suave ráfaga de viento dejaba entrar en el garaje el olor del verano y de la hierba recién cortada, mientras nosotros renovábamos la protección de los bajos de la vieja furgoneta blanca. Yo tenía una sensación ambivalente mientras extendía la espesa capa protectora con la brocha. Era el coche en el que me había secuestrado y que ahora quería vender. No sólo pasaba a una distancia inalcanzable el mundo de mi infancia, sino que también desaparecían parte de las piezas que adornaron los primeros tiempos de mi cautiverio. Ese coche era la conexión con el día de mi secuestro. Y ahora yo estaba trabajando para que desapareciera. Con cada brochazo que daba me parecía que estaba tapando con cemento mi futuro en el sótano.

«Nos has llevado a una situación en la que sólo uno de nosotros puede sobrevivir», dije de pronto. El secuestrador me miró sorprendido. Yo me mantuve firme. «Te estoy muy agradecida por no haberme matado y por haber cuidado tan bien de mí. Ha estado muy bien por tu parte. Pero no me puedes obligar a vivir contigo. Soy una persona independiente, con mis propias necesidades. Esta situación se tiene que acabar.»

Como respuesta Wolfgang Priklopil me cogió la brocha de la mano sin decir nada. Pude ver en su rostro que estaba muy asustado. Debía haber estado temiendo ese momento durante todos esos años. El momento en el que quedaba claro que todas sus humillaciones no habían servido de nada. Que no había conseguido doblegarme. Yo seguí hablando: «Es evidente que me tengo que marchar. Debías haber contado con ello desde el principio. Uno de nosotros debe morir, ya no queda otra salida. O me matas o me dejas libre.»

Priklopil sacudió la cabeza muy despacio. «Jamás lo haría, lo sabes muy bien», dijo en voz baja.

Yo esperaba que en alguna parte de mi cuerpo explotaran enseguida los dolores, y me preparé interiormente para ello. No rendirse. No rendirse. No me rendiré. Como no ocurría nada y él seguía sin moverse ante mí, cogí aire y pronuncié la frase que lo cambió todo: «He intentado tantas veces suicidarme... y a pesar de todo sigo siendo aquí la víctima. Sería mucho mejor que te suicidaras tú. Al fin y al cabo, ya no tienes salida. Si te suicidas, se acabarán todos los problemas de una vez.»

En ese momento pareció quebrarse algo en su interior. Pude ver la desesperación en sus ojos cuando se volvió sin decir nada, vi que apenas podía soportarla. Ese hombre era un delincuente, pero también era la única persona que yo tenía en este mundo. Pude ver pasar a cámara rápida distintos momentos de los años anteriores. Vacilé, y me oí decir: «No te preocupes. Si me escapo me tiraré inmediatamente a las vías del tren. No te pondré en peligro.» El suicidio me parecía la forma más perfecta de libertad, el final de todo, de una vida que en cualquier caso llevaba mucho tiempo destrozada.

En aquel instante me habría gustado retirar todo lo que había dicho. Pero ya lo había anunciado: me escaparía en cuanto pudiera. Y uno de nosotros no iba a sobrevivir.

* * *

Tres semanas más tarde estaba yo en la cocina mirando el calendario. Tiré la hoja recién arrancada al cubo de la basura y me di la vuelta. No podía permitirme muchas reflexiones, el secuestrador me llamaba al trabajo. El día anterior había tenido que ayudarle a preparar el anuncio para la casa de la Hollergasse. Priklopil me había entregado un plano de Viena y una regla. Medí la distancia entre la vivienda de la Hollergasse y la estación de metro más próxima, comprobé la escala y calculé cuántos metros había que andar. Luego me hizo salir al pasillo y recorrerlo de un extremo a otro a paso ligero. Midió el tiempo con su reloj de pulsera. Luego calculé cuánto se tardaba en ir andando desde la casa hasta el metro y hasta la parada de autobús más próxima. En su pedantería, el secuestrador quería indicar con toda exactitud, al segundo, a qué distancia estaba su casa de los medios de transporte públicos. Cuando el anuncio estuvo terminado, llamó a su amigo, que lo colgó en internet. Respiró profundamente y sonrió. «¡Ahora todo será más sencillo!» Parecía haber olvidado por completo nuestra conversación en torno a la huida y la muerte.

A última hora de la mañana del 23 de agosto de 2006 salimos al jardín. Los vecinos no estaban, y recogimos las últimas fresas del bancal que había delante del seto de aligustre y los últimos albaricoques que había alrededor del árbol. A continuación lavé las frutas en la cocina y las guardé en la nevera. El secuestrador me seguía a cada paso y no me perdía de vista ni un instante.

Hacia el mediodía me llevó al cenador que había en la parte posterior de la parcela, separado de un pequeño camino por una valla. Priklopil estaba muy atento a que la puerta del jardín estuviera siempre cerrada. Incluso cuando abandonaba la parcela sólo por unos minutos, por ejemplo, para sacudir las alfombrillas de su BMW rojo, la dejaba cerrada. Aparcó la furgoneta blanca, que debían venir a recogerla al día siguiente, entre el cenador y la puerta del jardín. Priklopil sacó la aspiradora, la enchufó y me ordenó que aspirara con cuidado el interior, los asientos y las alfombrillas. Yo estaba en plena faena, cuando sonó su móvil. Se alejó algunos pasos del coche, se tapó la oreja con la mano y preguntó dos veces: «¿Cómo dice?» De lo poco que pude oír con el ruido de la aspiradora deduje que debía tratarse de alguien interesado por la vivienda. Priklopil parecía muy contento. Inmerso en la conversación, se giró y se alejó unos metros en dirección a la piscina.

Yo estaba sola. El secuestrador me había perdido de vista por primera vez desde el comienzo de mi cautiverio. Me quedé un breve instante parada, delante del coche, con la aspiradora en la mano, y sentí cómo una especie de parálisis se apoderaba de mis brazos y piernas. Un corsé de hierro parecía ceñir mi cuerpo.

Apenas podía respirar. Lentamente dejé caer la mano con la aspiradora. Una serie de imágenes desordenadas cruzó por mi mente: Priklopil, cómo volvía y no me encontraba. Cómo me buscaba y se volvía loco. Un tren que pasaba a toda velocidad. Mi cuerpo inerte. Su cuerpo inerte. Coches de policía. Mi madre. La sonrisa de mi madre.

Luego ocurrió todo muy deprisa. Con un esfuerzo sobrehumano conseguí vencer la fuerza paralizante que atenazaba cada vez más mis piernas. La voz de mi segundo yo martilleaba en mi cabeza: si hubieras sido secuestrada ayer, ahora saldrías corriendo. Debes actuar como si no conocieras al secuestrador. Es un extraño. Corre. Corre. ¡Maldita sea, corre!

Dejé caer la aspiradora y corrí hacia la puerta del jardín. Estaba abierta.

* * *

Dudé unos instantes. ¿Debía ir a la izquierda o a la derecha? ¿Dónde había gente? ¿Dónde estaban las vías del tren? Ahora no podía perder la cabeza, tener miedo, volverme, sólo tenía que marcharme de allí. Corrí a lo largo del pequeño camino, torcí por la Blaselgasse y me dirigí a la urbanización que se extendía a lo largo de la calle paralela: pequeños jardines con casitas entremedias, construidas en las antiguas parcelas. En mis oídos sólo había un zumbido, me dolían los pulmones. Tenía la certeza de que el secuestrador estaba a cada segundo más cerca de mí. Creí oír sus pasos, y sentí su mirada en mi espalda. Por un instante me pareció notar su respiración en mi nuca. Pero no me volví. Ya me enteraría si me tiraba al suelo de un empujón y me arrastraba hasta la casa para matarme. Todo menos volver al encierro. Al fin y al cabo, la muerte la había elegido yo, en sus manos o debajo del tren. Elegir la libertad, morir en libertad. Se me pasaron un montón de extrañas ideas por la cabeza mientras seguía corriendo. Sólo cuando me crucé con tres personas por la calle supe que quería vivir. Y que iba a vivir.

Me abalancé sobre ellas y les dije jadeando: «¡Tienen que ayudarme! ¡Necesito un teléfono para llamar a la policía! ¡Por favor!» Los tres me miraron muy sorprendidos: un señor mayor, un niño, de unos 12 años, y un tercero, tal vez el padre del niño. «Imposible», dijo éste. Luego me esquivaron y siguieron andando. El de más edad se volvió y me dijo: «Lo siento, no llevo el teléfono móvil.» Las lágrimas me inundaron los ojos. ¿Qué era yo para ese mundo de ahí fuera? En él no tenía vida, era una ilegal, una persona sin nombre y sin historia. ¿Y si nadie creía mi historia?

Me quedé temblando en la acera, con la mano apoyada en una valla. ¿Hacia dónde debía ir? Tenía que alejarme de aquella calle. Seguro que Priklopil ya se había dado cuenta de que me había escapado. Retrocedí unos pasos, salté la valla bajita de una casa y llamé al timbre. Pero no se movió nada, no se veía a nadie. Seguí corriendo, saltando de un jardín a otro por encima de setos y macizos de flores. Por fin vi a una mujer algo mayor en una ventana abierta de una de las casas de la urbanización. Di unos golpes en el marco de la ventana y le dije sin alzar mucho la voz: «¡Por favor, ayúdeme! ¡Llame a la policía! ¡He sido víctima de un secuestro, llame a la policía!»

«¿Qué hace usted en mi jardín? ¿Qué es lo que quiere?», me recriminó una voz desde el interior. La mujer me miró con desconfianza. «¡Por favor, llame a la policía de mi parte! ¡Rápido!», le contesté ya sin respiración. «He sido víctima de un secuestro. Me llamo Natascha Kampusch... Por favor, llame a la policía de Viena. Dígales que se trata de un caso de secuestro. Que vengan sin patrullas. Soy Natascha Kampusch.»

«¿Por qué ha venido precisamente a mi casa?»

Yo me estremecí. Pero entonces vi que dudaba un instante. «Espere junto a la valla. ¡Y no me pise el césped!»

Yo asentí sin decir nada cuando se volvió y desapareció de mi vista. Había pronunciado mi nombre por primera vez en siete años. Estaba otra vez de vuelta.

* * *

Me quedé junto a la valla esperando. El tiempo pasaba segundo a segundo. Notaba el corazón palpitando en el cuello. Sabía que Wolfgang Priklopil me buscaría, y sentía pánico a que se volviera loco. Al cabo de un rato vi, por encima de las vallas de los jardines vecinos, dos patrullas que se acercaban con las luces azules encendidas. O bien la mujer no había transmitido mi ruego de que vinieran en coches camuflados o la policía no lo había tenido en cuenta. Dos jóvenes policías se bajaron de un coche y accedieron al pequeño jardín. «¡Quédese donde está y suba los brazos!», me ladró uno de ellos. No me había imaginado así mi primer encuentro con la nueva libertad. Con los brazos en alto como si fuera una delincuente, le expliqué a la policía quién era. «Me llamo Natascha Kampusch. Tienen que haber oído hablar de mi caso. Fui secuestrada en 1998.»

«¿Kampusch?», respondió uno de los dos policías.

Oí la voz del secuestrador: Nadie te va a echar de menos. Todos están contentos de que te hayas marchado.

«¿Fecha de nacimiento? ¿Dirección?»

«17 de febrero de 1988. Calle Rennbahnweg 27, escalera 38, 7º piso, puerta 18.»

«¿Cuándo y por quién fue secuestrada?»

«En 1998. Me cogieron junto a una casa de la calle Heinestrasse 60. El secuestrador se llama Wolfgang Priklopil.»

No podía haber un contraste más fuerte entre la fría toma de datos y la mezcla de euforia y pánico que me invadía.

La voz del policía que contrastaba mi información a través de la radio llegó apagada hasta mis oídos. La tensión me corroía por dentro. Sólo había escapado unos cientos de metros, la casa del secuestrador estaba a dos pasos de allí. Intenté respirar de forma regular para controlar el miedo. No dudaba que lo más fácil para él sería deshacerse de esos dos policías de un plumazo. Yo estaba como petrificada junto a la valla y escuchaba con atención. Trinos de pájaros, un coche a lo lejos. Pero esa tranquilidad me parecía una tempestad. Enseguida se oirían los disparos. Tensé todos los músculos. Por fin había saltado por encima del abismo. Y por fin había llegado al otro lado. Estaba dispuesta a luchar por mi nueva libertad.

* * *

URGENTE

Caso Natascha Kampusch: mujer afirma estar desaparecida. La policía intenta confirmar su identidad.

Viena (APA). Un giro sorprendente en el viejo caso de hace más de ocho años de Natascha Kampusch: una joven afirma que es la niña desaparecida en Viena el 2 de marzo de 1998. La policía federal ha iniciado las gestiones para averiguar la identidad de la joven. «No sabemos si es la niña secuestrada o si se trata de una mujer trastornada», dice Erich Zwettler, de la policía federal. La mujer se encontraba por la tarde en la comisaría de policía de Deutsch-Wagram, en la Baja Austria, 23 de agosto de 2006.

Yo no era una joven trastornada. Me dolió mucho que pudiera tomarse eso en consideración. Pero para los policías, que tenían que comparar las fotos de entonces, en las que aparecía una niña pequeña y gordita, con la joven escuálida que estaba ante ellos, era una posibilidad.

Antes de dirigirnos al coche les pedí una manta. No quería que me viera el secuestrador, que suponía que estaba cerca, o que alguien pudiera filmar la escena. No había ninguna manta, pero los policías evitaron que pudiera ser vista.

Una vez en el coche, me hundí lo más que pude en el asiento. Cuando el policía arrancó el motor y el coche se puso en movimiento, me invadió una gran sensación de alivio. ¡Lo había conseguido! ¡Había escapado!

En la comisaría de Deutsch-Wagram me recibieron como a una niña perdida. «¡No puedo creer que estés aquí! ¡Que estés viva!» Los policías que se habían encargado de mi caso me rodearon. La mayoría estaban convencidos de mi identidad, sólo uno o dos querían esperar a las pruebas de ADN. Me contaron cuánto tiempo habían estado buscándome. Que se habían creado comisiones especiales que luego habían sido disueltas por otros. Sus palabras me llegaban por todos lados. Yo estaba muy concentrada, pero hacía tanto tiempo que no hablaba con nadie que me agobiaba ver a tanta gente. Estaba desvalida en medio de ellos, me sentía muy débil y empecé a tiritar dentro de mi fino vestido. Una policía me dejó una chaqueta. «Tienes frío, ponte esto», dijo con gran amabilidad. Se lo agradecí mucho.

Echando la vista atrás me sorprende que entonces no me llevaran directamente a un lugar tranquilo ni esperaran al menos un día a hacer los interrogatorios. Al fin y al cabo, yo estaba en una situación excepcional. Durante ocho años y medio había creído al secuestrador cuando me decía que si me escapaba morirían muchas personas. Yo me había escapado, y nada de eso había ocurrido, a pesar de lo cual tenía el miedo tan metido en el cuerpo que ni siquiera en la comisaría de policía me sentía segura y libre. No sabía cómo debía enfrentarme a todas aquellas preguntas. Estaba indefensa. Hoy pienso que debían haberme dejado descansar un poco, con la asistencia correspondiente.

En aquel momento no cuestioné todo el jaleo que se montó. Sin un respiro, sin un momento relajada, una vez confirmada mi identidad fui conducida a una habitación anexa. La amable policía que me había dado una chaqueta fue la encargada de tomarme declaración. «Siéntate y habla tranquilamente», dijo. Yo miré insegura a mi alrededor. La habitación, que estaba llena de papeles y poco ventilada, daba una impresión de trabajo eficiente. Fue la primera en que estuve más tiempo tras mi largo cautiverio. Aunque me había preparado mucho para ese momento, toda aquella situación me resultaba muy irreal.

Lo primero que me preguntó la mujer policía fue si me importaba que me tuteara. Tal vez fuera así más fácil, sobre todo para mí. Pero no quise. No quería ser la «Natascha» a la que se podía tratar como a un niño. Había escapado, era adulta, iba a luchar por tener un tratamiento adecuado.

La policía asintió, me preguntó algunas cosas sin importancia y pidió que me trajeran unos panecillos. «Coma algo, ha adelgazado mucho», me dijo. Sujeté en una mano el panecillo que me había ofrecido y no sabía cómo debía comportarme. Estaba tan confusa que su ofrecimiento, su atención, me parecía una orden que yo no podía cumplir. Estaba demasiado inquieta para comer, y había pasado hambre durante demasiado tiempo. Sabía que si me comía todo ese panecillo, luego me dolería mucho el estómago. «No puedo comer nada», susurré. Pero se puso en marcha el mecanismo de aceptar un ofrecimiento. Mordisqueé la corteza del pan como un ratoncillo. Tardé un rato en sentirme algo más tranquila y poderme concentrar en la conversación.

La policía me inspiró confianza enseguida. Mientras que los hombres de la comisaría me intimidaban y me hacían mantenerme alerta, sentí que con una mujer podía estar más relajada. Hacía tanto tiempo que no había visto a una mujer que la observé con fascinación. Tenía el pelo oscuro, peinado hacia un lado, con algunas mechas más claras. Llevaba al cuello una cadena con un colgante de oro en forma de corazón, y en sus orejas brillaban unos pendientes. Me sentía a gusto con ella.

Entonces empecé a contarle todo. Desde el principio. Las palabras brotaban de mi interior. Con cada frase sobre mi secuestro me liberaba de un peso. Como si el horror fuera a desaparecer porque yo lo expresara en palabras en aquella sencilla oficina y quedara registrado en un informe. Le conté lo mucho que me alegraba de llevar una vida independiente, de adulta; que quería tener una vivienda propia, un trabajo, más tarde también una familia. Al final casi tenía la sensación de haber ganado una amiga. Cuando terminamos, la policía me regaló su reloj. Tuve la sensación de que otra vez era dueña de mi tiempo. Ya no estaría controlada por otros, ya no dependería de una computadora que me dictaba cuándo había luz, cuándo estaba oscuro.

«Por favor, no conceda entrevistas», le pedí cuando se despidió de mí, «pero si, a pesar de todo, habla con los medios sobre mí, diga algo agradable».

Se rio. «Le prometo que no concederé entrevistas. ¡Quién me va a preguntar a mí!»

La joven policía a quien había confiado mi vida mantuvo su palabra sólo durante unas horas. Al día siguiente ya había cedido a la presión de los medios y contaba en televisión detalles de mi toma de declaración. Más tarde me pidió disculpas por ello. Lo sentía mucho, pero la situación la había superado, igual que a todos los demás.

También sus colegas de la comisaría de Deutsch-Wagram se enfrentaron a la situación con notable ingenuidad. Nadie estaba preparado para el alboroto que desató la filtración de la noticia de mi autoliberación. Mientras que tras la primera declaración yo tuve que abandonar el plan que había trazado durante meses para ese día, en la comisaría de policía no había nada a que recurrir. «¡Por favor, no informen a la prensa!», repetía yo una y otra vez. Pero ellos sólo se reían: «¡Aquí no viene nunca la prensa!» Pero estaban muy equivocados. Cuando esa tarde iba a ser llevada a la dirección de policía de Viena, ya estaba todo rodeado. Por suerte tuve la sangre fría de pedir una manta y echármela por encima de la cabeza antes de salir de la comisaría. Pero incluso bajo ella pude notar los flashes. «¡Natascha! ¡Natascha!», oía gritar por todos lados. Ayudada por dos policías, me dirigí a tropezones hasta el coche lo más deprisa posible. La foto de mis piernas blancas y llenas de manchas asomando por debajo de la manta, que también dejaba ver un trozo de mi vestido naranja, dio la vuelta al mundo.

De camino a Viena me enteré de que estaban buscando a Wolfgang Priklopil. Habían registrado la casa, pero no habían encontrado a nadie. «Se ha iniciado una gran búsqueda», me explicó uno de los policías. «Todavía no le tenemos, pero todo policía con piernas se ocupa de ello. El secuestrador no conseguirá escapar, tampoco al extranjero. Le vamos a coger.» A partir de aquel momento estuve esperando la noticia de que Wolfgang Priklopil se había suicidado. Yo había prendido la mecha de una bomba y ya no había forma de apagarla. Yo había elegido la vida. Al secuestrador sólo le quedaba la muerte.

* * *

Reconocí a mi madre al instante cuando entró en la inspección de policía de Viena. Habían pasado 3 096 días desde la mañana en que me había ido de la casa de Rennbahnweg sin despedirme. Ocho años y medio en los que el hecho de no haberme podido disculpar nunca por aquello me había roto el corazón. Una juventud sin familia. Ocho Navidades, todos los cumpleaños desde los 11 hasta los 18 años, incontables noches en las que había ansiado una palabra, una caricia de ella. Ahora estaba ante mí, casi igual, como en un sueño que de pronto se hace realidad. Rompió en fuertes sollozos, reía y lloraba al mismo tiempo cuando corrió hacia mí y me abrazó: «¡Mi niña! ¡Mi niña! ¡Estás otra vez aquí! ¡Sabía que volverías!» Yo aspiré con fuerza su olor. «¡Estás aquí!», susurraba mi madre una y otra vez. «¡Natascha, estás otra vez aquí!» Nos abrazamos, estuvimos un rato unidas. El estrecho contacto corporal me resultaba tan extraño que me empecé a sentir mal.

Mis dos hermanas habían entrado tras ella en las oficinas, también ellas se echaron a llorar cuando nos abrazamos. Poco después vino mi padre. Se abalanzó sobre mí, me miró con incredulidad y buscó una cicatriz que me había dejado una herida cuando era pequeña. Luego me abrazó, me levantó por los aires y sollozó: «¡Natascha! ¡Eres tú!» El corpulento y fuerte Ludwig Koch lloraba como un niño, y yo lloraba con él.

«Te quiero», le susurré cuando tuvo que irse a toda prisa, como tantas veces cuando me dejaba en casa después de un fin de semana.

Es curioso lo normales que son las preguntas que se hacen después de tanto tiempo. «¿Viven todavía los gatos? ¿Sigues con el mismo novio? ¡Qué joven se te ve! ¡Cuánto has crecido!» Como si hubiera que acercarse al otro tanteando. Como si se entablara una conversación con un desconocido al que uno —por cortesía o porque no se tienen otros temas— no se quiere acercar demasiado. Para mí también era una situación sumamente difícil. Había sobrevivido los últimos años porque me había replegado en mí misma. No podía cambiar tan deprisa, y a pesar de la proximidad física notaba un muro invisible entre mi familia y yo. La veía tras un cristal, riendo y llorando, mientras se me acababan las lágrimas. Había vivido demasiado tiempo en una pesadilla, mi prisión psíquica seguía allí y se interponía entre nosotros. Veía a mi familia igual que ocho años antes, mientras que yo había dejado de ser una niña de colegio y me había convertido en una mujer adulta. Me sentía como si estuviéramos atrapados en diferentes burbujas de tiempo que se rozan levemente y luego se separan. No sabía cómo habían pasado los últimos años, qué había ocurrido en su mundo. Pero sabía que no había palabras para expresar lo que yo había vivido... y que no podía mostrar los sentimientos que se agolpaban en mi interior. Hacía tanto tiempo que los había apartado de mí que no me resultaba nada fácil abrirles la puerta a mi prisión emocional.

El mundo al que regresé ya no era el mismo que había abandonado. Y yo tampoco era la misma. Ya nada sería como antes, nunca. Eso lo tuve claro cuando le pregunté a mi madre: «¿Qué tal está la abuela?» Mi madre bajó la mirada muy afligida: «Murió hace dos años. Lo siento mucho.» Yo tragué saliva, y arrinconé enseguida la triste noticia bajo la dura coraza que me había creado durante el cautiverio. Mi abuela. Los recuerdos se agolparon en mi cabeza. El olor a aguardiente francés y a velas de Navidad. Sus delantales, la sensación de cercanía, su imagen que tantas noches me había acompañado en mi cárcel.

* * *

Después de que mis padres cumplieron su «tarea» y me identificaron, fueron conducidos al exterior. Mi tarea ahora consistía en estar a disposición de las autoridades. Seguí sin un momento de descanso para mí.

La policía estableció que una psicóloga me prestaría apoyo en los días siguientes. Me preguntaron una y otra vez cómo se podía conseguir que el secuestrador se entregara. Yo no sabía la respuesta. Estaba segura de que se iba a suicidar, pero no sabía cómo ni cuándo. Oí decir que habían buscado explosivos en la casa de Strasshof. A última hora de la tarde la policía había descubierto mi prisión. Mientras yo estaba sentada en una oficina, los especialistas registraban vestidos con monos blancos el habitáculo que durante ocho años había sido mi cárcel y mi refugio. Yo me había despertado allí tan sólo unas horas antes.

Por la tarde fui conducida en un vehículo civil a un hotel de Burgenland. Después de que mi búsqueda por parte de la policía vienesa resultara infructuosa se había hecho cargo del caso una comisión especial de Burgenland. Ahora pasaba a estar bajo su custodia. Cuando llegamos al hotel era ya de noche. Acompañada por la psicóloga, los funcionarios me llevaron a una habitación con una cama doble y un cuarto de baño. Toda la planta había sido desocupada y ahora era vigilada por hombres armados. Temían una venganza del secuestrador, al que todavía no habían encontrado.

Pasé la primera noche en libertad con una policía psicóloga que no paraba de hablar, pero cuyas palabras fluían por encima de mí como una corriente continua. Otra vez había sido aislada del mundo exterior, para mi protección, según aseguraba la policía. Tenían razón, pero casi me vuelvo loca en esa habitación. Me sentía encerrada y sólo tenía un único deseo: oír la radio. Saber qué había pasado con Wolfgang Priklopil. «Créame, no es bueno para usted», me repetía la psicóloga una y otra vez. Yo me negaba interiormente, pero hice lo que me indicaba. Esa noche me di un baño. Me sumergí en el agua e intenté relajarme. Podía contar con los dedos de las manos las veces que me había dado un baño en los años de cautiverio. Por fin podía preparármelo yo y echar todo el gel que quisiera. Pero no pude disfrutar de él. En algún sitio, ahí afuera, estaba el hombre que durante ocho años y medio había sido la única persona en mi vida y que ahora buscaba una forma de suicidarse.

Conocí la noticia al día siguiente, en el coche de policía que me llevaba de regreso a Viena. «¿Se sabe algo nuevo del secuestrador?», fue mi primera pregunta al subir al coche.

«Sí», dijo el policía con precaución. «El secuestrador ha muerto. Se ha suicidado. Se ha tirado delante de un tren a las 20.59 horas en la Estación del Norte de Viena.»

Alcé la cabeza y miré por la ventana. Fuera se extendía el suave paisaje de verano de Burgenland a lo largo de la autopista. Una bandada de pájaros alzó el vuelo en un campo de cultivo. El sol estaba en lo alto del cielo y sumía los prados medio agostados en una cálida luz. Respiré profundamente y estiré los brazos. Una sensación de calidez y seguridad inundó mi cuerpo, desde el estómago hasta las puntas de los dedos de las manos y los pies. Sentí alivio. Wolfgang Priklopil ya no existía. Se acabó.

Era libre.

Epílogo

Los primeros días de mi nueva vida en libertad los pasé en el Hospital General de Viena, en la sección de psiquiatría infantil y juvenil. Fue una entrada lenta, cautelosa, en la vida normal, y también un preludio de lo que me esperaba. Estaba muy bien cuidada, pero internada en una sección cerrada que no podía abandonar. Aislada del mundo exterior, al que yo había escapado para salvarme, me relacionaba en la sala de descanso con jóvenes anoréxicas y niños que se autolesionaban. Fuera, tras los muros protectores, me aguardaba una avalancha de medios. Los fotógrafos trepaban a los árboles para hacerme la primera foto. Los reporteros intentaban colarse en el hospital vestidos de enfermeros. Mis padres fueron abrumados con miles de propuestas de entrevistas. Mi caso era el primero, según los expertos en medios de comunicación, en el que los medios austriacos y alemanes, siempre tan comedidos, habían traspasado todos los límites. Aparecieron fotos de mi cárcel en los periódicos. La puerta de hormigón estaba abierta. Las pocas pero valiosas pertenencias que tenía, mis diarios y mi par de vestidos, aparecían revueltos sin piedad por los hombres vestidos con trajes protectores blancos. Sobre mi escritorio y mi cama había carteles amarillos con números. Tuve que ver cómo mi pequeña vida privada, tanto tiempo oculta, saltaba a las portadas de los periódicos. Todo lo que había conseguido ocultar al secuestrador aparecía ahora deformado ante la opinión pública, que se montaba su propia verdad.

Dos semanas después de mi autoliberación decidí poner fin a las especulaciones y contar mi historia por mí misma. Concedí tres entrevistas: a la televisión austriaca, al diario más importante del país, el *Kronenzeitung,* y a la revista *News.*

Antes de dar este paso me habían llegado distintas recomendaciones de que cambiara y ocultara mi nombre. Me dijeron que si no jamás tendría la oportunidad de disfrutar de una vida normal. ¿Pero qué tipo de vida es ésa en la que no puedes mostrar tu rostro, no puedes ver a tu familia y tienes que utilizar un nombre que no es el tuyo? ¿Qué tipo de vida sería ésa precisamente para alguien como yo, que me pasé todo el tiempo que duró mi cautiverio luchando por no perderlo? A pesar de sufrir la violencia del secuestrador, de haber estado encerrada a oscuras y haber sido sometida a otras torturas, yo seguía siendo Natascha Kampusch. Ahora que era libre no iba a renunciar a mi bien más preciado: mi identidad. Me presenté con mi nombre completo y la cara descubierta ante las cámaras y conté algunas cosas de los años que había pasado encerrada. Pero a pesar de mi franqueza los medios no me dieron un respiro, un titular seguía a otro, conjeturas cada vez más arriesgadas inundaban la información. Era como si la horrible verdad no fuera suficientemente siniestra, como si hubiera que ampliarla más allá de lo soportable y se me quisiera privar de la capacidad de interpretar lo que me había ocurrido. La casa en la que fui forzada a pasar tantos años de mi vida fue asaltada por los curiosos, todos querían sentir el escalofrío del terror. A mí me parecía horrible que un perverso admirador del secuestrador pudiera adquirir esa casa. Un lugar de peregrinación para todos aquellos que veían hechas realidad sus más oscuras fantasías. Por eso me ocupé de que no se pusiera en venta, sino que se me fuera adjudicada como «indemnización por daños y perjuicios». Con ello recuperaba y tenía bajo control una parte de mi historia.

El interés despertado en esas primeras semanas fue desbordante. Recibí miles de cartas de personas desconocidas que se alegraban de mi liberación. Al cabo de un par de semanas pasé a alojarme con las monjas del hospital, unos meses más tarde en mi propia vivienda. Me preguntaron por qué no volvía a vivir con mi madre. Pero la pregunta me resultó tan absurda que ni siquiera se me ocurrió una respuesta. Era el plan de ser independiente a los 18 años lo que me había permitido salir adelante todos esos años. Ahora quería ponerlo en práctica y vivir por fin mi propia vida. Sentía que tenía el mundo entero ante mí: era libre y podía hacer cualquier cosa. Todo. Ir a tomar un helado en una tarde soleada, bailar, retomar mi formación escolar. Paseaba asombrada por este inmenso mundo lleno de color y sonido que me intimidaba y me ponía eufórica, y absorbía con avidez hasta el mínimo detalle. Había muchas cosas que no entendía después de un aislamiento tan largo. Tuve que aprender cómo funciona el mundo, cómo se relacionan los jóvenes, qué códigos utilizan, qué gestos, qué quieren expresar con su forma de vestir. Disfrutaba de la libertad y aprendía, aprendía, aprendía. Había perdido toda mi juventud y tenía muchas cosas que recuperar.

Pero poco a poco me di cuenta de que había caído en una nueva prisión. Pronto fueron visibles los muros que sustituían a mi cárcel. Eran muros más sutiles, levantados por un interés público desmedido que valoraba cada uno de mis pasos y me hacía imposible coger el metro o ir de compras tranquilamente como otras personas. En los primeros meses después de mi autoliberación un grupo de asesores organizó mi vida por mí y apenas me dejaba espacio libre para pensar lo que quería hacer en realidad. Yo creía que al presentarme ante la opinión pública iba a recuperar mi historia. Pero con el tiempo me di cuenta de que eso no era posible. En ese mundo que rivalizaba por mí yo no importaba. Un horrible delito me había convertido en una persona famosa. El secuestrador había muerto, no existía un caso Priklopil. Yo era el caso: el caso Natascha Kampusch.

El interés que se muestra por una víctima es engañoso. Se siente afecto por la víctima sólo cuando uno se puede sentir por encima de ella. Ya en la primera marea de cartas me llegaron docenas de escritos que provocaron en mí un sentimiento amargo. Había muchos acosadores, cartas de amor, proposiciones de matrimonio y perversas cartas anónimas. Pero también los ofrecimientos de ayuda mostraban lo que a muchos en realidad les importaba. Se trata de un mecanismo humano por el que uno se siente mejor cuando puede ayudar a alguien más débil, a una víctima. Esto funciona mientras los roles están claramente repartidos. El agradecimiento hacia el que da algo es muy bonito; sólo cuando se abusa de él para no dejar desarrollarse al otro adquiere el conjunto un gustillo agrio. «Puede vivir conmigo y ayudarme en las tareas domésticas, le ofrezco a cambio un sueldo y alojamiento. Estoy casado, pero podemos arreglarnos», escribía un hombre. «Puede trabajar en mi casa para que aprenda a limpiar y cocinar», decía una mujer a la que esa «contraprestación» le parecía suficiente. Ya había limpiado bastante en todos los años anteriores. No quiero que nadie me interprete mal. Me alegré mucho de todos los ofrecimientos sinceros y del interés real por mi persona. Pero resulta difícil que se reduzca mi personalidad a una niña rota y necesitada de ayuda. Es un papel en el que yo nunca me he metido y que tampoco quiero asumir en el futuro.

Me había enfrentado a toda la basura psíquica y a las oscuras fantasías de Wolfgang Priklopil, no me había dejado vencer. Por fin estaba fuera, y sólo se quería ver eso: una persona rota que nunca más va a levantar cabeza, que siempre va a depender de la ayuda de los demás. Pero en el momento en que me negué a llevar ese estigma el resto de mi vida cambiaron las cosas.

Todas aquellas caritativas personas que me habían mandado su ropa vieja o me habían ofrecido trabajo como limpiadora en sus casas aceptaron con reprobación que yo quisiera vivir según mis propias reglas. Enseguida circuló la idea de que era una desagradecida y que seguro quería sacar provecho de todo aquello. Se extrañaron de que pudiera permitirme una vivienda propia, corrió el rumor de que había ganado sumas exorbitantes con las entrevistas. Los ofrecimientos dieron paso poco a poco al rencor y la envidia... y a veces incluso al odio.

Lo que menos se me perdonó fue que no condenara al secuestrador como la opinión pública esperaba. Nadie quería oírme decir que no existe el mal absoluto, que nada es blanco o negro. El secuestrador me había arrebatado mi juventud, me había encerrado y torturado, pero en esos años tan decisivos entre los 11 y los 18 años había sido mi única persona de referencia en la vida. Con mi huida no sólo me había librado de mi torturador, también había perdido a una persona a la que había estado muy unida por obligación. Pero no se me permitía sentir dolor, resultaba difícil de entender. En cuanto empezaba a dibujar una imagen algo distinta del secuestrador, la gente arqueaba las cejas y miraba hacia otro lado, le desagradaba que sus categorías de bueno y malo se tambalearan y tuviera que enfrentarse al hecho de que el mal personificado tiene una cara humana. Su lado oscuro no ha caído simplemente del cielo, nadie llega al mundo siendo un monstruo. Todos nosotros nos convertimos en lo que somos a través del contacto con el mundo, con otras personas. Y, con ello, somos responsables de lo que ocurre en nuestras familias, en nuestro entorno. No resulta fácil aceptarlo. Pero resulta más difícil cuando alguien te sujeta delante el espejo y te devuelve una imagen que no esperas. Con mis manifestaciones he puesto el dedo en la llaga, y mis intentos de buscar a la persona que se ocultaba tras la fachada sólo han recibido incomprensión. Una vez libre incluso me he reunido con el amigo de Priklopil, Holzapfel, para hablar sobre el secuestrador. Quería entender por qué se había convertido en el ser que me había hecho eso. Pero enseguida abandoné el intento. No se me concedió esa forma de superación del pasado y se habló de síndrome de Estocolmo.

También las autoridades cambiaron poco a poco su actitud hacia mí. Tuve la impresión de que en cierto modo no les gustaba que me hubiera liberado a mí misma. En este caso ellos no eran los rescatadores, sino los que habían fracasado al cabo de los años. La frustración latente que esto provocó en los responsables salió a la superficie en el año 2008. Herwig Haidinger, entonces director de policía federal, manifestó que la política y la policía habían encubierto sus fallos de investigación después de mi autoliberación. Hizo pública la declaración del hombre que seis semanas después de mi desaparición señaló a Wolfgang Priklopil como el secuestrador y al que la policía no había hecho caso a pesar de que en mi búsqueda investigaba cada indicio.

Las comisiones especiales que se hicieron cargo de mi caso más tarde no sabían nada de esta declaración decisiva. El informe se había «traspapelado». Herwig Haidinger lo encontró cuando repasaba todos los informes después de mi autoliberación. Informó a la ministra de Interior del fallo cometido. Pero ésta no quería ningún escándalo policial tan cerca de las elecciones de otoño de 2006 y le ordenó dejar la investigación en suspenso. En 2008, una vez cesado en su cargo, Haidinger destapó esta intervención e hizo público, a través del parlamentario Peter Pilz, el siguiente e-mail que había escrito el 26 de septiembre de 2006, un mes después de mi fuga:

«Estimado Sr.: el contenido de la primera indicación que se me hizo fue que no debían hacerse indagaciones sobre la segunda prueba (clave: hombre de Viena). Siguiendo el deseo del ministerio he seguido —si bien bajo protesta— esta indicación. Ésta incluía una segunda componente: esperar hasta las elecciones legislativas. Esta fecha se alcanza el próximo domingo». Pero tampoco después de las elecciones se atrevió nadie a mover el asunto, todas las informaciones volvieron a ocultarse.

Cuando Haidinger sacó esto a la luz en 2008, casi provoca una crisis de Estado. Pero, curiosamente, sus esfuerzos no iban dirigidos a investigar todos estos fallos, sino que puso mis manifestaciones en entredicho. Se buscaron de nuevo cómplices y se me acusó de encubrirlos, a mí, que había dependido de una sola persona y no podía saber nada de lo que ocurría alrededor. Durante el trabajo en este libro todavía he sido interrogada durante horas. Ahora ya no se me trata como a una víctima, sino que se me acusa de ocultar detalles decisivos y se especula con la posibilidad de que sufro el chantaje de los cómplices del delito. Para las autoridades parece más fácil creer en una gran conspiración que admitir que durante todo este tiempo no han sido capaces de detener a un único delincuente de apariencia inofensiva. Las nuevas investigaciones no han dado resultado. En el año 2010 ha quedado cerrado el caso. Conclusión de las autoridades: no hubo cómplices. Wolfgang Priklopil había actuado en solitario. Me sentí aliviada al conocer la resolución.

Ahora, cuatro años después de mi autoliberación, puedo tomar aliento y dedicarme al capítulo más difícil: romper con el pasado y mirar hacia delante. Aún hay algunas personas, generalmente anónimas, que reaccionan de forma agresiva ante mí. Pero la mayoría de la gente que me encuentro me apoya en mi camino. Despacio y con cautela voy dando un paso tras otro, aprendiendo de nuevo a confiar.

En estos cuatro años he conocido de nuevo a mi familia y he establecido una nueva relación afectiva con mi madre. He terminado mi formación escolar y ahora estudio idiomas. El tiempo pasado en cautiverio estará siempre presente en mi vida, pero poco a poco voy teniendo la sensación de que ya no determina mi existencia. Es una parte de mí, pero no todo. Hay muchas otras facetas de la vida que me gustaría experimentar.

Con este libro he intentado cerrar el capítulo hasta ahora más largo y oscuro de mi vida. Siento un gran alivio al haber encontrado palabras para expresar todo lo inexpresable, lo contradictorio. Verlo escrito me ayuda a mirar hacia delante con confianza. Pues todo lo que he vivido también me ha dado fuerzas: he sobrevivido al cautiverio en una prisión, me he liberado a mí misma y me he mantenido firme. Sé que también puedo llevar una vida en libertad. Y esa libertad empieza justo ahora, cuatro años después del 23 de agosto de 2006. Sólo ahora, con estas líneas, puedo poner fin a todo aquello y decir de verdad: soy libre.

Primera edición: marzo de 2011.
Este libro se terminó
de imprimir en marzo de 2011
en los talleres de Página Editorial S.A. de C.V.,
Calle Progreso No. 10 Col. Centro,
C.P. 56530 Ixtapaluca Edo. de México.
El tiraje consta de 5 000 ejemplares.